黄达远

王彦龙 蔺海鲲 / 主编

从河西走廊
看中国

中华民族共同体意识
形成的区域经验

社会科学文献出版社
SOCIAL SCIENCES ACADEMIC PRESS (CHINA)

前　言

　　党的十九大郑重宣告中国特色社会主义进入了新时代，同时提出了铸牢中华民族共同体意识的时代课题。这一课题着眼于实现中华民族伟大复兴中国梦的宏伟目标，根植于中华民族多元一体格局的历史底蕴。

　　当代中国是历史中国的发展。历史中蕴藏着解答现实问题的线索。摆在读者面前的这本《从河西走廊看中国》，就是从历史角度对铸牢中华民族共同体意识这一时代课题进行解读的尝试之作。

　　人类进入文明社会以来，繁衍生息在中华大地上的各族人民，通过各种方式开疆拓土，交往交融，使"中国"从最初的"河洛地带"发展成包括平原、草原、高山、大漠等地理单元在内的泱泱大国，从最初的"华夏之部"成为包容上述不同水土养育的众多民族的共同家园。

　　与这一历史进程相辅相成、相伴始终的，是这块热土上的人们不断增进的对彼此身份的认同。缔造了中国的各族人民，在发生"数千年未有之变局"的近代，在抵御外侮的共同斗争中，实现了从自在到自觉的升华，深刻体认到彼此同属中华民族，并最终形成了中华民族多元一体格局的共识。这种认同和共识随着当代中国日益接近民族复兴的伟大目标而空前强化，但时下也面临一些消解性因素带来的影响和挑战。

　　在这种情形下，"铸牢中华民族共同体意识"课题的提出可谓正当其时。这既是一个实践课题，也是一个理论课题。作为民族新闻媒体，以促进中国民族团结进步事业为己任的中国民族报社，敏锐地意识到并毅然担负起自己的责任，从多方位对这一课题进行解读。报社理论周刊的同人试图从理论和历史的视角，寻求解答这一课题的钥匙。这一想法与理论界几位学者不谋而合。几番研讨，他们的目光聚焦于中国大地上的走廊地带。基于对中华民族多元一体格局的深刻理解，他们认为，"中国的各区域之间由若干个走廊地带相互衔接，相互嵌入，这些走廊地带是'多元'得以具体连接的历史－地理－文化基础。同时，这些走廊地带在历史演化的过程中，又逐渐成为区域单元和中国整体不可分割的组成部分"。因此，"从走廊地带，能够发现'多元一体'中国的历史进程、演化路径和动力机制，是我们理解中国的重要切入点"。走廊中，隐藏着中国和中华民族形成的秘密。

这是一个别开生面的学术创意。为实现这一创意，他们把眼光首先投向了河西走廊，落在了对河西走廊颇有研究的陕西师范大学－河西学院"丝绸之路经济带河西走廊智库"身上。于是，从2018年3月2日到10月19日，读者在《中国民族报》理论周刊上陆续看到了由14篇文章组成的专题——"从走廊发现中国·河西走廊篇"。

呈现在读者面前的，是一组视野开阔、见解深邃的文章。河西走廊地位独特，既在地理上同时连接着中原、北部草原、西域绿洲与青藏高原几大区域板块，又在历史上纵贯古今，是古丝绸之路的重要通道，多种文化曾在这里交流交融，内涵十分丰富，是"观察中国多元互构、理解中华民族多元一体格局和共有精神家园的重要切入点"。围绕这一"切入点"，系列专题文章内容涉及河西走廊的历史方位、多元文化、民族交往、商贸网络、人地关系、社会治理、水利建设、民俗生活等方方面面，其中既有宏观阐述也有微观个案，既有历史挖掘又有现实观照，既有客观叙述也有学者分析，构成了一幅主题突出、格局宏大、有血有肉的多元一体构建中国的河西走廊画卷，读来引人入胜，掩卷让人思考。

读者没有看到的，是凝聚在这一鸿篇巨制幕后的精心策划和匠心制作。对河西走廊这一人们并不陌生的地域进行多元一体角度的全方位解读，涉及历史学、地理学、人类学、民族学、边疆学、民俗学、政治学等广博领域，是一个并不容易驾驭的工程。为了完成这一工程，成立了由主办双方人员共同组成的专题统筹组，负责总体策划和谋篇布局，组建作者团队；每篇稿件成稿后，专题统筹组均邀请多名学者参与阅评，既尊重作者的学术创建，又博采吸纳众专家意见；在稿件刊发期间，还召开了由众多专家学者参加的学术会议，对专题进展状况进行研讨；在稿件编辑加工过程中，编辑人员还采取种种办法将学术探讨通俗化，将学术成果通识化。正是这一系列环环相扣的幕后工作，保证了见报的专题稿件具有较高的质量，成为兼具学术和新闻品质的精品力作。

辛勤耕耘，终有收获。系列专题稿件陆续刊发后，迅即汇入了新闻界、理论界解读铸牢中华民族共同体意识这一课题的主流，并引起了较强反响。有几家颇有影响力的媒体平台提出要合作推广，中央有关部委的研究机构亦表示关注。作为新闻媒体和学术界深度合作的一次尝试，"从走廊发现中国·河西走廊篇"系列专题文章应该说取得了初步的成功，探索并积累了有益的经验。

值系列专题文章汇编成册出版之际，写下以上文字，权作前言，以表初心，以辅阅览。

魏新生

2018 年 10 月

目　录

从河西走廊看"多元互构"*

施 展 王剑利

中国是生活在中华大地上的众多族群共同创造的，其历史呈现由"多元"向"一体"凝聚的轨迹。中国的多元性，一方面，在一定程度上与地理－气候－生态的复杂性相关，中华大地的平原、草原、绿洲、高原等各种自然生境，是生活于其上的人群造就和分衍出不同形态的政治－经济－文化秩序的重要前提；另一方面，中国的发展又受到政治、经济、文化和历史进程的复杂影响。"多元"之间有着长久而深刻的互动过程，它们互为条件，相互影响，在历史进程中通过"多元互构"的方式演化为中国这个统一的多民族国家。中国的各区域之间由若干个走廊地带相互衔接，相互嵌入，这些走廊地带是"多元"得以具体连接的历史－地理－文化基础。同时，这些走廊地带在历史演化的过程中，又逐渐成为区域单元和中国整体不可分割的组成部分。从走廊地带，能够发现"多元一体"中国的历史进程、演化路径和动力机制，是我们理解中国的重要切入点。

这样的走廊地带并不同于今天的重要交通线或省区毗连地，而是历史

---

* 原文刊登于 2018 年 3 月 2 日《中国民族报》理论周刊 7 版，系"从走廊发现中国·河西走廊篇"专题第一篇。

上在沟通区域板块中起到重要作用的通道。这样的走廊地带与不同的地貌和生态区位相关，也与地缘政治关系的改变相关，在不同历史时期走廊地带的范围与重心也不尽相同。

为此，中国民族报社与陕西师范大学－河西学院"丝绸之路经济带河西走廊智库"共同推出了大型理论专题"从走廊发现中国"。河西走廊作为中国唯一同时衔接起中原、北部草原、西域绿洲与青藏高原这四大区域的走廊，是我们观察中国多元互构、理解中华民族多元一体格局和共有精神家园的重要切入点。我们的这一专题将以河西走廊的系列讨论作为开篇，从这里发现中国。

一　河西地理与古代中国秩序

王剑利：我来自中国的最西北边陲，那里横亘着高大的天山。农民和牧民就在山脚和山腰守望、共生，他们能深刻地理解对方。从天山一路向东，进入河西走廊。这条狭长的绿洲连缀地带，犬牙交错地嵌入到四个区域板块中，它夹处在青藏高原北缘的祁连山脉与蒙古高原南缘隆起的走廊北山之间，从西域向东延伸到黄土高原。游牧和农耕的族群从不同的山川孔道进入河西走廊，往来穿梭，他们既共生于此，亦彼此互相理解。这是河西走廊的历史和地缘使然。在河西走廊，我很自然地就对农牧共生、民族交融的社会生活有种文化直觉主义的熟悉感。因此，带着对这方土地的亲近与敬畏，我试着对它形成一种"移情式理解"。

施展：我再尝试从政治学角度来讨论。

我们在上一篇笔谈①中进行过东西方对比。对西方世界来说，其政治秩序的核心问题是统治正当性的问题；而对东亚大陆包含中原、北部草原、西域绿洲、青藏高原等多个区域的这个体系来说，历史上其政治秩序的核心问题是在这些区域之间，尤其是作为秩序主轴的农耕与游牧两大区域之间，如何找到一种秩序安排，以便实现持久和平的问题。

---

①　见本书附录四。

持久和平的关键之一，就是要有能够衔接起各个区域的过渡地带，或者说走廊地带。在政治空间秩序的意义上，走廊地带才是定义中国的基础所在，它们使得作为体系的中国，真正连接为一体。河西走廊是唯一的同时连接中原、北部草原、西域绿洲与青藏高原各个方向的过渡地带，从这个意义上甚至可以说，河西走廊才定义着中国。

我在《枢纽：3000 年的中国》一书中详细讨论了农耕与游牧的共生关系。这两种生产方式之分，首先是基于气候差异带来的自然资源约束。这种气候差异在中国的东部和西部有着不同基础。东部地区的气候差异主要是基于纬度差异，西部地区的气候差异则主要是基于大山所形成的海拔差异。这带来的结果就是，东部地区的农耕族群与游牧族群的主体彼此分离，少有空间上的交错，农牧两个群体不大容易相互理解；而西部的这两个群体，就如同你的生活体验一般，在山脚和山腰日日相望，相互就能较好地理解。所以东部的游牧者在入主中原之际，却经常需要西部的人来帮助进行治理，因为西部的人能够同时理解农牧两个族群的秩序逻辑，成为大一统王朝的重要黏合者。

王剑利：当我们策划"从走廊发现中国"这个专题时，注意到了你在《枢纽》一书中对"何谓中国"的思考，书中展开了从过渡地带讲述"多元互构"的体系史的思路；我们同时也有幸与数十位来自不同学科领域、关注不同走廊地带的学者探讨走廊地带对于理解中国和中华民族共同体的意义。这些研究与讨论都带给我们重要启示。

我们的专题从河西走廊开篇，正是因为河西走廊确实在深刻的意义上发挥着你所阐述的这种多元互构性的作用。它对四个区域的衔接性不仅仅是在地理上的，更是在文化上的。单纯的地理无法形成历史，它需要通过人的活动才能形成历史，而人的活动，又必须通过文化才能形成意义空间，从而自我组织起来，历史才得以展开。河西走廊作为重要的过渡地带，使得其所衔接起来的四个区域，可以在政治、经济、社会、文化等多个层面相互激活，从而使作为一个体系的中国能够获得生生不息的内在历史动力，不断共生演化。

施展：秩序和文化想要展开，首先要面临地理这个硬约束条件。

人们通常认为河西走廊的东段起自位于兰州与武威之间的乌鞘岭。乌鞘岭是一个重要的地理分界线，该山脉以东是季风区和外流区域，以西则是非季风区和内流区域。河西走廊的南侧是祁连山，平均海拔4000米以上，常年积雪，雪山融水浇灌了山脚下的多片绿洲，有些地方水草相当丰美。比如山丹县历来就是重要的马场。霍去病攻占河西之后，匈奴人哀叹"失我祁连山，使我六畜不蕃息；失我焉支山，使我妇女无颜色"，便是指这里。河西走廊断续的绿洲，成为中原与西域交通线上的一个个中继站。

祁连山脉有几个重要的山口，是历史上南部的高原游牧族群进入河西走廊的通道。走廊北侧的山脉则海拔相对较低，难以存住积雪，于是山的外侧便是巴丹吉林沙漠、腾格里沙漠。祁连山上的融雪流下来，自东向西分别形成石羊河、黑河和疏勒河这三大内流河水系。由于山形地势的原因，这三大水系都是中国少见的南北流向，穿过戈壁沙漠，注入尾闾处现已近干涸的湖泊当中。而当年的草原游牧族群，常顺着这些水系南下，进入河西走廊的水草丰美之地。

我们在上一篇笔谈中谈到的古代中国的外部均衡与内部均衡，在河西就能极为直观地呈现。当各个区域处于彼此对峙状态，即外部均衡状态的时候，河西走廊就是中原与草原双方着力争夺的战略区。汉武帝西逐诸羌，不仅开始了中原王朝对河湟地区的统治，也开始了中原农耕族群与高原游牧族群之间的冲突。对汉王朝来说，倘若蒙古草原与青藏高原的两群游牧者联合起来，将对中原地区形成战略包围，对长安形成很大的威胁；因此，必须控制河西走廊以切断他们之间的联系，为控制河西走廊，又需要进一步经略西域。而当大一统王朝实现了内部均衡之后，能够连接起多个区域的河西走廊便一转成为王朝内部至关重要的一个过渡地带，让王朝所需的各种要素通过这里而被整合起来。

王剑利：河西走廊在地理上是一个连接四方的十字路口，同时又自成一域。有不少学者关注这一区域内各民族共生共育的历史。早在先秦和秦汉之际，戎、羌、氐、大夏、居繇、乌孙、月氏、匈奴等族就活跃在这里。汉武帝设置河西四郡来隔断匈奴与西羌的联系，实际上开启了农耕族群与游牧族群在河西走廊上深层互动的历史。在其后的两千多年里，大约有三分之 的时间是游牧族群在河西历史舞台上担当主角，农耕族群与游牧族群在进退之间，始终发生着交往、交流、交融。农、牧族群因地域相连所带来的冲突和摩擦又转化为一种深刻的"糅合力"。河西走廊以宽广的胸怀接纳了穿行在这里的各个族群，他们共同创造了河西，成就其沟通四方的历史。

从中国这个统一多民族国家形成的历史进程来说，发生在河西走廊上的农、牧族群的互动，意义极为深远。每次冲突和对峙，实际上都会推动农、牧族群的凝聚与整合，整合的结果不仅体现于河西走廊上各族群、多元文化的共生演化，从长远看，又为后世在整个中国格局内的农牧互动、文化交融提供了动力和历史前提，并最终促进了中国和中华民族共同体的形成与发展。

二 河西走廊与"多元互构"历程

（一）王朝政治空间结构的历史变迁与河西战略意义的流变

王剑利："欲保秦陇，必固河西；欲固河西，必斥西域。"历史上，河西走廊是屏蔽关陇、经营西域的门户与基地，是王朝经略天下的重要枢纽，如同"国之右臂"。但河西毕竟不是古代王朝国家的核心地带，其战略意义的具体呈现，还需要通过王朝政治空间结构的历史变迁来获得理解。在这一变迁历程中，河西走廊的战略意义发生了哪些改变呢？

施展：政治地理空间的结构变化，一般来说都与安全问题的变化相关。要注意的是，王朝国家的安全与朝廷的安全虽然在本质上并不可分，但其侧重点却不一致。

从汉到清的历史中，"唐宋之变"是个重要转折点。在此之前，王朝国家内部多有世族强藩，中原王朝北部的草原强敌虽然对王朝安全构成威胁，但对朝廷来说，其首要威胁来自王朝内部的强藩。比如，刘邦在刚得天下的时候想要定都洛阳，张良强调关东的强藩是朝廷的大威胁，劝服刘邦定都长安。而如果世族太强，皇上已无力压制，只能选择与他们合作共治天下，就会定都在世族的大本营。东汉以及魏晋定都洛阳，大多出于这一考虑。后来隋唐的强藩大本营不在关东，而在关中，对君主来说，洛阳与长安的意义就正好反过来。汉唐间王朝的政治空间结构始终以"东西关系"为主轴，国都不出关洛地区。

在这一时期，河西走廊对于王朝来说性命攸关，一方面，因为它离国都太近了，一旦河西有失，国都将直面严重的威胁。另一方面，因为靠近国都，河西的战略意义显著，其族群格局、文化、贸易等方面的变迁，对于王朝的影响力度也是极大的。

唐朝中期的安史之乱，改变了中国人口的地理分布，也开启了古代中国社会结构的变迁。此后，王朝国家内部渐无强藩，对朝廷来说，北部草原上的强敌则成为主要的威胁。于是，王朝国家政治空间结构的主轴就从"东西关系"转换为"南北关系"。其首都也相应地转移到长城沿线地区，倘是中原农耕王朝，则以此来防备北患；倘是涵盖中原－草原的二元王朝，则以此控御两边。由于从辽代开始的二元王朝皆起自东北，这也就决定了，只有定都北京，方可形成对中原、草原、东北的多方控御。

北京与河西相隔千山万水，河西的形势对王朝的安全而言就不再是性命攸关了。但是王朝若想达到一个超越于草原－中原之上的持久和平之秩序安排，则必须以河西为中介，衔接起各个方向。河西的战略意义，就此也发生了深刻变迁；而河西的族群格局、文化、贸易等方面的发展，也以与过去大不相同的方式影响王朝秩序。

（二）文武之道——河西学脉的流传

王剑利：你的分析，把河西走廊的历史地理置于一个宏大的时空格局中，可以解读出很多意义。我们还可以讨论河西走廊之所以成为过渡地带的历史进程以及发挥"多元互构"作用的动力机制。这是个很大的议题，我们的专题学者从不同角度可能都会有所呈现，相信其整体机制也会在此学术互动过程中浮现出来。

河西走廊是历史上农耕和游牧对抗、互动的最前沿，也是移民屯田戍边的主要区域。自西汉锐意经营西北，河西就成为一个农牧交错的多族群交往地带；同时，河西走廊是贯通东西的丝绸之路的主动脉，是东学西渐和西学东渐的文化交流融汇通道。从西汉中后期起，河西的文化由边荒转向繁盛，成为崇文尚武之地。边塞冲突与战争、东西文明沟通与融汇、过渡地带的特殊环境历练出了河西走廊的"文武之道"。汉朝的河西走廊出现了大量"文为儒宗，武为将表"的两用人才，他们谙熟"羌胡习性"和地理，既能驰骋沙场，亦能讲学论道，文武传家。张掖城区水溪的主要源头甘泉，自城南分为文流和武流两翼，汇合于城北，在城北的甘泉遗迹上就曾有题额"文武一道"。在我看来，文武之道，相得益彰，是河西学脉萌发、沿袭的独特生命力。

施展：这让我想起陈寅恪先生谈到的河西学脉对于儒家文化传承之重要性。晋室南渡之后，在河西走廊这里先后建立过被统称为"五凉"的五个割据政权，河西学脉就出于它们对儒家文化的保存。

魏晋之际，官学沦废，学问中心转以家族为载体。西晋末年，海内鼎沸，两京荡为丘墟，学问家族四处流散，除了逃向江左之外，相对来说隔离于中原、秩序安定、经济富饶的河西走廊也成了一个重要的逃亡方向。诸"凉"的君主有汉人也有胡人，但都很重视儒家文化。439 年，北魏灭掉了最后一个"凉"国，河西学脉也就被北魏所吸收，成为它极重要的文化来源，甚至影响到北魏后期迁都洛阳这种重大决策。

要理解河西学脉，还有个重要的现象值得关注。历史地理学者李智君的研究发现，河西走廊那些传承学脉的大族，主要是自西汉时期开始在河西本地孕育出来的。河西大族的出现，甚至比中原地区还要早，这也就让河西学脉有了更长的孕育时间。到了晋末天下大乱，中原学道废弛，河西学脉不辍，遂显出来了。河西更早出现大族，也许可以从政治经济学上做出解释。河西走廊在历史上一直是重要的绿洲贸易通道，绿洲贸易要横穿漫长的戈壁，条件恶劣，风险很大。除非有超额利润来对冲掉风险，否则没有哪个商人能够持续经营下去。垄断地位是带来超额利润的最简单手段。所以，我们看那些绿洲地区，通常都有几个垄断性的大商人家族，这是一种正常的政治经济学结果。直到近代的交通技术获得突破性发展，绿洲贸易的风险性急剧下降，才能够打破这种状况。

在南北朝时期，读书是极其昂贵的事情，刘裕灭后秦入长安，接收的书籍不过四千卷，北周、北齐的宫廷藏书也不到四万卷。宫廷尚且如此，民间藏书的成本就可想而知了，故而学问大族必须得是财富大族才支撑得起。财富对学问虽不是充分条件，却是必要条件。

河西学脉虽然盛极一时，但到北魏灭北凉时，迁走了北凉都城的主体人口，河西学脉便一落千丈。于是我们又可以看到一个现象，就是中原的战争，却在河西的文化上形成一种活塞效应，推动着儒学西行，又拉动着它东归。但是，其间的驱动力又是复杂的，还可以把观照视野放得更大一点。

王剑利：视野放大的话，还可以横向做个对比。依李智君教授的研究，河西学脉在东汉中后期走向繁盛，同时期的河湟谷地、黄河沿岸的塞上同样战事频繁，却并未如河西一般发展出文武并重的文化繁荣。由此可见，河西作为中西交通的咽喉与门户，因丝路的开拓而带来东西思想汇流、多族群交往互动，以及对各族风习、中外文明的兼收并蓄，为文武之道的塑造注入了超越中原儒学的多元基因。这种在过渡地带蕴养出的文化基因，不仅是该地域多元文化共生繁荣的重要根基，反过来也成为刺激中原儒学成长演化的生命活力，为塑造中华民族共有精神家园提供了无限的潜力。

（三）多元共生——东西文化的交汇

王剑利：一方面，河西走廊"尚武"的民风不仅体现于历史上"关西出将"，还如墨迹弥散一般濡染在民间信仰中。民间信仰通常映射着一定地域的人们最朴素的期望，亦为地方社会应对酷烈环境进行文化调适的重要渠道。在历史上的河西走廊，战争与干旱是制约社会发展的最重要因素，根据李智君教授的研究，在河西走廊的地方信仰中，崇祀历代拓边戍守将领和英烈的祠庙大多分布于农牧互动沿线，崇祀水神龙王也成为民间信仰圈层的核心之一。

我还曾读到归义军时期敦煌地区的一篇百姓发愿文，文中历数了十几个神灵领域，涉及佛教、道教、祆教、景教、摩尼教以及自然崇拜等，祈求"一切诸佛"、诸神灵的慈悲救护。我们在实地考察文殊山时受到的冲击也不小，不但石窟群漫山遍野，各类道观寺庙遍布前山、后山，而且各神灵偶像共处一室、同享供奉。

固然，边塞征伐、环境酷烈之地的民众对宗教信仰有更为迫切的需求，但更重要的是，地域信仰的时空分布格局及共生杂糅的鲜明特点，无不与河西走廊成为过渡地带的历史进程密切相关。河西文化上的多元共生，亦是由冲突和沟通两大驱动力共同塑造的；同时，冲突和沟通的张力又将这种多元性辐射到过渡地带周边的区域和族群中。

施展：这种共生杂糅是很迷人的。儒学在传到河西走廊之后，也和地方文化以及从西域传入的多元文化发生融合。我们在高台县博物馆看到那个时期的大量墓画砖，砖上所描绘的各种场景，明显能看出儒家的礼仪、农耕生活当中融入了多元文化的内容。

另一个方面，儒学向河西的"文化西行"还使得佛教通过河西实现"文化东行"获得了重要助力。李智君教授的研究在这方面也很有启发性。佛教是来自印度的异域宗教，它要想传入以儒学作为主体文化的中原，必须先与儒学发生某种交汇，恰恰是河西使得这种交汇成为可能。西行而来的儒学在河西无法获得政治上强大的支撑，在文化格局中并不占据压倒性优势，它就必须与异文化共处，佛教因此获得了与儒学形成某种融合的机会。河西走廊，作为一个重要的文化中继站，才让佛教得以传入中国。

有趣的是，汉传佛教得以发展的这些历史过程，经常又是与非汉人的群体相关。比如，汉传佛教的奠基人鸠摩罗什是来自西域龟兹（今新疆库车）的胡人，他被前秦大将吕光从西域带到凉州停留17年，在这里，他在思想上有了重大进展；吕光建立的后凉被后秦的皇帝姚兴所灭，姚兴又把鸠摩罗什带到长安，罗什在此完成了他最重要的译经事业。前秦的建立者苻氏以及后凉的建立者吕光，都是氐人，后秦的建立者姚氏是羌人。后来鲜卑人建立了北魏。北凉的建立者则是匈奴人。长期穿梭于河西走廊的游牧族群，如月氏人，熟悉汉人的文化价值和生活方式，成为佛教传译的中间力量。胡人与汉人的历史活动形成了各种互动关系，最终促成了汉传佛教的兴盛。在佛教的传播这个案例中，我们可以看到，文化的多元共生并不是抽象存在的，是在多种人群的交往、交流、交融当中展开的。

王剑利：蔺海鲲教授认为轴心时代存在螺旋式回归的现象，文化的多元必然导致文化的繁荣及人类的精神突破。他的研究展示出，在河西走廊，多元文化血脉相连、鲜活共生的现象比比皆是。通过西行与东来的文化构建，多元文化不是完全融合，而是鲜活地保持其特色且共生，并发育良好。

与此同时，在河西走廊上发生的儒学和佛学的共生又塑造了独特的民间文化。王文仁教授研究河西宝卷和凉州贤孝两种民间曲艺，追溯佛教宣传转化为儒家教化的痕迹。在河西走廊，我们感受到了河西宝卷和凉州贤孝的独特魅力，它们由儒学、佛学、地方传统等多种文化基因、文化资源交融杂糅而成，河西特有的历史文化、人情风尚是其得以孕育繁荣的土壤。它们如同绿洲里的溪流，随着说唱艺人流淌于乡间与城市，是从底层社会和日常生活中塑造河西走廊精神气质的一个生动方式。

在河西考察时，武威文庙也给我留下了深刻印象。武威文庙建于明代，原本是驻边官家子弟就学的地方，被誉为"陇右学宫之冠"，也是全国三大文庙之一。文庙位于武威市城东南隅，其斜对面即是西夏博物馆。道路两边，幼儿园、小学、中学排列开去。在文庙的一个侧殿中，陈列着记载少数民族政权的碑刻，其中就包括用汉文和回鹘文书写的"亦都护高昌王世勋碑"。在另一侧殿中，竖立着武威历代进士的功名碑。在文庙这样一个承载地方记忆和民众教化的神圣空间中，孔子像、儒家追求的"天下文明"、通过科举走出武威进入国家治理体系的官吏、记录少数民族功绩和民族互动历史的碑刻，错落交融。这种地方庙宇的空间格局，让人无法不去想象中原与边疆、农耕族群与游牧族群互动的鲜活场景。文庙，本是向民众实施儒学教化的重要空间和关键中介，武威文庙却让我们去想象在多族群共居之地，民众如何各取所需，维持其意义。

西夏博物馆矗立着汉文和西夏文写就的"凉州碑"（全称为"凉州护国寺感通塔碑"）。正如碑上所记"番汉四众"，西夏治下的河西一个多族群聚居之地。馆内所展示的生产技术和民众生活，无不反映着历史上的族群交往、文化交流。其中，我对一部出土于武威的西夏文佛经印象尤为深刻，北宋人发明了泥活字印刷术，但用实物为这段历史提供佐证的，恰恰是这部用泥活字印刷的西夏文佛经。从东汉末年至魏晋南北朝，武威曾经是汉译佛经的中心，至西夏统治时期，河西走廊的儒学和佛教都获得了极大繁荣。在儒释道文化交流交融之外，先进的科技因素、生产技术亦是由各族人民共同创造和发展的。

（四）视野的敞开与激活

王剑利：河西走廊的历史和环境无疑塑造了西北特有的酷烈、粗粝和坚韧，同时，南来北往、东出西进的不同族群、不同文明之间发生了深刻的交往、交流、交融，形成了河西文化的文武之道、多元共生。考察河西时，河西走廊的精神气质和文化生命力让我深受触动。

施展：古人也同样深受触动，河西走廊为汉唐王朝带来了视野格局的敞开与激活，唐代边塞诗对此是极好的象征。唐宋之变后，那种摄人心魄的边塞诗就大幅减少了，由此也能看到河西走廊的意义及其与王朝政治空间变迁之间的关联。

诗人的视野与精神格局象征着一个时代的视野与精神格局，唐代雄视万里、雍容豁达的精神格局，通过边塞诗获得了最好的表达。《全唐诗》里面有约两千首边塞诗，其中有一大半指向广义的河西意象。比如有名的"凉州词"，并非专写凉州，而是唐代所流行的一种曲调名。多位大诗人都以此为题写过众口流传的诗篇。凉州乐舞是隋唐时期王朝乐舞中的精华，甚至唐玄宗时期的乐曲，也多以边地命名，如《凉州》《伊州》《甘州》之类。

我非常喜欢王维的一首诗："单车欲问边，属国过居延。征蓬出汉塞，归雁入胡天。大漠孤烟直，长河落日圆。萧关逢候骑，都护在燕然。"征蓬出于汉家边塞入于胡地，归雁告别中原水草还于胡天，胡汉不再是判然对立的两方，而是在一种宏大的视野格局中连续过渡的两个自然空间；各种斤斤计较的小气与"非我族类"的疑忌，在"大漠孤烟"与"长河落日"的雄浑之气中，被透视出琐屑与不堪。居延海是黑河水系的尾闾湖，诗人在这里听到数千里之遥燕然都护的消息，河西走廊连通中原、西域、草原的空间感，寥寥数字便得以完全展开。

没有边塞诗，就不会有光芒四射的盛唐气象；而没有河西及西域对于诗人视野的敞开，王朝的格局又如何才能打开呢？这些都成了中华民族精神记忆当中极为重要的组成部分，倘若没有它们，我们便无法想象我们今天的样子。

（五）天下秩序的建构

施展：武威（凉州）的白塔寺也值得讨论。与白塔寺相关的历史，就是唐宋之变之后的事情了。唐宋之变后，国都东迁，中原的内部秩序不再是核心安全问题，如何打造超越中原－草原的普遍秩序，成了首要问题。河西走廊的意义，便不再是密切关乎王朝的国都安危，而是关乎一种大陆规模的政治空间建构。于是，类似于唐代边塞诗的那种表达变少了，但实际上大一统王朝开始进入一种更加宏阔的政治空间塑造当中。

700 多年前，蒙古王爷与藏传佛教高僧在白塔寺进行了凉州会盟。河西走廊对中国历史多元互构性的深刻影响，于此尽现。

在吐蕃于 842 年崩溃之后，雪域高原上逐渐形成了大量的小割据势力。过了 100 多年，在藏传佛教进入"后弘期"之后，这些小割据势力开始与藏传佛教深刻结合。此时藏传佛教的小教派非常多，彼此存在竞争关系，但它们所能动员的资源相差不大，除非哪个教派能够从外部获得资源，才有可能在高原上获得特殊的竞争优势。1247 年，藏传佛教萨迦派领袖萨迦·班智达与蒙古王爷阔端在凉州会盟。之所以在此会盟，正是因为河西走廊是北部草原、青藏高原、中原三个地域的过渡带、连接点，能够调动起各个地域的资源。

正是这场会盟，为中央政府对西藏地方的全面施政和有效管辖奠定了基础。借此会盟，蒙古军队得以借道高原收服大理，对南宋形成战略大包围。与此同时，萨迦派一方面影响了蒙古贵族阶层的精神世界，另一方面又从蒙古方面获得资源输入，在高原上获得了竞争优势。在凉州会盟的数百年后，蒙古的俺答汗与藏传佛教格鲁派领袖索南嘉措会面。这次会面让藏传佛教进一步深入蒙古民众的精神世界，格鲁派则获得了相对于其他教派的竞争优势。尚在关外的满族依凭藏传佛教作为精神纽带，与蒙古族形成满蒙联盟，以此为基础获得必要的军事力量，得以入主中原，进而整合起广阔的疆域，成就了古代中国的完备形态。

藏传佛教在清王朝的建立过程中有着极为重要的纽带作用，深刻地影响着中原及其他边疆地区。反过来，雪域高原正是将自己融入整体的大一统王朝体系，作为其中一元存在，才得以发挥这种作用。

从这种相互关联的逻辑里，可以深刻地看到中国历史的多元互构性。河西走廊在这一历史进程中，对各个区域起到至关重要的连接和互构性作用，它就是在这个意义上，为今天的中国奠定了基础。

王剑利：酒泉的钟鼓楼有四门匾额，上书"东迎华岳，西达伊吾，南望祁连，北通沙漠"，这些气势磅礴的词句直接勾勒出河西走廊的十字路口形象。从民族交往的角度，我们更能发现，通过这个十字路口的贸易，河西走廊牵出了跨区域互动的庞大社会网络。根据李建宗教授的研究，在长期的商贸活动中，河西走廊形成了走廊市场体系和"商贸共同体"；支撑河西走廊的农耕产品是一个庞大的农耕社会——从黄土高原的关陇地区，再到中原地区，甚至到江南地区。这些农耕区域的产品进入河西走廊地区这个中转站，进而流入周边的牧区社会。河西走廊的意义就在于通过市场把周边地区的不同民族长期或者短期地汇聚在一起，实现关联与互动，进而形成一个跨区域的多民族命运共同体。

三　近代的转折

（一）大陆上的南北关系与东西关系

施展："唐宋之变"后，王朝的政治空间格局转化为以南北关系为主轴。清代时，南北关系上的古代中国便已进入内部均衡状态。我们可以看到两种普遍性秩序的融合，中原的儒家秩序与草原的游牧秩序，它们分别在精神表达上和空间格局感上有突破特定地理局限的普遍性诉求。清朝以中原为腹地，以蒙古为藩屏，长城内外为一家，其结果不是两种普遍性的简单加总，而是融合成为一种全新的普遍性秩序，形成了一个强大的二元化王朝。

但是准噶尔汗国向清王朝发起持续的挑战。自宋代以来作为根本安全问题的南北关系，至此又转变为大陆意义上的东西关系。当然，这和后来西方人带来的海洋意义上的东西关系不是一回事。

王剑利：用上一篇笔谈里你阐述的概念，在康熙、雍正乃至乾隆朝初期，大陆上的东西关系仍处在一种外部均衡状态，到1757年收复新疆之后，就转化为内部均衡状态。无论是哪种状态，都涉及清王朝的东部地区与西部地区如何整合的问题。黄达远教授在我们上一个专题①中阐述的长城－天山走廊的重要性就浮现出来，河西走廊毫无疑问就构成了这里重要的一环：在内部均衡的逻辑下，天山与河西走廊连结为一体——"张国之臂腋"。清王朝开发新疆的努力，让天山千里沿线的游牧区转化为以绿洲形态为主的重要产粮区，将农耕区的界限从河西走廊向西北推进了上千里。"国之臂腋"从河西走廊一直延伸到天山的伊犁河谷，形成了农牧之间的巨大过渡地带。此一努力背后有着清王朝的多重考虑，一方面是要消除历史上农、牧之间的冲突，另一方面是要防止沙俄南下。在这个过程中，清王朝统合了中原、北部草原和西域绿洲的力量，构筑起自天山南北、经蒙古北部一直到东北地区规模巨大的塞防体系。

施展：王朝东部的南北关系，在大陆上的东西关系下被超越，河西走廊便是王朝得以完成这种超越时绕不开的枢纽。而背后隐含的沙俄这一背景，又呈现出一个更大格局的南北关系，王朝内部东西南北各方向的一体化，在这一背景下悄然展开。

（二）东西关系从大陆到海洋的转折

王剑利：清王朝完成了对准噶尔汗国的征服，很快就开始遭遇来自海洋上的新的东西关系。应对这种内蕴着古今之变的东西关系，清王朝不论是制度创新还是精神层面的自我更新，都是极艰难的。

施展：清王朝确实一时无法理解来自海洋的全新力量。但从左宗棠收复新疆的案例，却可以看到海洋秩序带来的新要素开始进入了大陆秩序当

---

① 此处"专题"为《中国民族报》理论周刊"中华民族共同体视域下的疆域治理"专题。黄达远教授文章见本书附录三。

中。在 19 世纪 60 年代中期，左宗棠谋划平定新疆的阿古柏叛乱，但国库空虚，军费不足。朝廷批准左宗棠向通商口岸的各大洋行尤其是汇丰银行贷款以充军费，以关税作为抵押。汇丰银行则在伦敦金融市场发行债券以筹措给左宗棠的贷款。伦敦金融市场是那个年代的全球资本市场，是海洋秩序的力量根基，清王朝的东部地区逐渐融入了世界的海洋秩序。这一过程也给它提供了一种新的可能性，让它能够以自身为中介，从海洋方面获得资源以安顿大陆深处的秩序。

在左宗棠收复新疆之役中，广义的河西走廊起到了极为重要的作用。左宗棠先是坐镇兰州，根据新疆具体情况，提出"缓进急战""先北后南"的总方针，把粮饷的采运、保障和武器弹药的供应放在战略位置加以考虑。为此，他在甘肃组织屯田，以便筹措粮饷；又兴建了兰州制造局、兰州火药局、兰州织呢局、兰州军装局等，基本上满足了入疆平叛大军的武器和后勤需求，并为西北的工业发展奠定了基础。在准备开战之际，左宗棠又从兰州移驻肃州（酒泉），以掌握全盘情况，新疆前线的指挥权则授权出去。在整个过程中，河西走廊起到了压舱石的作用。

思考到这一层，我们就会触碰到一些更深的问题。在现代的海陆秩序结构之下，我们必须从过去的大陆东西关系的层面上，再一次实现超越，才能理解当下的中国。我们必须在新的层次上发问，该如何理解河西走廊在当下的战略定位？对于大陆深处的秩序，它如何才能起到一种压舱石的作用？我们在清代所看到的一系列历史经验，对今天又会有什么样的启示作用？这些都值得我们深刻思考。

王剑利：在我对河西的理解中，其历史所构造的意义延续至今，成为一种地方认同的底色，这既是这里的人们从祖辈承袭来的文化基因，也是他们建立自我的方式。在我们考察河西的途中，蔺海鲲教授和他的老学生马永清盛情招待，精心设计行程，让我们领略他们引以为豪的地方文化。他们沿途招来各路朋友，一位"老民勤人"曾对我说道："我家从清朝就在这里了。""我们只要还待在这里，就是为国家做贡献。"他的话，使我恍然明白我对河西那天然的亲近感从何而来。"这里"，并非我们慎终追远的祖地，却是我们情浓血浓的家。不论你来自哪里，不论你是哪个民族，

"这里"就是我们共同建设、共同驻守的家园。

我们期待在河西走廊专题诸位学者的文章当中，开启跨学科、跨视野的对话，不断打开新的问题域，不断激发更多、更深刻的讨论，在持续辩难的过程中，从走廊地带发现中国。

【作者施展系外交学院世界政治研究中心主任，主要研究历史学、政治学、社会学；王剑利系《中国民族报》理论周刊责任编辑，人类学博士。】

跨越多重边界的认同[*]

——祁连山边一位藏族老人的人生史

安惠娟

藏族老人尕布藏一生往来于甘肃、青海两省的各个族群之间,文化、边界、认同等概念在他的世界里呈现出别样的风貌。他的一生就是走廊地带各民族交往、交流、交融历程的一个缩影。

尕布藏生于 1918 年,祖籍是循化(循化当时还隶属于甘肃省,现为青海省循化撒拉族自治县)的藏族道帏部落。后因家庭变故,随其父母逃难至祁连(现为青海省祁连县)。3 岁时因父母双亡而被附近的藏族千户收养,14 岁时因养母精神分裂沦为长工,16 岁时被马步芳的军队抓去修路,其间不堪压迫而逃跑至今甘肃省天祝县境内,以给藏族华锐部落牧人放牧为生。1938 年前后,尕布藏听说自己的姐姐在祁连的黄藏寺生活,便千里跋涉找到姐姐,后与裕固族女子结婚,落户当地。在天祝放羊的岁月里,尕布藏学会了唱《格萨尔》,他喜欢为人们说唱《格萨尔》,这让他在裕固族群体当中受到了尊敬。

---

* 原文刊登于 2018 年 3 月 9 日《中国民族报》理论周刊 8 版,系"从走廊发现中国·河西走廊篇"专题第二篇。

笔者的母亲是蒙古族和硕特部落人，幼年时被尕布藏收养。笔者从出生直至7岁都在老人家里成长。为了解老人传奇的一生，笔者先后赴青海省祁连县、海西蒙古族藏族自治州、甘肃省天祝藏族自治县、肃南裕固族自治县皇城镇等地采访了尕布藏老人的亲外甥、女儿、当年的邻居等相关亲邻12人，大致还原了成为裕固族人的藏族老人的人生史。

一　成长：祁连山南藏族千户的养子

清康熙年间，裕固族大头目部落北迁，遗留在祁连山南麓黑河上游高山峡谷间的裕固族民众逐渐独立演变成一个新部落，裕固语叫作"鄂金尼"部落。20世纪30年代，祖籍在今青海循化的藏族青年尕布藏跋山涉水，来到裕固族的鄂金尼部落投奔姐姐。他到这里后与裕固族杜曼氏族的女子结婚成家，在部落里终老，终年84岁。

尕布藏幼年时，他的双亲从循化逃难到祁连，后来俱亡于瘟疫，留下了姐弟四人。年长的姐姐以给邻人帮工为生，大弟弟被留在了循化老家，另外两个年幼的姐弟分别被人领养，就是尕布藏和他生活在鄂金尼部落的姐姐。笔者采访了尕布藏姐弟俩的子女，听他们讲述了自己父母辈的曲折经历。

凯扎西（尕布藏姐姐的儿子，甘肃省天祝县退休干部，母亲是藏族，父亲是裕固族）：

> 我外爷①是循化的，外奶奶是乐都这里的，有四个孩子，他们把大儿子留在了老家，带着三个孩子逃难到祁连的扎麻什乡。在我妈妈七八岁、舅舅（尕布藏）3岁左右的时候，外爷爷和外奶奶都得寒病先后死了，我的妈妈就让一个临夏人抱养了，我的舅舅也被祁连的一个人家抱养了。我妈妈的姐姐那时候就十几岁，在祁连一个回民家里给人放牧，长大以后就和张掖这里的一个汉族人结婚了。姨妈放牧的那家回族人，家里牲口多得很，在马步芳时代，是当营长的，人们叫他

---

① "外爷"及下文中"外奶奶"为甘青汉语方言，为"外祖父""外祖母"之意。

贾浩营长。贾浩是化隆的一个地名，他是那里的人，后来回贾浩的时候就连人和牲口都带回去了。我姨妈他们一家也跟着过去了。我有一年也去打听过，找不到我姨妈一家了。听人说有一个人家差不多，我去找了，结果找到的是个武威人。他说他听说离县城20多里路有个藏民人家，大个子，有两个儿子，像我要找的人家。后来我也托人打听过，没有打听到。我还有个大舅舅，就是我外爷、外奶奶逃难出来的时候留在老家的那个，他长大以后找上来过。我那时候就是八九岁。那个舅舅找上来之后，他们姐弟三人就都相认了。这个大舅舅就是循化县的，哪里的人我也忘记了，据说家里有个水磨，转水磨过活着呢。他走了以后再也没有来过。这都是解放前的事情，我还有点儿印象。

拉姆措（尕布藏的养女，鄂金尼部落牧民，原为蒙古族人家的女儿）：

我阿爸的父母得热病不在之后，阿爸被一个叫作达玛万代的千户抱养，他是哪里的人我也不知道。他没有子女，家里的牛羊多到数不清，他雇了很多长工放牛放羊，吃饭穿衣服都有人侍候。千户的老婆有了这个儿子，特别高兴，给我阿爸穿上缎面羊皮袄，戴上威风的狐狸皮帽子，我阿爸小的时候受的都是大户人家正规的家庭教育，用你们现在的话，那就叫"少爷"。但是他14岁的时候，因为千户和老婆的关系不好，他老婆精神不正常了，千户对我的阿爸就不好了。我的阿爸和长工一块儿放羊，干杂活。那么着又过了几年吧，赶上马步芳抓兵，就把我阿爸给抓去了。阿爸到了马步芳的部队主要就是修路，那个时候苦得很，吃不饱肚子，活又重，后来路修到了民和县，他就逃跑了，跑到了现在天祝打柴沟有个叫金枪驿的地方，就在那里给一家人放羊、干活，就那么生活了。后来他听说自己的姐姐在祁连的黄藏寺，在尧熬尔人（即裕固族）的地方，就从天祝出来，到尧熬尔人的鄂金尼部落了。

由于领养家庭的特殊条件，尕布藏老人幼年时接受了较为传统的藏族家庭教育，日常生活中在行走坐卧、衣食住行、待人接物等多方面均有细致的要求。因此落户裕固族鄂金尼部落以后，尕布藏在教育自己子女时要求极严格，男孩子要英勇、侠义、有担当，女孩子要贤淑、忍让、宽容。他要求家人敬畏自然，善待动物，尤其要善待自己家里的役畜，不允许下山坡时骑马，对驮运行李、粮食的牦牛也要用特殊饲料喂养，等等。对于游牧人来说，这些生活规矩和品质是建立游牧生活秩序的基础，往往跨越了民族和地域的边界，成为一种普遍的要求。

二 迁徙：成为裕固族的女婿

鄂金尼部落是当年裕固族十个部落中所处地理位置最南端的部落。1958 年以前，该部落游牧的主要区域位于祁连山南麓黑河上游的高山峡谷，这里从地理上可以被视为河西走廊通过祁连山深处无数个通道向南的辐射，也是青藏高原的东北缘；在文化上，这里是西北民族走廊的构成部分。《北滩乡志》中记录的 20 世纪 50 年代鄂金尼部落人口的籍贯，可谓多元。来自祁连县周边的互助、民和、循化以及较远的甘南地区的藏族人，到鄂金尼部落多以放牧为生；同样来自上述地区的回族人以及翻越祁连山南来该地的甘肃民乐、张掖等地的汉族人，多以租种寺院和牧民的土地为生。鄂金尼部落的裕固族人连同祁连山、黑河峡谷敞开怀抱接纳了前来投奔的各种人群，无论是牧人、农人、贩夫，还是同胞、乡亲、干亲，抑或是裕固族人、藏族人、汉族人、回族人，他们共同构成了一个立体共生的社区。

青年的尕布藏来到鄂金尼部落时，他的姐姐已经嫁给了部落里安江家族的次子、精明能干的乔治。彼时的鄂金尼部落，人口已经大为减少，势力减退导致大量牧场丧失。而鄂金尼部落的牧民在放牧之余的活计上，如种植饲草、加工粮食、制作生产工具等，需要依赖外来的相关从业者。陆续分散迁入部落的藏、汉、回、土等各民族的人们，因生产上的互补性，与部落的原住人群形成了一种互嵌而共生的关系，并进一步展开了文化交流、交融的微观过程。

笔者在尝试回溯尕布藏老人的生平过往的过程中，也深刻体会到了这一点。

措吉（尕布藏的女儿，鄂金尼部落牧民，裕固族）：

　　我阿爸刚来到黄藏寺的时候，我的姑姑已经结婚了，姑父是那个时候我们部落头目的弟弟，家里生活好。我的阿爸来了以后，就给人们放羊，赶上驮牛到汉族人的地方换粮食那么过着呢。后来，部落里的大人们看着这个小伙子人好、能干，就把他介绍给了我的阿妈。阿妈他们家姊妹三个，家里也没有男娃娃，两个姐姐都已经出嫁了，我的阿妈最小，就在家里呢。我的外奶奶已经不在了，我的外爷爷和外爷爷的哥哥一起生活，外爷爷的哥哥是个阿卡（僧人），一辈子没有结婚。阿爸来了就在阿妈家做了女婿。

20 世纪 30 年代至 50 年代，融入鄂金尼部落的藏族人最多，他们因为各种原因来到鄂金尼部落，多以联姻方式融入当地牧民中。这种融入的基础，一方面是共同的藏传佛教信仰，另一方面则是鄂金尼部落在裕固语之外兼用藏语，而这些藏族牧民的融入又进一步深化了藏语在部落里的使用。尕布藏入赘的裕固族人家属于杜曼氏族，鄂金尼部落最后一位萨满就出在这个家族里。尕布藏成家后，家中同时使用藏语和裕固语。

拉姆措（尕布藏的养女）：

　　我们小时候家里面都说的是藏语，老人们给我们讲故事的时候也说藏语。我们家里尤其是这样。每天下午一家人把牛羊都关到圈里，吃过晚饭全家人就围在火炉旁边念经。前些天，仁青措老人还说起她小时候经常到我们家来帮忙，看着我们天天念经也跟着学了一些呢。

藏族人口的融入以及周边藏文化对部落的影响，从鄂金尼部落裕固语中藏语词的借用可见一斑。语言学界的调查显示，东部裕固语中藏语词使用最多的是宗教词语。在表示饮食的词语中，牧人最重要的奶制品、制作奶制品的工具，鄂金尼部落均用藏语词表示。比如奶这个词在东部裕固语中称作"孙"，这无疑是牧人语言中的核心词之一，而鄂金尼部落叫作

"沃玛"，是藏语。制作酥油的打奶筒，鄂金尼部落用藏语名称"奥皂"，因此可以推测这种工具是由藏族地区传入裕固族的。但其余奶制品如酸奶、发酵乳、酥油、奶皮等词，鄂金尼部落里仍然保留了裕固语名称。还有北方牧区常见的食品酥油搅团，在不同的民族中有着不同的名称，在东部裕固语中叫作"哈戈玛仕"，鄂金尼部落则放弃了自己所使用的裕固语名称而用其藏语名称。

在其他生产生活领域，鄂金尼部落也不同程度地使用藏语词，比如柱子、感冒、绿松石、裁缝、画家、老师、徒工、轮子、桥、村、颗粒、丸、锁、钥匙、盘子、刀鞘、筷子、黄牛、狮子、大象、蚂蚁、水獭、环颈雉鸡等。这些词虽然数量不大，但分布的范围广泛，涉及生活用品、牲畜品种、动物名称、职业分类、社会组织、亲属称谓等。

由此可以看到，鄂金尼部落的裕固族文化与藏文化发生了深入而广泛的交流。这种交流的背后是游牧生计方式这一共同基础，它是二者在一种平等、和谐的关系和交流状态下相互影响的重要前提。而语词的借用与否，经常又显现出不同文化及不同区域的人群在生活方式上的细微差异。

三　家里的民族交融：收养蒙古族人家的女儿

20 世纪三四十年代，婚后数年没有生育的尕布藏夫妇便领养了一名蒙古族女婴。

拉姆措（尕布藏的养女）：

> 我的阿爸、阿妈（养父、养母）结婚后好些年没有生娃娃。那时我的亲生父母从海西逃出来，到了门源又到了夏日塔拉的大马营那一带，靠给人放羊、做手工过了几年。后来又来到了祁连的黄藏寺，以给这个地方的尧熬尔人干活为生。后来生活困难，家里面娃娃也多，再加上阿妈（生母）又病了，就说要把最小的我送人。我的阿爸（养父）知道了就去把我要来了。我的亲生父母又在祁连县住了七八年，到1956年前后才回他们的老家青海海西去了。

　　尕布藏的养女出生在其父母颠沛流离的迁徙中。他们离开故土青海海西，辗转门源、大马营、祁连，所到之处都是牧区。他们依靠放牧、缝衣服、制作日用品的技术维持家庭的基本生存，也为当地牧人提供了稀缺的手艺。很多来到这里的人们都和他们一样，与当地人在生计上形成了一定的互补。

图1　尕布藏老人（居中坐，左一）与他的多民族家庭
摄于1999年1月，尕布藏老人80大寿当日，甘肃省肃南裕固族自治县皇城镇。
安惠娟供图

　　从历史上看，蒙古族的融入对裕固族的形成与发展起到了重要的作用。这是一个长期而复杂的互动过程。自20世纪以来，陆续还有零散的蒙古族人被裕固族部落所接纳。裕固语分东部裕固语和西部裕固语两种，其中东部裕固语属蒙古语族，被认为是在词汇和语法方面最接近蒙古语的亲属语言之一。

　　因此，笔者认为，若要从历史的角度对裕固族及其文化有相对完整的理解，则要注意到在历史进程和日常生活中蒙古族文化与裕固族文化之间的互动与关联。

**图 2　尕布藏老人去世多年后，他的女儿拉姆措（前排左二）回到青海省
德令哈市戈壁乡寻根，与故乡的蒙古族姐妹及家人们合影**

摄于 2018 年 1 月。安惠娟供图

四　文化的共享：会讲《格萨尔》的"阿让阿米"

自成家以后，尕布藏就再也没有离开过鄂金尼部落。他领养了蒙古族
女儿后，又与妻子生了两个女儿，他的姐姐还给他过继了一个儿子。他在
部落里把四个孩子养大成人。1958 年，甘青两省划界，裕固族鄂金尼部落
从祁连县黄藏寺搬迁到祁连山北麓的夏日塔拉，该地是元代的宗室阔端王
的封地，阔端王及其后嗣在此建有夏宫，因此汉语中名为"皇城"。

拉姆措（尕布藏养女）：

我是抱养的，但我的阿爸对我比亲生父母对孩子还要好。他对所
有人都好得很。那些来我们牧场拉羊粪的汉族农民和收羊皮的回族商
人，阿爸见了他们都要叫到家里来喝茶。天黑了就留他们在家里住。
我们那时候还有点害怕，阿爸说出门人都不容易，帮别人一把我们也
丢不掉啥东西。宁给那些有困难的人帮忙，也不要为了讨好那些有钱
有势的人而去帮忙。这个对我影响很大。

尕布藏老人在鄂金尼部落除了因为乐于助人而拥有好人缘外，还因为能唱大段、长篇的藏族史诗《格萨尔》而受人尊敬。部落里遇到宴请、聚会，他常常受邀为人们演唱。

措吉（尕布藏的女儿）：

> 过年的时候大人们商量好晚上聚会，那个时候酒也少得很，主要就是聊天、唱曲儿。我们部落的老年人唱的大部分是藏曲儿，大家平时听到新的曲儿，歌词好听的就学上来，过年的时候就给大家唱，然后看谁的曲儿和歌词内容好，谁唱得好。那个时候我阿爸就给大家唱《格萨尔》，都是用藏话唱的，大人都爱听得很啊！我们娃娃们听上一阵就没有耐心了，玩的玩去了，睡着的睡着了。

凯扎西（尕布藏的外甥）：

> 我舅舅的《格萨尔》是到天祝这里来给人放羊的那几年学会的，他年轻的时候记性好得很，人唱上一遍，他就能学会。自从他头上受过一次伤以后，记性就不行了，不然脑子相当好。就是那样，他老了还能唱那么长的《格萨尔》。《格萨尔》长得很，是世界上最长的史诗吧？我舅舅说世界上再没有这么长的史诗，《格萨尔》就是文学水平高。

亲戚里有许多小辈都叫尕布藏为"阿让"，这是藏语"舅舅"的意思，并不是裕固语，实际上这种称谓与尕布藏的族属保持了一致。但同时，部落里如此称呼他的人很多，并不都是他的外甥，这又体现了裕固族人使用亲属称谓的传统。裕固族的人们习惯将长一辈的男性称为"舅舅"，将女性称呼为"姨妈"，这种"拟亲"称谓实际上是对长辈的一种尊称，与血缘或亲属关系不一定相对应。随着时间的推移，年龄更小的孩子们则称呼尕布藏为"阿让阿米"，即藏语"舅爷爷"之意。这一称呼最终成为尕布藏的专属称谓。人们一说起"阿让阿米"，就是特指那位会唱《格萨尔》的老人家。

"阿让阿米"这个尕布藏的专属称谓，融合了来自藏族和裕固族的两种文化习俗，并自然而然地被鄂金尼部落的人们所接受和使用。同时，这个称谓虽然用的是藏语，也是尕布藏作为《格萨尔》说唱人的专属称谓，但人们却并非将其作为尕布藏的族属标志来使用，并不特意指向他的藏族身份。

但尕布藏本人在某些特定情境中对自己的族属身份又有着清晰的要求。他自幼接受了严格的藏族传统家庭教育，因此，与妻子、子女的日常交流多用藏语，教养子女也沿袭了幼时所受的藏族传统教育的方式。当他为众人演唱《格萨尔》时，从来都是正襟危坐、心怀崇敬。对于这位颠沛流离、经历坎坷的老人来说，格萨尔是让他引以为豪的英雄，是他的"英雄祖先"。

《格萨尔》是著名的藏族史诗，学界认为《格萨尔》是生活在青藏高原和三江源地区的藏族部落的集体记忆，并广泛流传在青藏高原及其周边地区的多民族群众当中。尕布藏经常受邀为鄂金尼部落的亲朋好友唱《格萨尔》，他全用藏语演唱，由于部落里的大多数人精通藏语安多方言，人们基本不需要翻译就能听懂。这也反映了鄂金尼部落中藏语的兼用程度。偶尔遇到不太懂藏语的听众，尕布藏就用裕固语来解释和讲说《格萨尔》的散文内容。在长期的交流中，尕布藏成为当地颇有名气的《格萨尔》说唱艺人。20世纪80年代，格萨尔研究学者到裕固族地区调查，在鄂金尼部落采访的主要对象便是尕布藏老人。

措吉（尕布藏的女儿）：

> 那还是（20世纪）80年代，来了一个西北民族学院的教授，把我的阿爸叫上去说是让他唱《格萨尔》，那次大概说了两天多吧。阿爸老了也还是记性好得很，那个老师据说录了好多个录音磁带拿上走了。

19世纪初，到裕固族地区访问的西方探险家采访到裕固族人称自己的祖先是霍尔格塞儿，对照《格萨尔》文本内容，这是指与格萨尔发生战争的黄霍尔王。因此裕固族人中间也曾流传着一种说法，认为格萨尔与裕固族的祖先发生过战争，所以裕固族人不能讲格萨尔。

扎西（鄂金尼部落牧人，裕固族）：

> 我听人说，我们裕固族其实不能听格萨尔故事。以前我们部落有个老爷爷，他有一次叫我去聊天，他就给我说我们不能听。因为我们的祖先和这个格萨尔是"有仇"呢。至于是啥"仇"，他也没有给我说清楚。

尽管如此，在鄂金尼部落，有许多裕固族人喜欢听尕布藏讲的《格萨尔》故事，听熟了以后还会用裕固语复述个别经典片段。在这个层面上来说，《格萨尔》是无关族属的故事。说《格萨尔》、听《格萨尔》、讲《格萨尔》，都在审美层面为不同族属的人们带来了欢愉。

格萨尔故事至今依然在鄂金尼部落传播，作为一种文化元素被部落里的人们共同分享。人们感受着格萨尔故事带来的愉悦，欣赏着跌宕起伏的情节，传唱着精彩的故事，其背后的族属、历史乃至认同都消隐了。有关祖先的记忆和受人们喜爱的格萨尔故事，即便内容相矛盾，仍然在鄂金尼部落并行共存，各自流传。记忆、边界、祖先、认同交织在一起，复杂但又真实。

《格萨尔》在鄂金尼部落得到了流传，这一过程充分呈现出，文化是一个开放的系统，其内部元素往往跨越多重边界而共享。

五　生计的互嵌与共生：多元认同的游牧民

拉姆措（尕布藏养女）：

> 我们部落里的人都叫我阿爸是"阿让阿米"，人们都对他尊敬得很。我的阿爸爱帮助人。他经常赶上驮牛到汉族人的地方（甘肃民乐），驮上些羊毛、羊皮啥的去农村换粮食。那个时候我们部落传来了一次瘟疫，死了好多人，有些人家里没有能干活的男人了，阿爸走的时候就把亲戚、邻居家的驮牛一起赶上，帮他们把粮食换回来。

　　游牧生计方式的特点之一在于其不完全自给，因此依赖于与农耕民族之间的贸易和交换。大量研究指出，草原社会对同农耕或者绿洲社会的贸易需要，比定居农业社会对同草原社会的贸易需要更甚。

　　鄂金尼部落的牧人赶着驮牛翻越祁连山到甘肃民乐、甘州等农业地区，用自产的羊皮、羊毛等畜产品换取粮食、铁质工具等生产生活用品。在这种生计方式的依赖关系中，游牧与农耕两种文化也连接了起来。尕布藏不仅会说藏语和裕固语，还能操一口青海汉语方言与汉族人交谈。他青年时奔波流离的经历以及他在鄂金尼部落生活时与农区汉族人的贸易，使他成为较早使用汉语的牧人之一。在鄂金尼部落，与他同龄的裕固族老人中会流利使用裕固语和藏语的并不鲜见，无关性别差异；而在掌握和使用汉语方面，则多以男性为主，个中缘由与男性牧民更多地承担与农耕区的贸易往来直接相关。在部落里，使用多种语言在 50 岁以上的人群中较为普遍，在裕固语之外，其他如藏语、蒙古语、汉语，即便人们不是说得非常流利，也基本能够听懂。他们在面对说不同语言的人时，能轻松地进行语言转换。

　　于是，语言成为双重的工具，不仅被用于与其他族群的交流沟通，在需要的时候又成为区分你我的边界。

　　达赖措（尕布藏外孙女）：

　　　　我的爷爷教育我们的时候经常用裕固语说"咱们裕固人""咱们藏族人"。那时候我们也小，从来没有觉得这么说有啥区别。可是长大以后发现这两个说法是不一样的。但他就放到一起说，也没有啥不行的。

　　巴菲尔德对游牧人的研究认为，游牧的部落往往表现出边界的模糊和变动性。在尕布藏的认识中，"咱们裕固人""咱们藏族人"混在一起使用，两种表达之间往往缺乏清晰的边界。尕布藏在特定情境中有着清晰的认同，即"我是藏族人"。然而在鄂金尼部落的经年生活和休戚与共的血肉联系，又淡化了裕固族和藏族之间的区分，呈现出认同的多元特征。这种多元性在鄂金尼部落是一种较为普遍的现象。

　　我们往往将某一种或几种文化元素作为族群或者民族的象征。然而在尕布藏老人的故事中，我们看到的是在生计方式、语言、历史传说及族裔认同中自由穿梭的游牧民。他们一方面用语言、服饰、器物等构建自我与他者的边界，另一方面又跨越这些边界相互交流、互动甚至自由地穿梭。

　　在由连绵的祁连山脉所隔离的地域之间，河西走廊成为一个过渡地带。民间社会、不同族裔的人们穿越了地域的区隔，上演着和平交流、自由互动的日常生活。而文化正是沟通的桥梁和交流的纽带，而非隔离群体的边界。这就是民间呈现给我们的世界，它更真实、平常。

　　【作者系河西学院"丝绸之路经济带河西走廊智库"副教授，主要研究民族学；本文系国家社科基金项目"裕固族鄂金尼部落民族志"（项目编号：16XMZ037）的阶段性成果。】

河西走廊上的盲艺人之歌[*]

——敦煌变文、河西宝卷、凉州贤孝中的文化传承

王文仁

"活着的"敦煌变文，既指在河西走廊民间流传的一种千百年来经久不衰的说唱艺术——河西宝卷，也指被称为"河西宝卷的分支""敦煌变文的子孙"的曲艺艺术——凉州贤孝。由盲艺人述说和传承的那些故事，既杂糅了儒、释、道等传统文化，又吸收了民间宗教信仰和民间神话、风俗礼仪、道德规范等方面的内容。河西宝卷、凉州贤孝堪称"民间百科全书"式的非物质文化遗产。2006 年，河西宝卷、凉州贤孝同时被列入第一批国家级非物质文化遗产名录。

自 20 世纪中叶以来，在河西走廊一带，近百位盲艺人说唱着一种当地特有的曲艺——凉州贤孝。他们传唱贤孝的足迹遍及武威（凉州），远一些的到过永昌、民乐、高台、酒泉等地，甚至跨过戈壁、荒原，抵达宁夏、青海、新疆、内蒙古等丝绸之路沿线地区。至 20 世纪末，他们游走在千里河西走廊，行艺卖唱、乞讨度日，"走了东头走西头，走了南头走北头，东

---

* 原文刊登于 2018 年 3 月 23 日《中国民族报》理论周刊 8 版，系"从走廊发现中国·河西走廊篇"专题第三篇。

西南北都不收，三弦饿成个空壳喽"。如此风雨兼程数十年，他们在不经意间播撒着凉州贤孝"孝悌忠信"的种了。盲艺人之歌不仅带给人们动人心弦、德育教化的力量，还塑造了这个地域的精神气质。盲艺人的足迹，见证着河西走廊社会生活的变迁，也为我们从底层视角了解河西独特的文化传统、民情风俗、民间信仰打开了一扇窗。

一　盲艺人王月与凉州贤孝

认识王月的人都叫他"王爷"。王月今年80岁，凉州贤孝他已经唱了60多年。现在他还有个身份，是国家级非遗项目凉州贤孝的省级代表性传承人。王月的家在甘肃省武威市凉州区的海湾村，他每周有两天在海湾村为60余名乡民传授凉州贤孝，其他时间就到另外三个村子去做传习的工作。

笔者与王月因河西宝卷的一次田野调查而结缘。

2009年7月，盛夏，笔者赴武威市调查武威宝卷。在武威市中心广场深处的几片绿荫下，男女老少十余人围坐在一起乘凉。走近了，笔者发现其中只有两个明眼人，其他都是盲人。他们似乎"划地盘"而坐，身边摆着三弦、二胡、板胡等乐器，还放着奶粉罐、小纸盒、倒放的帽子等小器物，里头有些许零钱。他们面容沧桑，穿戴还算得体。不过，几乎不交谈。

笔者走近坐矮板凳的一个明眼男人，俯下身子说："我姓王，是张掖河西学院的老师。你们在这里干什么呢？"他漫不经心地回答："唱曲儿的，你没看见吗？都放着乐器哩。"笔者给他递了一支烟、一瓶水，套起了近乎。他一一接过，态度热络了起来："那些没眼睛的都是唱曲儿的瞎子，每天都来这个广场，中午热得很，到太阳偏一些，这里唱曲儿的瞎子就都来了，多得很。我们蹲到晚上九点才走哩。"

他自称姓徐（下称"徐老汉"），是和三个盲眼人一起的。盲人妇女是他的妻子，稍大点的男孩是他的儿子，小些的男孩是他妻子的徒弟。三人唱曲，徐老汉负责为家人带路、递水、买饭等。笔者用两个多小时，聊天、听曲、拍照、摄像，了解到他们所唱的曲儿叫"凉州贤孝"。

在广场的东北角，独自坐着一位老人，怀抱三弦，看起来也是个唱曲儿的。笔者想要过去和老人聊聊，徐老汉却放慢了脚步："不去了吧！"笔者问："为什么？"他只说："那个人，你就再不给他钱了。"笔者没继续打听，只问："他叫什么名字？"徐老汉说："也是个瞎子，叫王月。"

半年后，笔者竟再遇王月老人。

那是 2010 年 1 月的一个下午，武威人杨门元带笔者去海湾村走访"唱贤孝的"。没想到，他带笔者走进的竟然是"瞎子王月"的家。

**图 1　王月在其家中为本文作者讲述凉州贤孝故事，
演唱凉州贤孝《小姑贤》**

王文仁摄于 2010 年 1 月 20 日

初识王月，觉得他性格开朗，语言幽默。

笔者：你房子修得这么好，屋里摆设满满当当，看来你在海湾村是个富户啊！

王月：富户嘛！算不上，经济条件嘛，好着哩，起码钱就够花了。

笔者：难怪去年在广场时，有人不让我走近你，不让我给你钱，原来你是有钱人啊！

王月：都是个瞎子嘛！大家都唱的个贤孝嘛，他们挣钱少，就嫌我挣钱多嘛，个别（排挤）我哩，其他的因素嘛，我以后慢慢给你喧。

这一"喧"就"喧"了近 10 年。笔者逐渐了解了他的人生故事，对凉州贤孝也由陌生到熟悉，再到深入研究，并开始重新认识河西走廊的社会生活。

王月原是明眼人，13 岁那年，患了眼疾，无医无药，被人用土方子给治瞎了。瞎了眼的王月很为自己的将来担忧。他记得长辈说过"瞎子唱贤孝，肚子能混饱"，就主动要求学贤孝，想要混饱肚子，还想混出个人样子来。家里看他决心很大，就为他请了盲人师傅甘震，写了拜师"誓状"。此后的两年间，王月跟着甘师傅四处流浪学艺。

笔者：你拜师的"誓状"里写了什么？

王月："誓状"嘛，就是个"约"，好比现在的合同，上面写了："王月拜甘震为师，学艺一年，一月四元（学费），效力半年；出师全套冬谢（棉帽、棉衣、棉袜、棉鞋）；回双响一对（回礼为一对碰铃）。"甘师傅的意思是写三年的"约"，我就说，先写上一年吧，我知道家里付不起学费。就连誓状上写下的"一月四元""全套冬谢"，也是我出师半年后才挣着谢完的。

1957 年王月拜师学艺的时候，甘震已经 69 岁了。以此推测，甘震生于 1888 年（清光绪十四年），他是笔者调查到的传承谱系较明晰的贤孝艺人之一。

笔者：你师爷叫啥名字？你师傅和你都有几个徒弟？

王月：听师傅说，师爷叫李源栋（音），我没见过，也不知道他的事。甘师傅教了 13 个盲人徒弟，我教了 7 个盲人徒弟。我还有个明眼人徒弟叫董永虎，他也教着 1 个明眼人徒弟，也能唱两句贤孝了。以前嘛觉得，如果我们这些瞎子都去世了，凉州贤孝也就断了根了。现在嘛，董永虎的徒弟也能唱了，看来凉州贤孝后继有人了！

王月的记性好，甘师傅把贤孝、弦子、二胡等技艺都教给了他。到了没得教的时候，王月就开始自己唱贤孝、挣钱、带徒弟了。出师的时候，甘师傅曾嘱咐他："以后嘛，要多听人家念的宝卷，听下了，记住了，就用贤孝调编着唱去吧。"

甘师傅一句"唱去吧"，徒弟王月一唱就是60多年，至今还在唱着。

　　笔者：给我讲一讲凉州贤孝和宝卷吧！

　　王月：凉州贤孝主要讲的是"二十四孝"故事，像《郭巨埋儿》《丁兰刻木》《王祥卧冰》《白鹦哥盗桃》，（还有）包公案里的《皮箱记》，还有《劝世人》《小姑贤》等吧。唱贤孝的都是没眼睛的人，明眼人不学，说是调调子苦得很。再一个，明眼人脑子里想法多得很，也学不下。不像盲人，把师傅每天教的贤孝词、三弦曲牌，从早到晚嘴里就"咕嘟咕嘟"地背着哩，手里也"梆铛梆铛"地弹着哩。唱贤孝的人，都是自己弹，自己唱。有的弹的三弦子，有的拉的个胡胡（二胡），还有的比如，永昌的贤孝家们都拉的是四胡子（四胡）。

　　我也碰到过大学的教授、研究生，他们问我："知不知道'敦煌变文'？"我说不知道。我就知道个宝卷，也就是宝卷贤书（河西宝卷），那个和凉州贤孝说的一回事，都是在教育人怎么孝敬老人，婆媳、姑嫂如何搞好关系，家庭要和睦，人不能干坏事，做官不能当贪官。

二　凉州贤孝、河西宝卷：敦煌变文之"子孙"

王月说唱的"二十四孝"与敦煌变文有着很深的渊源关系。

"变文"是唐代兴起的一种以佛经内容为题材写成的通俗说唱文学底本，最初是寺院里解说佛经的俗讲，后来也演唱历史故事、民间传说。1900年，敦煌千佛洞藏经中发现了大量手抄变文文书，它们被世人称之为"敦煌变文"。敦煌变文对后世中国说唱艺术产生过深远影响，说经、讲史、评书、评话、陶真、宝卷、弹词、鼓词等曲艺艺术都与它有着千丝万缕的渊源关系，可谓隋、唐以后中国说唱文学、曲艺艺术的源头活水。

现在人们说起"二十四孝"，一般特指元代郭居敬编纂的《二十四孝》

中的 24 个孝行故事。实际上，"二十四孝"最早为佛家首创，原本是一个
广义的称谓，泛指"自上古以来的孝行故事"。现存敦煌遗书《故圆鉴大
师二十四孝押座文》有"须知孝道善无疆，三教之中广赞扬"等百十句变
文，其中讲唱中提到的部分名目，如"千年人口赞王祥""郭巨愿埋亲子
息"，就是郭居敬所编《二十四孝》中的"卧冰求鲤""埋儿奉母"等故事
的源头。

　　同时，"二十四孝"早期本是佛教的宣传提纲，却也被儒家视为宣扬孝
道的样板。例如，学界研究表明，郭居敬《二十四孝》讲述的"鹿乳奉
亲"故事中，能隐约看出由佛教宣传转化为儒家教化的痕迹。

　　敦煌变文、"二十四孝"透射着佛教、儒家两种不同的文化背景，传递
着相似的价值观和理想信念。它们成为佛教教义与儒家文化交流、融合、
共生的成功范例，为河西走廊的传统文化提供了丰富养料，使之生生不息，
源远流长。

（一）凉州贤孝：说唱圣贤之道

　　凉州贤孝又称"凉州劝善书""瞎弦"，是流传在河西走廊的一种说
唱曲艺。它产生于元末明初，以宣扬孝道为宗旨，以盲艺人之间的口耳
相传为主要传承方式，在河西走廊流传千百年而不衰。学者认为，作为
"敦煌变文的'子孙''河西宝卷的分支'，凉州贤孝是河西历史与文化
长河中最具原生态、最有生命力，保存最完整、影响最深厚的民间艺术
形式之一"。

　　　　笔者：您给唱一段"贤孝"吧！
　　　　王月：那就唱"二十四孝"里的第三孝《郭巨埋儿》吧！
　　　　天有道，下的是甘霖细雨，
　　　　地有道，出的是五谷根苗。
　　　　朝有道，出的是忠臣良将，
　　　　家有道，出的是孝子贤孙……
　　　　这一段是"凉州贤孝开篇词"，《郭巨埋儿》正经唱起来，我可以
　　　唱两三个小时哩……

笔者：为什么唱《郭巨埋儿》之前要唱"凉州贤孝开篇词"呢？

王月：师傅教的时候就这么说的啊！以前唱凉州贤孝一般都要先唱一个开篇，要在一开始就告诉听的人，天道是怎么的、地道是怎么的、人道是怎么的，古人是怎么说的，这是要教育人走正道嘛！人家就认真听哩，你再唱《郭巨埋儿》，听的人就安静听，就听哭咧！

中国的古人将天道、地道、人道凝结为"天人合一"的圣贤之道。凉州贤孝则将圣贤之道通俗化，以"天有道，下的是甘霖细雨；地有道，出的是五谷根苗；朝有道，出的是忠臣良将；家有道，出的是孝子贤孙"世代教化着河西百姓。"人在做，天在看"的警示，成为河西大众处世、做人的基本标准。古人所谓圣贤之道，祖辈相传，可见圣贤是教出来的；而凉州贤孝世代传唱，在河西，孝子也是教出来的。

（二）河西宝卷：忠孝信义、仁爱和平的"百宝经"

甘师傅告诫王月，要唱好凉州贤孝，就要多听宝卷贤书。

河西宝卷是敦煌变文的"嫡传子孙"，是活着的变文。它是一种源于敦煌俗文学、植根于河西民间社会的说唱曲艺，产生于元代，成熟于明代，在清至民国时期发展到顶峰。它分布广，数量多，内容丰富，特色鲜明。宝卷所记载的故事，上起秦代孟姜女哭长城，下至民国十六年（1927 年）河西大地震，时间跨度长达两千多年。就说唱所涉音乐而言，既有古曲牌，也有民歌小调曲牌，还有以韵文字数、道教"符咒"、佛教"佛号"所定的曲牌名，曲调古朴，特色浓郁，在民间久唱不衰，是研究秦地秦风音乐的"活化石"。

笔者：为什么师傅要让你多听"宝卷"啊？

王月："贤孝"是活的嘛，要多学啊。有的"宝卷"就和"贤孝"一样啊！好比"宝卷"里叫的是《鹦哥宝卷》，在我们"贤孝"里就叫《鹦哥盗桃》，说的是一回事。

"鹦哥盗桃"的故事，"宝卷"念唱者最爱讲，"贤孝"盲艺人最爱唱，在河西民间流传甚广。曲折的故事、生动的唱词塑造了一个鲜活的孝子形象，文化的精髓——"孝道"也娓娓道出。

"世间男女仔细听，吃斋念佛孝双亲。若不敬忠行孝道，诵经念佛也无功。"这便是《鹦哥宝卷》对世人的忠告。"今是古，古是今，留到世上劝化人"，这是河西走廊上的盲艺人演唱"贤孝"《鹦哥盗桃》时，唱了千万遍的警句。

笔者：《方四姐宝卷》是从你这里唱出去的，你从哪里得来的？

王月：六三（1963）年嘛，8 月里，在永昌朱王堡花了 40 元钱买来的。也是从一个盲人跟前买的，叫个赵树基（音），他老了唱不动了。我也是花了大价钱买的，40 元钱哩。那个时候麦子一公斤不到 3 角钱。我想着，别人不会唱，我嘛，记下了就用凉州贤孝唱出来，吃这碗饭的嘛。"宝卷"是文言文，我就记下，改成"贤孝"能唱的词，用上"贤孝"的调，就编着哩，唱着哩。

**图 2　王月为本文作者说唱由他从河西宝卷《方四姐宝卷》
改编而来的凉州贤孝《方四姐》**

徐海波摄于 2016 年 1 月 24 日，武威紫云阁酒店

河西宝卷能兴教化、劝操守，在自娱、娱人的气氛中，给人以情感愉悦或心灵感悟。河西百姓普遍把它当成立言、立德、立品的标准，世称

"家藏一宝卷，百事无禁忌"。人们借它祈求风调雨顺、五谷丰登，期待惩恶扬善、伸张正义，还把它当作忠孝仁义、仁爱和平的"百宝经"。有人家遇到儿女不孝、媳妇不贤、家事不顺、人丁不和，就用"念卷"的方式，劝家人幡然悔悟。"宝卷"在河西百姓中根基之深、影响之大、流传范围之广，可谓"之最"。

凉州贤孝与河西宝卷有着相同的文化源流，都孕育于敦煌变文，是敦煌变文的"子孙"，是敦煌文明地方化的重要表现；都生长在河西走廊，植根于河西地区的民间社会；其曲目、内容等方面也有诸多相通之处，教化功能一脉相承；都是河西走廊上的文化交流、交融在民间社会和日常生活中的生命力所在。

三　盲艺人王月二三事：河西走廊经济文化社会发展的缩影

王月眼盲心亮，记忆超群。笔者和王月交往，听到的不仅仅是他的人生过往，还是一个关于社会与时代的故事。

（一）多元包容与向孝向善：盲艺人的生存空间

> 王月：（20世纪）60年代赶上饥荒年，有一年武威又是大旱，又遇上大冰雹，艰难得很。我那时已经二十几了，家里有8男3女，总共11口子人哩！没吃的呀！平时嘛，一家人全靠我一趟又一趟地唱曲儿，讨要着、照顾着哩。想想那个日子啊！心里就急着啊！有一年，我出去十几天，带着讨来的干馍馍回家，还没吃上些东西哩，就赶紧连夜唱曲、要饭去了。困难年代，像我们这样唱曲儿的瞎子，"撮撮米、把把面、疙瘩馍馍、冷剩饭"，总能讨要上些，混饱自己肚子，还能给家里添一些口食。

河西走廊的百姓往往将明眼人的乞讨视为"懒汉"所为，但对盲艺人的卖唱式乞讨却有着不同寻常的包容、理解和接纳。明代的聂谦在《凉州风俗录》中记录了当地流传的"瞎弦"："卖伎所唱……原以觅食计。"可见，当时社会底层的盲艺人就已经在河西的地方社会中寻到了生存空间。河西走廊上的盲艺人卖唱乞讨，有其历史传承，河西的百姓也总会力所能及地给予施舍。河西走廊特有的多元文化造就了这种精神传统和人文性格。凉州贤孝成为儒、释、道、地方传统等多元文化价值的民间表达和重要的传播方式。凉州的风土人情、方言习俗、礼仪规矩、地域兴衰，无不在"贤孝"唱本中传承、生长着。百姓们认同凉州贤孝"劝孝劝善"的文化内涵，并以此规范自身。河西地域特有的历史文化、社会风尚是凉州贤孝能在一代代盲艺人们的唱腔和弦子声中流传下去的土壤。

盲艺人唱"贤孝"，悲音悲调，却又有一种别样的自信、豁达和韵味。在社会生活中，他们也自有其生存的空间。笔者调查了解到的贤孝盲艺人共 94 名，其中有 26 人成了家；这 26 人中，又有 20 人是出生于 20 世纪 20 年代至 60 年代，他们的配偶大多为明眼人，王月便是其中一员。除了游走在城镇间唱"贤孝"，盲艺人更扎根在乡土里。一到农闲，总有爱听"贤孝"的乡民将盲艺人请到家里，拨几下三弦，乡民们三三两两就带着"份子"来了，一唱一听，往往就是数天、数十天。"贤孝"带给人们的，不仅仅是动人心弦、德育教化的力量，它还塑造了人们的精神气质，让底层社会的人们在历经生活的艰辛时，也彼此温暖着。

（二）时代的弄潮儿

王月思维敏捷，他常能捕捉到国家的政策调整、社会的发展变化。

1978 年，改革开放的春风吹遍大江南北，撩拨着王月不安分的心。

王月曾立誓"要混出个人样子来"，他总不甘心自己的眼睛就被治瞎了，他四处打听民间偏方，终于使眼睛恢复了"一点点"视力。"天晴时，借着日光能看见路是个白道道子，树啊、电线杆啊都是个黑桩桩子，人是个黑影影子。天阴了嘛，就不知道东南西北了。"这"一点点"视力让王月除了唱贤孝，还能做点别的营生。

王月 40 岁那年，他的家已经是一个大家庭了，他最大的心愿，就是能建一院让 8 口人住得舒心的房子，但苦于没那么多钱。有一天，村上来了几个倒卖牲口的生意人，他首先想到的是国家是否允许私人经商。他去咨询了村支书，得到肯定的回答后，王月毅然决定拿出行艺卖唱的积蓄，与附近几个同样"不太安分"的明眼人合伙做起了倒卖牲畜的生意。

王月：改革开放的时候，我唱曲儿都20多年了，很多地方我都熟悉。民勤那个地方养的牛不长膘，犁地没力气，那里的人喜欢驴马，驴马拉车跑得快。永昌、民乐、山丹的驴马多，都膘肥个大。高台、酒泉的牛多，膘肥肉厚。阿克塞的牛、羊、马都多，卖肉压秤。我就到那些地方把驴、马买上，拉到民勤后，一头壮实的驴马就能换两头牛，一般的驴马，一换一。黄羊镇（隶属武威市）不是有个甘肃农业大学嘛，那里的人经济条件好些，我就再把在民勤倒换上的牛、换不出去的驴马都拉到黄羊镇宰掉卖肉。从高台、酒泉买的牛，一般就拉到玉门油田上卖肉。从阿克塞一次能买几十、上百头牲口，一般羊多嘛，就一起赶上，一路经过敦煌、玉门、酒泉、张掖、金昌，边放、边走、边卖、边买。走到离城近的地方就宰掉一部分，在肉市上卖掉。这样的买卖虽然辛苦，也能挣到钱。

王月的"经商"之道，着实让人佩服。其实，古代丝绸之路河西走廊上的商贸往来，何尝不是如此！来自不同地域的中外客商，他们也曾如王月一样，带着各地的物产行走在千里走廊上。在商贸往来中，经济、文化、民风、民俗、族群、人口都实现了广泛交流。来自不同地域的文化在河西走廊上"各美其美，美美与共"，促成了河西走廊多元文化的交融共生。

笔者：你做买卖期间唱"贤孝"吗？

王月：唱啊！我是一辈子三弦不离身，走到哪里都背着。倒卖牲口的时候要住车马店，我就在店里唱，店主、客人都来听。住的次数多了，我一住店，店主就通知那些爱听曲儿的人"王爷来了"。听到的人都就来了。唱罢，大家都给钱。

笔者：外地的人也喜欢凉州贤孝吗？

王月：不一定。武威民勤、古浪、大靖、黄羊镇、永昌的人最喜欢听"贤孝"，再就是民间小调；武威张义堡，张掖的民乐、山丹、高台，还有酒泉、敦煌的人最喜欢听"宝卷"，再就是"贤孝"、民歌小调。他们想听啥，我就唱啥，都是挣钱哩嘛。

60多年来，王月跑遍了河西走廊，还去过兰州、西宁、银川、包头、塔城等很多地方。在异地他乡，王月没有受到歧视，"我在武威的茶馆里唱的时候啊，在高台的、民乐的、酒泉的车马店里啊，在新疆唱的时候啊，大家都爱听得很，有的人还听着就不走"，他为不同民族的人们说唱凉州贤孝，听者有汉族人、回族人、哈萨克族人、维吾尔族人等，如他所言，"都是好人啊！"

（三）唱出新生活

如今的王月与儿女们各自生活，老两口衣食富足，晚年幸福。

笔者：你对现在的生活满意吗？今后有什么打算？

王月：现在国家的政策对我们这些残疾人、老年人就好得很啊！像我就有残疾人生活补助、养老金、医疗保险、高龄补助，能免费坐公交车，免费体检。老弱病残没人照顾的可以进敬老院，家庭困难的还有低保。我嘛，现在平均每天也能挣个50元左右哩！有吃的、喝的，还有存款，再加上国家的生活保障，就行行的了。和过去相比，现在的生活就好得很了。从2016年开始，儿女们就不让我到处跑了。我嘛就想着，就教一教周围喜欢"贤孝"、曲儿的村民吧！主要还想着怎么教着年轻人不要把我们凉州的贤孝遗失掉了。这个是劝化人孝敬父母的，教育人走正道的，好东西不能丢啊！

"好东西不能丢"，这是一位盲艺人对凉州贤孝和河西宝卷由衷的感叹。任光阴流淌，沧海桑田，河西走廊上的世代盲艺人，和着岁月的节拍，唱着河西宝卷、凉州贤孝之歌。一路走来，他们铿锵的语调传递着中华民族"忠孝信义，仁爱和平"的精神，这是每一个家庭和睦兴旺的法宝，是人们安身立命的准则，也是中华民族伟大复兴的源泉之一。

【作者系河西学院"丝绸之路经济带河西走廊智库"河西曲艺传承创新基地教授，主要研究民族音乐学；本文系国家社科基金艺术学项目"河西曲艺研究"（项目编号：09EB090）和国家社科基金项目"河西走廊口头说唱文学"（项目编号：13BZW157）的阶段性成果。】

河西驼道最后的骆驼客[*]

孙明远　王卫东

年近百岁的民勤老人孙得正，喜欢讲骆驼，喜欢讲拉骆驼的故事，喜欢讲包绥大路，喜欢讲迪化口外，喜欢讲陕西泾阳马合盛的茶，喜欢讲雅布赖王爷府的盐……他忘情讲述的时候，旁人无法插话。从他记忆里喷薄而出的，似乎并不是几十年前的过往，而是散落在空旷寂寥的戈壁滩上无法数得清的骆驼"把子"，瞬间聚到一起，熙熙攘攘，挤挤挨挨，迎面而来，让听者躲闪不及。

一　驼把式孙得正

"天爷亮得了，赶紧起，起来上垛子……"

98岁的老太爷孙得正坐在热炕上，又说了一句突兀的昏话。身后搂着他喂饭的五儿子孙世中，习以为常，并不在意。话，虽是昏话，却是孙得正记忆中最深刻的一段经历。孙得正从少年起就开始拉骆驼，挣脚钱，一

---

[*] 原文刊登于2018年3月23日《中国民族报》理论周刊8版，系"从走廊发现中国·河西走廊篇"专题第四篇。

辈子走南闯北，跑过不少地方，有过许多经历。没人能够理解他对驼队的感情，以及他对那段在沙漠、草原、城市、乡村的各个族群间往来穿梭的岁月的魂牵梦萦。在说着昏话的时候，他心心念念的，也还是他的驼队。

2018年2月，当笔者怀着对骆驼客文化的痴迷，再次来到甘肃省民勤县泉山镇复明村拜访孙得正时，却不料他已处于弥留之际，再也没法酣畅淋漓地讲述他在驼道上的经历了。他的儿子孙世中一边喂他吃饭，一边说："来的迟了，你们……"

孙得正和众多民勤骆驼客一样，默默无闻地走完了自己的一生。他们年轻时在西北的山川、大漠之间连通着或近或远的各个地方、各个民族，见证了那个年代以驼道为纽带连接起来的河西走廊周边地区普通民众的社会生活和文化交融。

这些经历在骆驼客的一生中刻下了难以磨灭的印记。清朝和民国时期的西北，大量民勤人像孙得正一样，从小就去外地放骆驼、拉驼队，很多人就因为拉骆驼而留居在新疆、内蒙古、宁夏、青海等地。回到民勤的老骆驼客们，生活中也往往沉淀着驼道上多元文化的印记。孙得正家里有各种稀奇古怪的东西，他会吃"棋蛋子"（一种蒙古族民间油炸面食），他讲故事时会突然冒出几句蒙古话或"回回话"。他的讲述总会把听众不知不觉地带到那多元文化交织的驼道岁月中。

二　民勤、骆驼与驼道

西北大片的沙漠戈壁为双峰驼提供了广阔的生存空间，生活在内陆干旱地区的人们很早就开始了对这种畜力的开发利用。游牧民族驯化骆驼，利用骆驼耐干渴、体力强的特点，将其作为游牧转场时的驮载工具。《史记》中就记载了匈奴人的奇畜"橐驼"。据《居延汉简》记载，西汉末年在居延屯田的汉人也开始饲养骆驼。后来西北地区的农耕民族在与游牧民的频繁交往中也学会了将骆驼作为脚力。大致在唐朝时，西北地区已经有了供驼队使用的"站头"。

民勤县古称镇番，其所处的武威地区是内地通向青藏高原、蒙古高原以及西域的重要区域，其交通地位历来被内地的茶商、盐商、皮毛商、百货杂商、牲口贩子所看重，民勤自然就成为茶马互市的重要"站头"。在古代，民勤所在之地水草丰美，周边不远处分布着沙漠。这里的生态环境很适合骆驼生存，因此骆驼饲养也很发达。明成祖时期甚全在民勤地界上颁布了鼓励养殖骆驼的政府律令，这使得民勤的骆驼养殖成了地方的传统生计。明朝以后，随着河西移民的大量进入，农田的过度开垦使土地的沙漠化加剧。位于石羊河下游的民勤处于巴丹吉林沙漠和腾格里沙漠的包围之中，骆驼的交通价值在这里越发得到重视。到清朝时，中等家境的百姓家中大多有骆驼，遇到灾年就靠骆驼运输来维持生计。因此民勤一直流传着"读诗书能走天下，养骆驼可度荒年"的老话。

　　18世纪中叶清军平定准噶尔部以后，从中原经由河西到达边疆地区的商路主要有两条，一条是经河西走廊过星星峡到新疆，被称为甘凉大道；一条是经河西走廊东端沿石羊河而下走阿拉善高原，往西过额济纳到新疆，往东到绥远、包头、张家口直至北京、天津卫，称北道。民勤—武威一线正好处在两条大道的交汇之处。兴起于民勤的陕西茶商马合盛正是考虑到民勤交通运输的便利和适合养骆驼的优势，才将家眷搬到民勤的。因为马合盛的驼队曾多次参与"平叛"和"救驾"有功，朝廷为昭示其忠义，封"永盛号"马家为"护国员外郎"，并授予其西北五省的茶叶专营权。军政匪盗、平民百姓，无论谁遇见了"永盛号"马家的驼队，都要礼让三分。

图1　民国二十四年（1935年），马合盛茶号驼队在张家口进纳关税

民勤县苏武文化研究会提供

民勤的驼把式们正是借助内地与边疆之间的贸易活动将"民勤帮"的名声带到了绿洲、草原和雪山之间，也将蒙古、藏、回、汉等民族的文化气质凝结到自己身上，带到了河西的生活当中，虽然后来人或许濡染于其中而无所察觉。从孙得正的故事中，我们或可重温当年骆驼客身上的文化记忆。

三　驼队生活

民国初年的河西走廊，民生凋敝，百业萧条。过度的水利修建使得地下水位下降，戈壁上的大量植物由于失水而枯萎，导致耕地沙化加剧，再加上人口的膨胀带来了资源的严重匮乏，石羊河流域的民众，往往为水权而争执不断。地处下游的民勤，地贫粮少，许多民勤人不得不奔走在沙漠水草之间，以养骆驼、拉骆驼为生。

孙得正出生的 1920 年，民勤正是这样的光景。他长到 13 岁时，已经算是"够着饭碗了"，家里打发他出门去讨生活。他先去民勤和阿拉善交界的北山给汉人东家放羊、放骆驼，有时也给蒙古族牧户放羊。北山的民勤人和阿拉善蒙古族牧民放羊、放骆驼常在一起搭伙，在密切往来中，民勤牧民多受蒙古族文化的影响，很多人兼通蒙汉双语。在北山放牧的那段时间里，孙得正学会了蒙古话，也渐渐熟悉了蒙古人的习俗。16 岁时，他被民勤的严家商号看中，先给商号放骆驼，后来又拉骆驼，成了驼把式的助手。

当时的民勤驼队有多种形式，最有影响力的，是大东家、大商号的大帮驼队。这种"大帮响铃"包括十几个到几十个"把子"不等，能达到一百多峰甚至几百峰骆驼的规模。在民勤，一"把子"一般由 7 峰骆驼组成，每峰骆驼能驮 100 公斤左右的货物。马合盛商号的驼队有四五百峰骆驼，有时候六七十"把子"骆驼同时起场，一串串首尾相接地排开来，长达数公里。驼铃叮咚，驼鸣悠扬，沙尘滚滚，蔚为壮观！

大帮驼队有独特的组织形式，除了驼把式，还配有掌柜子、骑马先生、锅头、水头、拳棒手等，分工明确，各司其职。掌柜子，又叫领房子，是总管驼帮事物的首领，一般受雇于商号东家，相当于东家的代理人。他们走驼经验丰富，门路广，又精通商业往来的各类应酬。马合盛商号就曾经常雇佣精明能干的落第文人担任掌柜子，有的掌柜子甚至还精通拳术。掌柜子和商号之间多是雇佣关系，有时也是合作关系。尤其在商号货物太多而骆驼数量有限的时候，掌柜子可以代表东家雇佣其他"把子"甚至大帮响铃入伙，所得的红利由掌柜子和临时参与的人员协商分配。每个掌柜子都有一个助手，称作骑马先生。骑马先生除了负责保障驼帮前后成员的联系畅通外，还要负责探路、寻找水源、联络客栈等事务。到民族地区活动时，驼帮里还必须配有能通译的人才，一个成功的骑马先生或掌柜子往往也掌握一种或几种民族语言。驼帮里五六个或七八个"把子"分作一个单元，各单元的负责人叫二掌柜，或者二房子。大帮响铃里面负责后勤保障的人一般有两个，一个专管驼队的用水，另一个管锅灶杂物并保障驼队的生活起居。

西北的地方话习惯把精于某种职业的人称作"把式"。赶大车的人叫"车把式"，拉骆驼的则叫"驼把式"。因为一个驼把式往往拉"一把子"或"一链子"骆驼，所以人们有时候也将"驼把式"叫作"链子"。驼队里的"链子"除了负责装卸货物、拉骆驼，还要在"站头"歇站时负责放骆驼、砍柴、做饭、值夜。这些活计由把式们轮流，一作一息一轮换。

规模小一点的商号驼队相当于大帮驼队的一个分支，自成一个单元，甚至只因临时合作而凑成，分工并不明确，往往八九个人，五六十峰骆驼，说走就走，聚散、起作便捷而迅速。

还有一种小型驼队是由小户人家自发地搭伙组成的。往往是仅有一两峰骆驼的人家就近组合，结成一个或几个"把子"，给附近的盐场、煤厂驮运货物。人们除了赚一点儿脚钱以外，还可以在城市或"站头"做一些便当交易，养家糊口。这样的驼队往往是一种临时、松散的合作关系，组织、分工并不严密。

严家商号有大帮响铃，16岁的孙得正进入严家驼队是由放牧人的身份开始的。由于他在北山给蒙古人放过骆驼，所以给严家放牧时，他逐渐和骆驼队打上了交道。驼队起场，他就给"链子"打下手，琢磨着"链子"拉骆驼、装货卸货的本领；驼队放场，他就拉骆驼进山放牧。经过这样长时间的操作和学习，孙得正渐渐地成熟了起来。

四　驼道漫漫

18 岁那年，孙得正正式出师，开始独立拉骆驼，成为受雇于严家商号的驼把式。严家是民勤人，商号开在了大靖（在今古浪县境内）。孙得正经常跟着驼队从大靖出发再回到大靖，奔波在驼道上，很少回民勤的家。

大靖在今天看来只是长城脚下一个普通的小镇子，在当时却是个商旅云集、店铺林立的富庶市镇，蒙藏回汉驼队云集，驼铃声昼夜不息。它处在河西商队北上宁夏川、东进秦陇的商路交通枢纽上，也是关陇、四川等地的商队北上蒙古、西进新疆的重要停靠地方。阿拉善高原周边的盐运线路也多路过大靖，盐巴通过驼队从阿拉善运到大靖附近再流散到其他地方。因此，甘青宁一带一直流传着"要想挣银子，走一趟大靖土门子"的谚语。这个著名的西部商贸重镇的衰落其实也不过是兰州黄河铁桥、兰新铁路公路建成致使交通改道以后的事情。

从大靖出发的驼道四通八达，每次驮运的货物不同，目的地不同，走的线路也不同。东去宁夏的驼道过永靖，走营盘水，到中卫、银川，沿贺兰山东侧北上包头、绥远。南下关陇的驼道，一条向东去，沿泾河南下；一条直接从大靖出发，顺庄浪河而下到达兰州、河州等地。北上阿拉善的运盐道路主要通往雅布赖盐池或者吉兰泰盐池。而进新疆的道路大多走甘凉大道过星星峡，或者北上阿拉善经额济纳到巴里坤，过木垒、奇台，通往北疆各地。贺兰山西侧也有经过沙漠连接阿拉善北衙门定远营（今阿拉善左旗）的驼道。

在大靖活动的骆驼队，"回回"帮、蒙古帮、山西帮、绥远帮，各有各的传统。"回回家的骆驼一把子 15 个，条件比我们好多了。"孙得正爱讲各帮骆驼队的特点。蒙古帮和绥远帮的驼队也都是一"把子"15 峰骆驼，大帮驼队多得很。大家各有各的习惯路线，也都因为语言、生活习惯的不同而各自为阵。"回回"驼队和蒙古驼队习惯在太阳落山时上路，第二日天亮时卸垛子休息。而民勤驼队则在早晨吃过"腰食"（一日两餐，上午 9 点左右的一餐称为"腰食"）后才出发，太阳落山时，到"站头"歇息。

商号的驼队一般是大帮响铃，驼队出行是极为重要的大事，尤其走长途运输时，驼队一去就是半年，跋山涉水，艰险难测。因此驼队出发之前，东家或者掌柜子、驼把式一般要主持隆重的祭驼起场仪式，主要祭祀对象为马王爷、土地爷、列祖列宗和驼神。

传说中的马王爷叫金日磾，是匈奴休屠王太子，因为识破刺客救了汉武帝，而被传说长有能预知祸福、识别忠奸的第三只眼。在骆驼客这里，他被视为驼道上的保护神。驼客们在掌柜子的带领下，给马王爷上香化表，三拜九叩，祈求保佑一路平安。驼把式们会将牲羊的血涂抹在骆驼和货物上，驱邪避祟。清末和民国时期的驼道上，兵乱匪患频发，甚至兵匪一家，商号的骆驼队在出发之前还必须给军队或寨头"上供"保护费才敢放心上路。

图 2　民国二十二年（1933 年），西上新疆的民勤驼队
民勤县苏武文化研究会提供

当时孙得正就在这样的环境下跟随严家的驼队走南闯北。当上了驼把式之后，他很快就成了驼队里的一把好手。常年的走驼岁月里，他先是跟着驼队走，后来带着驼队走。走北线去过王爷府、包头、绥远、张家口、北平和天津卫，向西去过西宁、玉门、哈密等地，向南走过河州、兰州，到达陕西、湖北等地。等到孙得正成为严家商号的驼队掌柜时，他已经是一位经验丰富、有胆有识、能文能武的"老江湖"了。

一个合格的驼把式不但要有很好的身体，还要掌握预测天气的本领、寻找水源的办法，要有对沙尘暴等的应变能力以及与不同人群打交道的技巧。

　　驼队的行程安排是由水源的远近所决定的，沙漠中一个站点到另外一个站点之间的距离一般为35公里左右。以民勤城到新疆哈密的驼道为例，沿途分布着站点，站点之间相隔20到40公里。路上要经过三片戈壁滩，赶不到这些站点，或者迷失了方向，驼队就只能露宿野外。其实，幕天席地，恰是大帮响铃里骆驼客们的生活常态。

　　沙漠戈壁的驼道上还有一些窝铺。所谓"窝铺"就是缺乏生活来源的贫穷人家在有水源的地方搭建的简单房屋，用来为过往的驼客脚夫提供人畜饮水。商旅在窝铺上饮牲口、放牲口，生火做饭。头一碗饭叫做"锅头饭"，窝铺主人就靠分得这碗"锅头饭"得以活命。行路商旅一般很讲信用，即便路过暂时无人"看管收费"的窝铺，也会在临走时留下一碗米或面。在窝铺宿营的驼队在离开时也会将烧过的火烬保存起来，插上标志供后来者使用。这些规矩，西北的商旅人所共知，约定俗成。蒙古驼队崇敬火神，汉人驼队信守在马王爷跟前发下的誓言，"回回"们记着穆斯林的善功……走在驼道上的人们各有其讲究和习俗，但走驼道的规矩则能通过不同的文化，约束着各具信仰的人群。

　　拉骆驼，走四方，民勤的汉人驼队遇到蒙古人的敖包，把式们会往敖包上垒上一块石头，相信可以添子添孙、添福添寿。民勤的驼把式中间还保留着不能朝着敖包小便的禁忌。骆驼客们对各族的文化事物都耳熟能详。甚至许多敖包成为骆路上的地标后，还会出现"王家鄂博""李家鄂博"等汉蒙文化杂糅的名称。

　　那个时代，河西战事、匪祸不断，长途跋涉的驼队往往遭遇不同背景的强盗，熟悉规矩的人都知道如何灵活应对。许多掌柜子、驼把式们和政界、商界、土匪、军队一定层次的人有不同程度的交往，同样也了解许多族群的文化民俗。他们经常出入不同的文化情境，跨越地域、文化和社会的边界，身上具备混合的文化气质和丰富的社会阅历。

五　驼道上的政治与商业

　　整个民国时期，河西一带军阀、土匪横行，老百姓饱受战乱之苦。驼队在这样的环境下进行贸易往来十分艰难，这也很考验驼把式们的能力和智慧。为了驼队的安全，许多掌柜子、把式头都和政府有往来，有些驼队还承接一些官方委托的运输。民国时期，民勤商会的会长魏永堃就曾受孙中山的委托，动用民勤驼队，将茶叶作为国礼送到苏联，还得到了列宁的接见。

民国后期，河西战事不断。骆驼客们必须消息灵通，哪条路上将要打仗，哪条路上换了谁的人，哪条路什么时候能走、什么时候要绕开，都需要提前知晓。但有时候军队也会强行征用驼队，用作军事运输。总之，遇到战争，驼队运输往往大受打击，商号生意也就遭了殃，马合盛茶庄的生意就败在了兵祸上。

随着当时的社会形势日趋紧张，民勤驼队的远距离运输逐渐衰败了。而另一种运输却依然活跃着。那就是在阿拉善高原各个盐池之间的短距离运输，这种运输的主要货物就是盐。因为盐的成本很低，阿拉善周边地广人稀，沙漠上少有战事，少有强盗和军队，短途驼运路线相对安全。运盐驼队大多是由拥有少量骆驼的几户人家临时搭伙而成的。当时民勤附近的运盐路线主要是从阿拉善的雅布赖盐池出发，向西过红沙岗，经下四分到河西堡；从东边则经黄坑井、芨芨草、青土湖，到达民勤，从民勤转运到宁夏中卫的盐仓；另外还有一条从北方的吉兰泰盐池运盐到现在宁夏中卫的线路。

经由河西走廊的盐茶交易由来已久，是阿拉善周边地区与中原的物品文化交流的一项重要内容。内地来的茶叶经由河西走廊的绿洲商业重镇贩运到蒙古高原地区，而蒙古高原的盐巴也通过阿拉善沙漠南缘的绿洲城镇转销内地。当时河西走廊东端的许多城镇，如河西堡、武威、土门子、大靖，就和宁夏平原的中卫、银川等城市构成了一个商业网络。这种由百姓自发进行的短途驼队运输，才是留在民勤老家的骆驼客们的主要生存形式。这种运输一直持续到了 20 世纪 60 年代中后期。

新中国成立后不久，严家的商号响应号召公私合营了，驼队也随之"入社"。孙得正回到了原来放牧的地方和蒙古人一起放牧，又过了几年才返回民勤。当时生产队里骆驼很少，拉不起"把子"，孙得正从此再也没有拉过骆驼。一辈子和牲畜打交道的孙得正不会种地，所以他重操旧业，一直给村集体放牧牛羊。如果有人愿意听，他还是会和人们聊起当年在驼道上的过往。

六　驼道余晖

随着汽车、火车等现代运输工具的运用，骆驼的交通地位不再。响彻驼道的大帮响铃已渐去渐远，然而驼道运输留下的印记却并未完全消逝。驼道上地域互动、人群交往的历史活动不但被曾经的亲历者所津津乐道，而且也影响着人们的外在环境、选择机制以及族群交往意识。

旧时候的民勤地贫人众，很多人跟随驼队走出民勤，谋求发展；还有人沿着骆驼粪留在沙漠戈壁上的"生命线"从民勤向外逃荒。大量的民勤人在内蒙古、青海、新疆和宁夏等地定居。他们有的和蒙古族、藏族通婚，有的生活习俗受多民族的文化影响。1950年的时候，民勤的骆驼队参与护送班禅入藏，好多人后来在返程的时候就地留在青海放牧骆驼，生活习惯颇受牧区影响。在我们的访谈中，84岁的骆驼客丁爷在讲起自己的驼道记忆时，总是对蒙古族的奶制品和棋蛋子赞不绝口。然而他经常吃到这些食品的地方却不是蒙古人家，而是他住在呼兰呼庙的民勤籍姨夫家。"我的姨夫，蒙古人当他是汉人，汉人当他是蒙古人。"丁爷说。

图3　1974年，民勤县红沙梁公社花寨大队的驼队运输柴油发电机组

民勤县苏武文化研究会提供

驼道上的骆驼客们经常出入民族地区，对人群、文化的理解宽容而多元。行走在长城内外的骆驼客们，往往欣赏着各方人群的人格魅力。说到蒙古族、回族的时候，老驼客往往赞不绝口。"回回家心齐，一个做甚呢，十个八个都来呢。"孙得正还常常讲他年轻时与蒙古族打交道的往事。当年孙得正准备从蒙古族的牧场回家时，雇主给了他一头母牛犊作为工钱。孙得正想给自己留些私人财产，以备不时之需，就将这头母牛犊寄养在阿拉善的蒙古族朋友家中。几年以后，生产队里派人和孙得正一起去赶牛，他的朋友却一并领出了七头牛。原来孙得正一去几年，自己的牛犊经几代繁育，形成了七头牛的大家族。蒙古人家把母牛连同小牛都看作孙得正的财产而交归了他。孙得正每次讲到这个故事都会陷入对往事的追忆中，赞叹蒙古牧人的厚道仁义。

20 世纪 70 年代后，驼队运输已经在河西一带消失了。然而在古老驼道上定居下来的移民们与故乡的联系却日益紧密，曾经的驼道继续成为人们走出家园闯世界的道路选择。

七　驼道新生

"天爷亮得了，赶紧起，起来上垛子……"老太爷孙得正说昏话的时候，意识已经时而模糊，时而清醒。当时正好是日落时分。他已无法判断天是将黑，还是将亮，只是隐约记起了某个旧时刻。也许就如他常常念叨的，"天爷"还没亮的时候，必须上好垛子，驼队才能顺利到达下一个"站头"。

华灯初上时分，我坐在孙得正身边感怀驼道的过往，骆驼客的过往。作为骆驼客中的翘楚，他带着一生的记忆恍惚在人生的黄昏。在我们最后一次拜访他的 20 天之后，老骆驼客孙得正终于告别了他所牵挂的岁月，永久地安睡了。

新时代的河西，虽然驼队远去了身影，但是遇到了驼把式精神、驼把式文化复兴的时机。自国家提出了"一带一路"建设的倡议之后，河西走廊这个曾经在丝绸之路上沟通东西、连接南北的重要通道再次引来了人们的注视。我们充满着希望：曾经的骆驼客们在多元文化之间的相互理解和精神互通一定会通过这个地域的文化积淀再次发挥作用；曾经活跃在甘凉大道、大靖土门、包绥大路、中卫渡口的骆驼客们，为那个时代创造的辉煌，为不同人群和文化交流所做的贡献，也必定会由他们的后辈复兴！长城内外的晨曦中，那承载岁月记忆的丝路驼道上，打垛前行的，不只有前代的行者，更会有今天的人们。

【作者孙明远系民勤县地方志办公室主任，王卫东系陕西师范大学"一带一路"建设与中亚研究协同创新中心硕士研究生；本文系教育部社科司"阐释十九大精神专项任务"之"新时代民族宗教工作与铸牢中华民族共同体意识研究"的阶段性成果。】

"过渡地带"视野下的河西走廊[*]

——理解"中华民族多元一体格局"形成的河西经验

黄达远　沙武田

　　河西走廊有两张名片。一张是嘉峪关。西北有句民谚："一出嘉峪关，两眼泪涟涟。往后看鬼门关，往前看戈壁滩。"西北的人们常把嘉峪关看作"口内"与"口外"、内地与边疆的分界线。另一张是敦煌。敦煌是丝绸之路的中心，也是中华文明的源头之一，但敦煌又位于人们视为"口外"之地的"边疆"。作为分界线的嘉峪关与作为丝路文明中心的敦煌，二者文化边界并不一致，这恰恰体现出历史上的河西走廊是一个"过渡地带"。因此，要理解河西走廊的过渡性质，不能以单线的中原视野，而要以中原、北方草原、青藏高原、西部绿洲等多元互动的空间视角，以中华民族多元一体的整体性视角进行观察。

---

　　[*]　原文刊登于 2018 年 3 月 30 日《中国民族报》理论周刊 8 版，系"从走廊发现中国·河西走廊篇"专题第五篇。

一　游牧与农耕在河西走廊上的交融共生

（一）从绿洲视野认识河西走廊

"绿洲"在唐诗中已经出现，但其作为地理学概念，源出希腊语，后以 Oasis 通行于西方地理学文献中，中文译名曾为"沃洲""沃野"等，现在则统一为"绿洲"。何为绿洲？不同学者有不同的定义。提出"绿洲学"概念的黄盛璋先生指出：绿洲是干旱地区通过灌溉而使农牧业发展的地方，是荒漠地带特有的地理现象，也是人类长期改造利用自然环境的产物。我国绿洲主要分布在西北的新疆和河西走廊两个地区，尤以新疆最为集中和典型。河西地区的绿洲在拉铁摩尔看来，是一种"次绿洲"，"在东、西部中间，有一片可称作'次绿洲'的地带，特别是在甘肃西部，从兰州向西，沿南北山麓直到安西，从安西开始是艰苦的沙漠道路，西北直至哈密，再西到罗布泊。这个地理区域可以加上流入蒙古腹地的额济纳河地区和兰州到宁夏的黄河地区"。相对而言，河西走廊上"次绿洲"的交通条件要优越于塔里木盆地中的沙漠绿洲。

就河西走廊（或称"河西地区"）的地理范围而言，人们意见不一。按照地理学家朱兴运教授、任继周院士等学者的界定，河西地区指黄河以西，吐鲁番盆地以东，古丝绸之路的中段，东西长千余公里，南北约百公里。大致划分为东（乌鞘岭—山丹）、中（山丹—嘉峪关）、西（嘉峪关—甘新交界处）三段。走廊夹处于南、北两山之间，其南部是祁连山系统，分布有林地、灌木林草地和高山草甸，涵养水源，灌溉着中部绿洲，祁连山以东西走向为主，与天山、昆仑山遥相呼应；其北部屹立着以阿拉善平原荒漠系统为背景的马鬃山、合黎山、龙首山，北山山脉与东天山余脉相接。在南山、北山之间，洪积、冲积的绿洲星散其间，形成绿洲带。

从绿洲的角度看，没有祁连山，就没有河西走廊。祁连山犹如一座伸进西部干旱区的"湿岛"和"绿岛"，成为河西走廊的生态屏障。祁连山脉的高山和谷地大部分海拔在 3500 米以上，高低不等的谷地和平原形成大小不一的草场和草甸。由于海拔高，多数地区宜牧而不宜农，游牧比农耕发展要早。祁连山曾是匈奴人的优良牧场,匈奴人称"天"为"祁连",祁连山亦被游牧民称为"天山"。《史记》中也曾有"祁连天山"的记载。祁连山的冰川融水形成黑河、石羊河、疏勒河、党河等内流河,自南向北流入沙漠戈壁,而河流的冲积扇则形成了武威、张掖、酒泉、敦煌诸绿洲,这些绿洲历史上常被总称为"河西"。

(二) 廊道和基底:河西走廊的双重角色

河西走廊是以山地、绿洲、荒漠为主体的复合系统,其中绿洲系统是人类主要的聚居地,很早就有人类在此活动,历史上是众多民族聚散的舞台,特别是张骞通西域以来的两千余年间,河西走廊承担了既是廊道(corridor)又是基底(matrix)的双重角色。

在走廊之上,绿洲如同一个个"岛屿",成为商业中转站,也给过路商队提供补给。这些"岛屿"通过商路"以线串珠,以线带面",形成网状和带状分布,使得绿洲连缀起来,形成地方市场和商业网络,河西走廊亦以此为基底,成为丝绸之路主动脉的关键一段。同时,整体的河西走廊又是一个山地–绿洲–荒漠系统的地理复合体,有限的资源总量,特别是水资源约束和限定了人类的活动,难以发展出如同关中盆地的人口与市场规模,而是以一个较为广大的"面"支持了丝绸之路这一条"线"。

将视野延展到欧亚大陆,河西走廊的绿洲带又组成了东西交通要道上的"绿洲桥"。"绿洲桥"或是"绿洲路",使得河西走廊举世闻名,也是其作为过渡地带的核心特征之一。

开通"绿洲桥"的重大动力之一来自于西汉王朝。1984 年,民族学家谷苞指出,在西汉王朝设置河西四郡以前,在中国大地上存在着一个广大的农业区和一个广大的游牧区。在西汉王朝设置河西四郡以后,河西地区由游牧区变为农业区,也使我国原来连成一大片的游牧区分成了两大片游牧区,即匈奴、东胡、乌桓、丁零、乌孙等游牧民族的北方游牧区和西羌等游牧民族的西北至西方的游牧区。正是西汉王朝在河西走廊开发出了农业区,使河西走廊将塔里木绿洲与中原农业区,进而与葱岭以西的古老农业区联系起来,为东、西方经济文化交流提供了通道,促成了丝绸之路的形成。另外,河西绿洲农业区在实现了西汉王朝的"隔绝羌胡"目的的同时，也嵌入到游牧经济圈中，成为一个农牧接触带，促进了农牧民族之间的交融与共生。

（三）游牧与农耕的交融地带

河西绿洲农业区一方面体现为"华夷边界"，如阳关、玉门关和嘉峪关是历史上著名的关隘，又如护卫绿洲的长城依托走廊地形而展开；另一方面，它又是游牧民以毛皮和牲畜来交换粮食的重要集市，发挥着"接驳之地"的作用，吸引游牧人群也始终参与和支撑着"绿洲桥""绿洲路"的交通。如果没有游牧人群就近提供骆驼和马匹，连接绿洲桥的远距离交通显然是不能实现的。

正如谷苞先生所强调的，虽然对于汉、匈之间的冲突与对峙，史不绝书，但汉、匈关系的主流是经济文化的交流，这种交流对农业区和游牧区的各族人民都是有利的。战争作为"特殊现象"，是史书记载的重点，但实际上，民族交往才是河西走廊上"年年月月"都发生着的"常态"。谷苞先生还指出，无论是战争还是和平时期，有相当多的汉人补充了匈奴的人口；同样匈奴人口也大量进入农区，充实了汉人人口。

河西走廊的绿洲是任继周院士提出的"山地－绿洲－荒漠系统复合体"中的一个耦合系统，自汉代之后，山地游牧、荒漠游牧始终与绿洲农业相伴生。虽然中原王朝把河西走廊的若干核心绿洲开发为农耕区，但走廊上大小不一的谷地、冲积平原、戈壁和沙漠上错落分布着众多绿洲，还有相当多的绿洲保持着农牧共生状态。在汉代设置河西四郡和玉门关、阳关之后，尽管在河西走廊上有了明显的"夷夏"边界，其中大部分作为游牧者的草原民族向西域、中亚一带移动，但是仍有大量小月氏、匈奴和卢水胡人游牧于敦煌南山，说明河西仍然与西域、中亚各民族有着紧密关联。正如巴菲尔德所说，历史上由游牧民族所建立的政权无一不在与汉族相邻的边缘地带发展和壮大自身的势力。一方面，游牧区对于农业区出产的粮食、布匹、茶叶、丝绸等生活物资具有很强的需求，而河西走廊上绿洲农业区的形成，使游牧人群可以不必远涉中原，就近在河西走廊换取农产品和手工业品等物资。另一方面，农业区同样需要游牧区的畜产品，其农产品和手工产品也要借助游牧人群覆盖欧亚大陆的贸易圈才得以获得收益。在河西走廊上发生的这种生计与产品的共生、互补、交流形态也导致了农牧民之间文化的共生、互补与交流。

从事人类学研究的李建宗教授同样关注到河西走廊上形成的"山地游牧－绿洲农业－荒漠游牧"错落分布的空间形态。走廊两边的山地形成了山区草原牧场，在山下的戈壁地带形成戈壁牧场，在戈壁中的绿洲上则出现了进行水利灌溉的农业区。

在历史上的不同时期，游牧人群和农耕人群在进退之间对河西走廊进行周期性和交替性的控制，游牧文化和农耕文化在河西走廊上此消彼长。当以游牧人群为主体建立的政权势力蔓延到河西走廊时，游牧文化兴盛一时；当中原王朝统治的"强波"向河西走廊辐射时，农耕文化在这里开始复苏。农牧关系在时空上错综复杂和盘根错节的关系，是河西走廊一个重要特点。或许在人们的观念中，河西走廊贯穿着一条游牧文化和农耕文化的分界线，但事实上，这条文化的分界线在历史上不时变更，很多时候甚至是模糊不清的，体现着游牧文化和农耕文化交融共生的特征。河西走廊是游牧文化和农耕文化的"交融地带"。

二　从"过渡地带"理解历史中国

（一）"胡汉共治"中的多元化和一体化策略

以绿洲为核心的农牧交错带深刻改变了河西地区的区域化进程，河西走廊历史上出现的大小不一的地方性政权，大多具有"胡汉共治"的特征。汉魏晋时期在河西实行的移民屯边政策，加上内地官员、大族迁入等原因，使河西的汉文化得以迅速发展，河西四郡因为地缘关系更加紧密地联成一个整体。从两汉交替之际窦融"保据河西"，到西晋末年张轨"出镇河西"，汉文化在河西的传播与影响不断加强。到了十六国时期，中原板荡，而河西相对安宁，遂成为内地世家大族的重要移民避难地区，汉文化得到有效保护并发扬光大。建立唐朝的李氏家族是关陇集团的代表，其制度渊源上承汉魏，中继北朝的魏、齐政治，河西五凉是其间的重要中介。故陈寅恪先生称，河西文化"上续汉、魏、西晋之学风，下开（北）魏、（北）

齐、隋、唐之制度，承前启后，继绝扶衰，五百年间延绵一脉，然后始知北朝文化系统之中，其由江左发展变迁输入者之外，尚别有汉、魏、西晋之河西遗传"。河西在历史文化传承过程中的重要地位，于此可见一斑。

河西走廊的区域性政权也为大一统王朝提供了重要的文化与制度资源。武威（曾称"凉州""姑臧"）和张掖（曾称"甘州"）的重要性完全不亚于嘉峪关和敦煌。河西地区的政治、经济、文化中心一直在武威，而不是敦煌，而石羊河流域的武威绿洲和黑河流域的张掖绿洲，也远比疏勒河流域的敦煌绿洲要大。《后汉书·孔奋列传》记："姑臧称为富邑，通货羌胡，市日四合，每居县者，不盈数月辄致丰积。"五凉时期的前凉、后凉、北凉均立国于凉州，隋唐时期凉州成为陇右的中心，唐代河西节度使治所亦在凉州。《大慈恩寺三藏法师传》称："凉州为河西都会，襟带西蕃，葱右诸国，商旅往来，无有停绝。"到了明清时期，更有"金张掖""银武威"之说。

从事历史文化地理研究的学者张力仁注意到在归义军时期，河西分别出现分属于不同民族的政权体系，如甘州回鹘牙帐、肃州龙家、凉州蕃汉联合政权、敦煌归义军政权等。只要有绿洲，就有人从事定居农业，绿洲为地方割据政权提供了稳定的统治基地，其社会也都由"胡"、汉人群共同构成。东晋十六国时期，西凉政权占据了敦煌和酒泉两个核心绿洲；北凉政权则占据了张掖绿洲；南凉政权则占据了武威和西宁绿洲。西夏党项政权统治的核心区之一也是在河西走廊，凉州武威的"西凉府"地位仅次于西夏国都"兴庆府"。

而这些地方政权和中原、游牧政权之间发生着不同的关系，既有战争，也有长时段的和平交流，农区、草原和绿洲之间力量互动的结果使得河西走廊呈现出鲜明的区域性特色。为了适应治理区域内农耕与游牧人群的需要，地方政权的统治者往往接纳多元文化。西夏时期，河西走廊就是"多语并存"的多元文化区域。如现存的"凉州碑"（全称为"凉州护国寺感通塔碑"）一面是西夏文，一面是汉文；发行的货币上，既有西夏文又有汉文。西夏惠宗时期深受汉文化的影响，对内大兴儒学，提倡汉文化与技术，废行蕃礼，改用汉仪。元至正八年（1348 年）刻的西宁王速来蛮重修莫高窟的功德碑，就是用西夏、汉、藏、回鹘、八思巴、梵文 6 种文字刻成，这几种语言文化在河西走廊都有分布。

除了多元义化政策以外，河西治埋者也采取一体化政策，特别是为了弥合游牧与农耕的意识形态差别，一些时期的统治者特别推崇佛教，成为佛教传播的重要推手。河西最早的石窟就是在卢水胡人北凉沮渠蒙逊政权时期开始营建的，敦煌藏经洞的文献涉及十多种文字。在吐蕃、党项、回鹘、蒙古政权占据河西走廊时期，佛教依然为各族统治者和民间所推崇，得以长盛不衰。吐蕃赞普大规模推行佛经抄译，敦煌成为抄经并向外传播的中心之一。近年，藏地一些寺院发现的吐蕃时期的经典，其抄经人就是敦煌的写经生群体，可见敦煌在吐蕃文化中的重要地位。敦煌有"善国神乡"之称，吐蕃占领敦煌后，赞普赤松德赞邀请敦煌的禅学高僧摩诃衍入藏，亲自询问有关禅宗的问题，敦煌人王锡随摩诃衍一道入藏，并撰写了《顿悟大乘正理决并序》记录这一过程。摩诃衍和王锡在拉萨、昌珠、琼结等地传布禅法，使汉地禅宗思想在吐蕃得到迅速发展，影响颇巨。在汉僧与印度僧人的大辩论中，摩诃衍与王锡一道阐述了汉地禅宗的见解。河西走廊通过佛教成为青藏高原、蒙古高原与中原的文化纽带，佛教也是不同民族的统治者高度重视的政治资源。

（二）河西走廊对于民族格局、历史疆域形成的作用

无论是农耕政权还是游牧政权入主河西走廊，都要依凭类似的生态－文化因子；山地游牧、荒漠游牧和绿洲农业都能在这里获得相互理解的渠道，形成"胡汉共生"的多元文化格局。民族学家马长寿先生曾提出，"吐蕃北上"和"蒙古南下"是奠定中国西北民族格局的重要力量。周伟洲教授继承并发扬了这一观点，认为西北民族格局的形成受到四大文化区的相互影响：中原文化区（以农业为主）、甘青文化区（农牧交错）、蒙古高原与天山以北的文化区（以游牧为主）、天山以南的文化区（绿洲定居农业兼营射猎）。其中甘青文化区主要包括河西走廊与河湟地区，是与其他文化区的分界带、接触带、缓冲带以及融合带。

这一过程中，最为显著地影响中国历史"大一统"进程的就是"凉州会盟"。1247 年，藏传佛教萨迦派领袖萨迦班智达与蒙古王爷阔端在凉州会盟，这一重大历史事件为实现中央政府对西藏地方的全面施政和有效管

辖奠定了基础。为什么选择在凉州进行会盟？除了凉州是蒙古游牧势力南下青藏的战略要地，更为重要的就是蒙古世俗贵族和西藏僧侣高层在这里找到了彼此所需的政治与文化资源，使得相互理解及合作成为可能。据藏学家马进武先生考证，在萨迦班智达到凉州之前，阔端身边已有几位藏传佛教僧人，但在举行祈愿法会时，均由也里可温（波斯人对基督教徒的称呼）和萨满教巫师坐在僧众上首。萨迦班智达到来后，其关于佛教的讲授令阔端叹服而更加崇佛。于是下令祈愿法会改由萨迦班智达为首的佛教僧众坐于上首，率先祈愿。另据史金波教授的研究，阔端在见萨迦班智达之前，已在西夏故地凉州接纳和弘扬藏传佛教，为凉州会盟奠定了思想和信仰基础。在凉州会盟之后，萨迦班智达在《萨迦班智达致蕃人书》中明确指出，蒙古汗国势不可挡，顺服其统治乃是大势所趋。在凉州，蒙古贵族的精神世界受到藏传佛教的影响；西藏高僧看到了蒙古武力的强大，之后，萨迦派在雪域高原的教派竞争中也因此获得了优势。

（三）作为"过渡地带"的河西走廊与"绿洲路网"

河西地区东接中原、北望大漠、南达青藏、西通天山，恰好是处在内陆欧亚"十字路口"的交通枢纽，处于独特的区位。河西"绿洲路"除了"丝绸之路"的主路外，另外两条道路是"河南路"和"居延古道"。"河南路"亦被称为"吐谷浑道""羌中道""青海道"，它以西宁和张掖为枢纽，从河湟谷地的西宁往西，循青海湖北部，沿柴达木盆地北缘，穿越阿尔金山的嘎斯口到达新疆若羌，承东启西，通达南北。而"居延古道"则是一条南北向的道路：自张掖沿弱水（今黑河）经巴丹吉林沙漠、居延海（今内蒙古额济纳旗）至蒙古高原，或者从居延海往西抵达东天山。而最便捷的道路则是东西方向的"丝绸之路"。这一"绿洲路网"也属于整个欧亚大陆交通路网的一部分。

绿洲路既有军政交通的功能，也是商贸交通之路和文明交往之路。往来于丝绸之路的商队，若从关中平原、北方蒙古高原、中亚两河（锡尔河、阿姆河）流域绿洲三个方向出发，敦煌和吐鲁番则大致处于三方的平均距离区间，三方商队在此形成交汇。因此，河西走廊与东天山的连接区就成为欧亚十字路口的"枢纽"，来自草原、农耕区和绿洲的商人在这里休整、居留，促成了民族与文化的交往、交流、交融。

中古时期的"西域"是世界多元宗教、文化的交汇处，仅以宗教而言，中国的道教，南亚印度的佛教，西亚甚至欧洲的景教、祆教、摩尼教，都在这里留下痕迹，历史学家张广达先生就此提出了"陆上地中海"的概念。敦煌和吐鲁番是"陆上地中海"的核心港口，某种意义上，"敦煌－吐鲁番学"成为反映"陆上地中海文明"的考古学。

以敦煌为代表的河西走廊成为"华戎交汇"之地，不少从事远途贸易的中亚商人在此定居繁衍，从敦煌至凉州的绿洲城市里，"胡人"聚落绵延不绝，如唐代敦煌附近的从化乡是粟特人村庄，人口达 1400 余口，兴胡泊是昭武九姓的"胡人"聚居之地。唐代诗人岑参的诗句"凉州七里十万家，胡人半解弹琵琶"，正是对大量西域人口聚居河西的反映。唐以后的少数民族政权统治敦煌时期，"华戎交汇"的场景被大量描绘在敦煌石窟的壁画上。正如季羡林先生指出的，"世界上历史悠久、地域广阔、自成体系、影响深远的文化体系只有四个：中国、印度、希腊、伊斯兰，再没有第五个；而这四个文化体系汇流的地方只有一个，就是中国的敦煌和新疆地区，再没有第二个"。

三　从河西区域经验理解"中华民族多元一体格局"

对于各民族的民间交往，季羡林先生于《在敦煌》一文中有极为生动的表达：

> 我曾想到，当年中国境内的各个民族在这一带共同劳动，共同生活。有的赶着羊群、牛群、马群，逐水草而居，辗转于千里大漠之中；有的在沙漠中一小块有水的土地上辛勤耕耘，努力劳作。在这里，水就是生命，水就是幸福，水就是希望，水就是一切，有水斯有土，有土斯有禾，有禾斯有人。在这样的环境中，只有互相帮助，才能共同生存。在许多洞子里的壁画上，只要有人群的地方，从人们的面貌和衣着上就可以看到这些人是属于种种不同的民族的。但是他们却站在

一起，共同从事什么工作。我认为，连开凿这些洞的窟主，以及画壁画的艺术家都绝不会出于一个民族。这些人今天当然都已经不在了。人们的生存是暂时的，民族之间的友爱是长久的。这一个简明朴素的真理，一部中国历史就可以提供证明。

河西走廊作为过渡地带，游牧与农耕在此交汇，形成了复杂多变的关系，恰恰成为中华民族多元一体格局发展进程的重要动力和组成部分。在河西走廊的历史上，既有中原农耕政权占据河西的时期，也有游牧政权占据河西的时期，或是出现游牧和农耕政权各据一方的情况，还有河西绿洲自我发展形成"胡汉共治"格局的时期。同时，在历史的演化进程中，只有在"大一统"时期，河西走廊作为"十字路口"，作为游牧区、农耕区之间的枢纽，才最为繁荣。

在河西的历史上，各民族在往来互动之间形成了"你中有我，我中有你"的关系和交往格局。这一复杂的历史进程和社会文化现象从大量描述河西风情的唐诗中可见一斑。例如王建的《凉州行》：

> 凉州四边沙皓皓，
> 汉家无人开旧道。
> 边头州县尽胡兵，
> 将军别筑防秋城。
> 万里人家皆已没，
> 年年旌节发西京。
> 多来中国收妇女，
> 一半生男为汉语。
> 蕃人旧日不耕犁，
> 相学如今种禾黍。
> 驱羊亦著锦为衣，
> 为惜毡裘防斗时。
> 养蚕缫茧成匹帛，
> 那堪绕帐作旌旗。

城头山鸡鸣角角,

洛阳家家学胡乐。

虽然诗人以中原人的视角表达着对凉州陷落的慨叹,但诗中生动展现着"胡"、汉人群的通婚、社会交融以及农牧生活方式的转换,具有深刻的文化意义。

从国家视角看,酒泉的钟鼓楼有四向券门,分别题写着"东迎华岳""西达伊吾""南望祁连""北通沙漠",城楼二楼的东西两边各自高悬"声震华夷""气壮雄关"的匾额,与十几公里外、嘉峪关城楼上"天下第一雄关"的楼匾遥遥相对,这是河西走廊作为国家通道的历史明证。具有"过渡地带"特征的河西走廊是"南北统一体"的"汇合"之处,其中一定蕴含着重新发现和解释中国整体史的可能性。由此,我们需要调整以往的研究视野,重新认知民族交往的地域属性,理解民族交往也是在一个地域形成过程中的共同体经验。中国边疆地区的历史不应该被理解为诸多世居民族各自历史的集合,而是多民族共享一个地域、在民族交往互动中求得共同发展的历史进程。从河西区域经验出发,我们可以尝试以一种"区域关系史"的新视角来解读中华民族多元一体格局。

【作者黄达远系陕西师范大学中亚研究中心教授,河西学院特聘教授,从事民族学、历史学研究;沙武田系陕西师范大学丝绸之路历史文化研究中心主任、教授,从事丝绸之路历史文化与考古研究。本文系教育部社科司"阐释十九大精神专项任务"之"新时代民族宗教工作与铸牢中华民族共同体意识研究"的阶段性成果。】

历史上的河西走廊与中国西北疆域[*]

武　沐

　　历史上的河西走廊在中国西北疆域形成的过程中占据着十分重要的地位，河西经略与西域经略唇齿相连，没有河西走廊就没有西域，失去河西走廊的支撑，中央王朝难以治理好西域。汉武帝始设河西四郡是一个历史性的里程碑，对多民族大一统的中国疆域的形成具有深远意义。河西走廊是古代丝绸之路的必经之地，东西之间的商业贸易为河西走廊带来了繁荣兴盛，在海上丝绸之路尚未开通前，河西走廊是中华文明与世界交流的主要通道。河西走廊还是诸多民族往来迁徙、交流交融之地，各民族共同开发了河西走廊。河西走廊的安危对于关陇地区十分重要，所谓河西安则关陇安。河西走廊关乎国家经略，为中国的疆域形成贡献了重要力量。

　　河西走廊在中国西北疆域的形成中，发挥过重要的历史作用。中央王朝对河西走廊的开拓，始自汉武帝设置河西四郡。此后经三国、两晋、北朝、隋、唐、宋、西夏、元、明各朝，河西走廊行政区及郡县名称屡有变

────────────

　　* 原文刊登于 2018 年 4 月 6 日《中国民族报》理论周刊 8 版，系"从走廊发现中国·河西走廊篇"专题第六篇。

动。降至清代，设凉州、甘州两府和肃州、安西两直隶州。今日河西走廊包括武威、张掖、酒泉、金昌、嘉峪关5市，面积27万平方千米，居住着汉族、藏族、蒙古族、裕固族、哈萨克族等众多民族。

从地理上看，河西走廊东起乌鞘岭，西至古玉门关（今甘肃、新疆交界处）。南北介于南山（祁连山、阿尔金山）和北山（马鬃山、合黎山、龙首山）之间，长约900千米，宽数千米至近百千米，为西北—东南走向的狭长平地，形如走廊，因位于黄河以西，故称河西走廊，亦称甘肃走廊。河西走廊的南面是连绵高耸的祁连山脉，海拔一般在3000米以上，终年白雪皑皑，跋涉十分艰难；北面的北山山脉，属阿拉善－北山地台边缘的隆起地带，地势较南山低平，但处在蒙古高原边缘，外连渺无人烟的腾格里沙漠和巴丹吉林沙漠，行走极为不便。位于武威市的乌鞘岭是东亚季风到达的最西端。这里既是陇中高原和河西走廊的天然分界线，又是中国大陆半干旱区向干旱区过渡的分界线。

受周边环境影响，河西走廊沿途沙漠、戈壁和绿洲断续相接，气候干燥，冷热变化剧烈，风大沙多，年降水量只有200毫米左右。河西走廊的水系主要为石羊河、黑河和疏勒河三大内流水系，均发源于祁连山，由冰雪融化水和雨水补给，冬季普遍结冰。雪水灌溉使得走廊全境农业一向发达，形成典型的绿洲生态农业。古人云："终岁雨泽颇少，雷亦稀闻，惟赖南山融雪回合诸泉流入大河，分筑渠坝，引灌地亩，农人亦不以无雨为忧。"河西走廊的张掖、武威素有"金张掖、银武威"之美誉。

就是这样一片富饶的土地，如何成为中国版图的组成部分，又在中国西北疆域形成过程中发挥了何等作用？笔者试图研讨论述，以求抛砖引玉。

一　开疆拓土中的河西四郡

进军并开发河西走廊是汉武帝锐意经营西北的第一步，它拉开了中央王朝向西域进发的序幕，尤其是河西四郡的设置，对多民族大一统的中国疆域的形成发挥了重要作用。汉武帝设置河西四郡并非一蹴而就，元狩二年（前121年）设武威郡、酒泉郡，元鼎六年（前111年）设张掖郡、敦煌郡，加之元鼎或元封中（前116年～前105年）在敦煌郡以西设置的阳关和玉门关，史称"列四郡，据两关"。

提起河西走廊，人们首先想到的是内地通往西域的必经之路，但汉武帝最初并不是为了打通西域而开拓河西走廊。实际上，西汉前期，我国北方游牧民族匈奴控制西域地区，它包括今天的河西走廊与新疆等地，匈奴在此设有西域王，并不断进犯中原地区。如元狩二年，汉武帝嘉奖骠骑之功曰："骠骑将军去病率师攻匈奴西域王浑邪……降异国之王三十二人……乃分徙降者边五郡故塞外……因其故俗，为属国。"又"是岁汉遣骠骑破匈奴西域数万人，至祁连山。其明年，浑邪王率其民降汉，而金城、河西西并南山至盐泽空无匈奴"；"臣居匈奴中，闻乌孙王号昆莫……单于复以其父之民予昆莫，令长守于西域"。

汉武帝在河西走廊采取一系列军事和政治措施，其最初动机并不是扩充疆域，而是为了反击匈奴以及出兵阻隔匈奴与西羌的联络。扩充疆域是果，不是因。

就匈奴一方而言，在匈奴头曼单于掌权时期，月氏是在河西走廊游牧的强大民族，居住在"凉、甘、肃、延、沙等州地"。此时的匈奴因受到月氏、休屠、浑邪等部的阻碍，尚未称霸河西走廊。头曼单于之后的冒顿单于被誉为匈奴的"一代天骄"，在他的带领下，游牧于河西走廊的休屠、浑邪部先后被征服，史称"北服浑庾、屈射、丁零、鬲昆、薪犁之国"。汉文帝时，匈奴进一步西进，接连破月氏，定楼兰、乌孙、呼揭及旁二十六国，诸"引弓之民"，并为一家。其领地的西部直对上郡以西，接月氏、氐、羌、乌孙，包括今河西走廊及新疆在内的大部分地区。

汉武帝发起了对匈奴的持续军事进攻。元狩年间，遣骠骑将军霍去病率领万骑出陇西，过焉支山千余里；其后骠骑将军又出陇西、北地两千里，过居延，攻祁连山。在汉朝军队的不断打击下，曾臣服于匈奴的浑邪王率浑邪与休屠部四万余众归附汉武帝。匈奴在河西走廊的统治出现真空。汉武帝趁势进军河西走廊，在内地通往西域的咽喉要道先后设置武威、酒泉、张掖、敦煌四郡。这是汉、匈交战以来，汉王朝获得的最主要和最重要的成果。

在中国的历史长河中，中原农耕民族在与北方游牧民族的长期对峙、冲突中，即使大获全胜，最终的落脚点大多还是回归到防御上，较少以攻城略地为最终目标，所谓"且得匈奴地，泽卤，非可居也"。汉武帝对匈奴的战争大多也是以攻为守，而不是追求拓土扩疆。然而河西走廊的开拓却是少有的例外，它不仅实现了军事胜利，而且促成了中原农耕文明向河西走廊的延伸，扩大了中央王朝的疆域，其主要原因自然得力于祁连山雪水融化培育出的宜农宜牧的绿洲生态环境。

所以，汉武帝在"断匈奴右臂"后，很快将经营河西提上日程，先后设置河西四郡，驻官护守，将大批中原移民迁徙至河西走廊，戍边屯田，开发河西走廊，使河西走廊的人口不断增长。据《汉书·地理志》记载，东汉时河西四郡已有民户71000多，人口28万余，与内地郡县别无二致。魏晋南北朝时期，河西走廊成为儒家传统文化的一个重要区域，创造出灿烂的五凉文化，著名的敦煌艺术就是河西儒家文化与佛教文化交融的产物。唐代河西走廊的兴盛也带动了绿洲丝绸之路的繁荣。到了今天，河西走廊早已成为甘肃省最主要的商品粮基地和人口密集的地方。

历史表明，汉武帝为征讨匈奴而设河西四郡，对于统一的多民族国家疆域形成而言，其影响早已超出汉王朝，而成为一个历史性的里程碑。特别是在西域成为西汉王朝行政管辖区域之后，河西走廊的战略地位和历史地位尤显突出。将河西走廊视作大一统中国的一部分，普遍成为历代中央政权固有的意识。

河西走廊处于蒙古高原与青藏高原的接合地带，地理位置十分重要。如果不能控制好蒙古高原与青藏高原各方势力的影响，河西走廊的防御便会十分脆弱。两千年来，中央王朝为保证这一通道的畅通，阻隔河西走廊南北各民族之间的联合，曾与当地少数民族政权反复争夺。

汉武帝是这一战略的肇始者。霍去病进军河西走廊之前，这里曾驻牧着众多的游牧人群，主要有匈奴、月氏、乌孙、休屠、浑邪、羌、氐等，其中的羌、氐等人群便是来自青藏高原。羌人除活动于黄河上游的河湟地区外，也有众多部落分布在河西走廊，如从祁连山进入河西的卯羌，曾经游牧于弱水（今黑河）流域的婼羌，以及原居于祁连山谷、后出扁都口进入河西的羌人等。月氏最早与河西走廊的羌、氐等民族毗邻而牧，被匈奴打败后，大部分西迁，剩下的月氏人留在祁连山一带与当地羌人通婚生息，被称为"小月氏"。小月氏"被服、饮食、言语略与羌同，亦以父名母姓为种"。这些民族尽管语言、文化不尽相同，但游牧民族的共性又使得他们很容易联合起来，这种联合对于中央王朝是巨大的威胁。汉武帝为此果断进军河西走廊，基本阻断了匈奴与羌、氐等民族的联合，使来自南北两个方向的威胁大为减弱。这一战略决策不仅维护了河西走廊的安定，也为此后进军西域奠定了基础。

汉武帝的这一战略决策被后来的很多王朝奉为巩固中国西北疆域的战略真髓。如隋朝建立后，主要军事压力一度来自雄踞于河西走廊南北的吐谷浑与突厥。突厥骑兵曾从固原进掠武威、金城等地。隋文帝运用"远交近攻，离强和弱"的策略，迫使突厥内讧、分裂，解除了北边突厥的军事威胁；接着又制服南边的吐谷浑。在经过几百年的动荡割据后，河西走廊又重新赢得了安宁。隋末，武威人李轨利用天下混乱的形势，割据一方，建立大凉政权，试图以河西走廊为根基与李唐政权一争高下。李世民荡平薛举的西秦政权后，李轨政权内部混乱，人心不稳，最终被部下安修仁擒获，送往长安处死。李世民以凉州总管进据河西，管理甘凉九州，河西走廊由此畅通。唐朝正是在此基础上才得以大举进军西域。

河西走廊打通后，对于南北两个地域也呈现出较大的威慑与辐射作用。如西汉后期的名将赵充国，出兵平定河湟一带的羌人，进一步开拓河湟地区，就是得力于河西四郡的设置，反过来这些举措又进一步巩固了河西走廊的安全。

在历朝历代开拓和经营河西走廊的历史进程中，农耕人群和游牧人群的交流互补、迁徙汇聚、冲突融合，是推动中国统一多民族国家形成和发展的重要因素，也体现出我国的历史传统和独特优势。

二　河西走廊与西域的开拓

从汉代到清代中晚期，包括新疆天山南北的广大地区被统称为西域。《汉书·西域传序》载："西域以孝武时始通，本三十六国，其后稍分至五十余，皆在匈奴之西，乌孙之南。南北有大山，中央有河，东西六千余里，南北千余里。东则接汉，阸以玉门、阳关，西则限以葱岭。"汉代西域三十六国主要分布在塔里木盆地、吐鲁番盆地和准格尔盆地的边缘，人们利用高山融化的雪水在绿洲生活。包括塔里木河在内的诸多内流河及其形成的尾闾湖共同构成了西域地区农业与生活的主要水源，该区域城邦的兴旺与水有着密不可分的联系。据考古学家判断，楼兰即是由于河流改道与罗布泊的迁移而消失的。

独特的地理位置使得西域成为几大文明的交汇地和交通要道，"西域文明"所指，正是在世界四大古文明（埃及、美索不达米亚、印度、中国）之间产生的文明，其中有以塞人文化为代表的来自西方的欧洲文明，有以佛教为代表的来自南亚的印度文明，有以蒙古文化为代表的来自北亚的游牧文明。以贸易者和游牧人群为中介，西域与中原之间的交往早在商朝就已存在。于阗（今中国新疆和田县附近）出产的和田玉在商朝帝王武丁之妻的坟茔中被发掘出来，说明早在公元前13世纪中原与西域之间就已存在商贸往来。中原地区的小麦等大量农作物的种植技术也是从西域传播来的。

西域复杂的自然环境孕育出多种形态的生计方式，形成了以游牧为主的城邦诸国和广阔的农耕区域。其农耕区域为汉朝军队进入西域提供了坚实的落脚点和广阔的生存发展空间，从而将黄河农耕文化与西域农耕文化连接在一起。汉朝因攻打匈奴而进入西域，并很快将经营西域作为战略选择。汉宣帝神爵二年（前60年），控制东天山北麓的匈奴日逐王降汉，西汉统一西域。同年，西汉设立了西域都护府作为管理西域的军政机构。这是中央王朝在西域设立的第一个行政机构，管辖范围已超出三十六国，标志着天山南北自此成为中国统一多民族国家的组成部分。西域都护府的设立与河西四郡的设置一道成为多民族大一统的中国疆域形成过程中的里程碑。《汉书·西域传》载，东汉时西域分裂为五十余国，但中央王朝对于西域的管理仍沿袭西汉的模式。东汉末年，西域各国相互之间不断兼并，至晋朝初年形成了鄯善、车师等几大国并起的局面。南北朝时期，西域局势再度变化，新兴的高昌国相继击败西域诸国，建立了一个地跨新疆大部分的强国。除少数城邦国家外，西域诸国举国西迁，这一历史过程为中亚地区带来了文化的繁荣。十六国当中后凉的建立者吕光在统一西域后，依然仿效汉朝，设置西域大都护，行使统治权。唐朝在西域设有安西都护府、北庭都护府。清朝设伊犁将军等机构管辖新疆。

对西域的开拓与经营，使得河西走廊的重要性陡然上升。河西走廊西连新疆、东系关中、南结青海、北邻蒙古，历代中央王朝治理西域都绕不开河西走廊，而中央王朝庞大的西域驻军则直接受制于河西走廊的物资供应。所以，欲图经略西域的中央王朝，出于政治、军事的考虑，均把河西走廊的开发与治理提升到保障国家安全、疆域完整的战略高度。

比如，唐代前期，由于中央王朝牢牢控制着河西走廊，故而在向西的战略上拥有极强的主动性。如唐睿宗景云二年（711 年），唐朝设河西节度使，驻守在武威，统率大军 73000 余，马匹 18000 余，担负着北御突厥、南防吐蕃的艰巨任务。河西节度使是唐代十大节度使之一，管辖范围包括凉、甘、伊、瓜、沙、肃、西七州，即今甘肃西部与青海北部地区。这个地区用今天的话来说，是"点多线长"，故此河西节度使统帅的近两万名骑兵，时刻巡逻在各关隘、哨卡之间，守护着河西走廊与西域的安定。安史之乱后，唐朝开始衰落，吐蕃越过昆仑山北进，侵占了西域大部；中国北方地区也是战火连年，而西域与内地商人为求自保更是不愿穿行河西走廊，西域遂脱离中央王朝的实际控制。由此可见，河西走廊不仅是巩固西北边防、维护国家统一和安全的重要依托，而且对于中国统一的多民族国家的形成和巩固发挥着无可替代的历史作用。

除了作为中央王朝通向西域的政治大命脉，河西走廊还承担着东西方经济、文化交流的桥梁作用。从历史上看，尽管东来西去的"丝绸之路"按其走向可分为好几条线路，但相对而言河西走廊作为陆上丝绸之路的主干道，最为畅通、便捷、安全，并以张掖、敦煌作为东西方贸易的主要集散地。从长安出发后的北路、中路和南路，大多在张掖汇合，而分道西行的丝绸之路又以敦煌为起点，这绝非偶然，而是由河西走廊得天独厚的地理位置、社会状况等方面的因素所决定的。从西汉到唐末，河西走廊曾经是"使者相望于道"，穿梭于河西走廊的中外商团为河西走廊带来兴旺繁荣。商业与戍边成为河西走廊各城镇生存与发展的两大基石。在海上丝绸之路兴起前，河西走廊成为中华文明与世界相沟通的必经之路。英国考古学家斯坦因在塔克拉玛干沙漠腹地尼雅古城，中国考古学家黄文弼在罗布泊北岸土垠汉代遗址，曾相继发现王莽年间的汉简，这是目前已知的汉字在西域三十六国使用的最早记录。

通过"丝绸之路"，中原地区的农业、水利、冶铁、养蚕缫丝、火药制作、造纸等生产与科学技术，以及丝麻织品、漆器、铁器与其他特色产品源源不断地传到西方。特别是古代中国对外交流的主要物品——丝织品，更是受到西方世界的青睐。古罗马学者普林尼在其所著《博物志》中说："锦绣文绮，贩运至罗马，富豪贵族之妇裁成衣服，光辉夺目。"与此同时，西域和西方各国的物质文化和非物质文化也相继东来，大宛的汗血马、苜蓿、葡萄，印度的佛教，大秦的景教，波斯的摩尼教、拜火教，以及西域的小麦种植技术，胡豆、胡萝卜、蚕豆等农产品，琵琶、箜篌、胡笛、胡笳、舞蹈，等等，也先后在大江南北安家落户，开花结果。

盛唐时，河西走廊的武威、张掖、敦煌是商旅云集的重镇，盛极一时。武威一度是陇右三十三州中最大的城市，这里经济发达，商贸极为兴盛，来自各地的"胡商贩客，日款塞下"，延续了长达数世纪的繁荣。数百年后，北宋史学家司马光在他的《资治通鉴》中写道："天下富庶者无出陇右。"岑参在天宝年间来到武威，留下了"凉州七里十万家，胡人半解弹琵琶"的千古名句。王维在武威写有众多诗篇，他的《凉州郊外游望》描述了当时凉州城外普通民众生活的情形："野老才三户，边村少四邻。婆娑依里社，箫鼓赛田神。洒酒浇刍狗，焚香拜木人。女巫纷屡舞，罗袜自生尘。"在王维的诗中也反映了河西走廊多姿多彩的文化，他在《凉州赛神》中写道："凉州城外少行人，百尺峰头望虏尘。健儿击鼓吹羌笛，共赛城东越骑神。"白居易笔下的《西凉伎》中"假面胡人假狮子。刻木为头丝作尾，金镀眼睛银帖齿……"也同样描绘了这种来自西方遥远之地的舞狮之风。而如今，白居易笔下的舞狮习俗依旧在河西走廊、永登一带流传。唐朝时，丝绸之路上大批粟特商人聚集在河西走廊，形成了他们的聚落，而唐朝政府也选取粟特人的大型商队首领（萨宝）为当地管理粟特事务的官员。据记载，仅敦煌一个乡就有粟特人约 1500 人，这在敦煌莫高窟的壁画和藏经中均有记录。河西走廊还是伊斯兰教传入中国的主要通道之一，至今仍在中外伊斯兰教交流中发挥重要的作用。从这一点看，中央王朝对于河西走廊的经营为东西方文明的交流与繁荣、为民族间的交往互动打开了通道，做出了重要贡献。

唐代途经河西走廊的丝绸之路有多条支线，唐初突厥、吐谷浑曾严重威胁丝绸之路的安全。为此，玄奘大师西行取经，选择了丝绸之路南线，经天水、临洮、兰州，翻越乌鞘岭，抵达武威一线。等到玄奘大师取经东返时，突厥人的威胁已经解除，玄奘大师的东归路线则是从武威到景泰，过黄河，走靖远，沿萧关道回长安。玄奘大师东归的线路与著名诗人王维西行的路线大体一致。唐开元二十五年（737 年），王维从长安出发，沿着丝绸之路的北线而行，经泾川、平凉，绕六盘山西行至宁夏固原（即萧关），然后沿萧关道入靖远，直抵黄河岸边，渡黄河进入景泰，然后经古浪、大靖、土门入武威，这是当时长安通往西域最为便捷的一条道路。

到了成吉思汗时代和元王朝时期，整个中亚和东亚又被重新连接起来，海上和陆上丝绸之路同时并进，当时贸易极为繁盛。中国的丝绸贩运到欧洲，价格猛涨几十倍。

元以后，大一统王朝走向割据状态，导致通过河西走廊的丝绸、瓷器、香料贸易急剧萎缩，至明代后期，由于封关闭国，陆上丝绸之路几近停滞。再加上地理大发现开辟了新航线，海洋转而成为全球贸易的主要通道，陆上丝绸之路的重要性大幅下降。

总体而言，河西走廊历史上曾是中原通往西域、中亚、西亚以至非、欧的必经孔道，也是历代中原王朝在势力强盛时锐意经营西域道路上的重要中继站。河西走廊连接中原和西域的重要性，在政治、经济、军事、文化等各方面有着全方位的体现。对河西走廊的历史作用的准确理解，是我们理解中国的历史疆域和中华民族多元一体格局之形成过程的重要前提。

三　河西走廊与关陇安危

从东西方向看，河西走廊非常接近关陇，从乌鞘岭—天水一线到咸阳—西安（长安）只有 350 千米，所以对于关陇而言，河西走廊重要的战略地位使其成为维护关陇稳定的重要屏障。明代名臣杨一清曾言："兵粮有备则河西安。河西安则关陕安，而中原安矣。"对于扎根于关中的王朝而言，河西走廊的安稳尤为重要。关中王朝如果失去西域，陇右、河西则门户洞开，强大的游牧民族就会一路闯进关中，进逼长安，所谓"朔方烽火照甘泉，长安飞将出祁连"。

东汉末年，凉州羌患不断，直接威胁关中，东汉朝廷不得不动用大量钱财、兵力才得以保住关中。安史之乱后，河西节度使的兵力被调往东部平叛，河西走廊空虚，吐蕃人乘机攻占河西走廊，河西与中央王朝的联系遭到了极大削弱。河西走廊丢失后，唐王朝只能困守陇山以东与吐蕃等进行长期的拉锯争夺。吐蕃骑兵距长安只有一两天的路程，唐朝因此极其被动，这也是导致唐王朝后期一蹶不振的一个重要原因。

北宋时期，河西为西夏政权所有，宋朝失去了军马的重要产地，致使在与辽、金、西夏等政权对抗时毫无优势可言。与此相对，少数民族政权如西夏在据有汉化程度较高的河西走廊后，文明程度迅速提升，成为与辽、宋三足鼎立的一方势力，而河西走廊也因此成为西夏的核心区域之一。

明清时期的藏族和蒙古族分别从南北两个方向对河西走廊产生重大影响。清初，准格尔部噶尔丹、策妄阿拉布坦、噶尔丹策零以及和硕特汗国的罗卜藏丹津等蒙古贵族先后起事，使得北到外蒙古、西到新疆、南到西藏的广大地区长期处于战乱状态之中，这对于关陇地区乃至清政府而言，是一个巨大的威胁。而在平定西北战乱、统一新疆的过程中，河西走廊同样发挥了极其关键的作用。

所以，清朝顾祖禹强调："欲保秦陇，必固河西；欲固河西，必斥西域。"这样一种军事地理的空间结构，对于我们思考今天的中国问题同样有着深远意义。中原、河西、西域，三者浑然一体的密切关系，不啻是个鲜活例证。一方面，让我们看到中国的多元区域之间，如何能够形成内在的有机关联，从而历史性地融为一体；另一方面，也展现出在融为一体的过程中，河西走廊所发挥的重要中介作用。从这个意义上讲，河西走廊成为我们理解"何谓中国"的一个重要切入点。

【作者系兰州大学历史文化学院西北少数民族研究中心教授，主要从事中国少数民族研究】

从敦煌哲学看河西走廊的多元文化共生[*]

蔺海鲲　罗　鹏

多元文化共生是促进文明交流最深刻的理念，河西走廊是极具特色的文明过渡地带，深刻理解河西走廊上的文化共生现象，对于全面审视人类文明历程、构建人类共有的精神家园具有极为重要的理论和实践意义。在河西走廊上，敦煌是一颗耀眼的明珠，作为我国和亚欧大陆交流的中心地区之一，敦煌不仅是东西方陆上交通枢纽，更是东西方文明交融的重镇和举世闻名的多元文化符号。敦煌文化中的敦煌哲学蕴含着深刻的文明发展机制，是东西方哲学世俗化、大众化历程中最具典型性的思想形态，也是文明交流、交融中多元文化共生最集中的表现，体现出世界历史背景下多元文化交流、交融中渐进而又深远的民族认同，并在中华文明强大的包容性和融合力中奠定了人类文明发展的基本方向。

无论从政治体制、经济结构还是从文化地理层面上看，统一完整的中国都是数千年来中华大地上的众多民族共同缔造的。鉴于地理环境、社会生产方式及交通网络等因素的限制，各民族的文化在交流、交融中保持着

---

* 原文刊登于 2018 年 4 月 13 日《中国民族报》理论周刊 7 版，系"从走廊发现中国·河西走廊篇"专题第七篇。

"和而不同"，形成了密切关联的文化共同体，为中华民族共有精神家园奠定了坚实的文化心理基础。中国的广袤大地上分布着复杂多样的地理生态，由此孕育出多元一体的政治、经济、文化格局，多元之间的互构共生在历史沉淀中逐渐演化为统一的中国和中华民族共有的精神家园。

在多元格局中存在若干个极具影响力的文明过渡地带，这些在地缘结构、生产方式和文化类型等方面具有典型意义的多元文化区域在中华文明的生成和变迁中发挥了极为重要的纽带作用。河西走廊地处蒙新高原与青藏高原之间，是我国大陆腹地通往欧洲、中亚、西亚唯一的陆上通道。得益于南北山脉雪水的滋养，相对平坦的狭长走廊上形成了大小不等的肥沃绿洲，在走廊内部，高原、荒漠、戈壁、绿洲、草原等形态相间共生。河西走廊是我国唯一一条连接中原腹地、戈壁绿洲、北方草原和青藏高原的陆上通道，这种独特的地理空间结构为河西地区的多元化发展提供了最基本的前提，造就了人类历史上多民族、多元文化共存的典型地带。

敦煌是河西走廊上最耀眼的明珠，是东西方文明的交汇点。季羡林先生曾经精辟地总结："世界历史悠久、地域广阔、自成体系、影响深远的文化体系只有四个：中国、印度、希腊、伊斯兰，再没有第五个；而这四个文化体系汇流的地方只有一个，就是中国的敦煌和新疆地区，再没有第二个。"敦煌文化是我国古代对外开放和人类文明友好交流的历史见证。古丝绸之路开辟后，河西走廊逐渐成为东西方文明交流共生的重要过渡地带，来自不同国家、不同民族、不同文明类型的多元文化在这里进行了长时期的交汇、交流、对话、依存与沉淀，敦煌哲学和人文精神在河西走廊上得以历史地生成。这种独有的文明转换机制使河西走廊在众多领域都具有深远的历史意义、现实价值和发展空间，其在历史和现实中形成的多元文化共生格局和各民族交往、交流、交融充分展示了中华民族共同体的产生与形成机理，呈现出人类共有精神家园的构建规律和前进趋势。

一　多民族和谐共生为敦煌哲学提供文化生态

河西走廊的绿洲生态是各民族交流的重要基础。河西走廊的绿洲带独具特色，从整体上看并非大面积的整块绿洲，而是由诸多大小不一的绿洲镶嵌在戈壁、荒漠、草原等地貌中。由于地形、交通、生产生活方式等因素的差异，几乎每个绿洲上都形成了相对完整的社会有机体。历史上不同时期的统治者在治理河西地区时基本上按照绿洲的规模来设置地方行政区划。例如，河西四郡就是西汉王朝设置在河西走廊的绿洲上的。同时，河西走廊上的绿洲又是连接丝绸之路整体网络的重要节点，分布在这个路网中的凉州（武威）、甘州（张掖）、肃州（酒泉）、沙州（敦煌）等规模不同的绿洲社会共同体成为当时东西方文化、物资、信息交流互通中不可或缺的通道节点，共同促进形成了人类社会发展中极为重要的文明共存互鉴盛况。

在丝绸之路开辟后，移民化进程极大地加速了多元文化的生成。随着社会生产的发展、东西方交流的深入和中央政权对边疆的越发重视，河西走廊上的绿洲不同程度地出现了扩大化的趋势。外来移民的增加使绿洲边缘地带的农牧业生产不断发展，部分从事商业活动的人群进一步使绿洲间的联系更为密切。正如李建宗教授所言："随着人口的增长，包括当地人口的自然增长以及移民群体的到来，必然使小的绿洲面积不断增大，最终把有些小块绿洲连缀成大片绿洲。"鉴于河西走廊的地理环境和发展水平，受到移民扩大化的影响，原本规模各异、空间分布相对密集的绿洲不断出现规模增大、相互联系更加紧密的趋势，形成了绿洲共同体。纳日碧力戈教授强调生态性的民族关系的重要意义："中国各民族'美美与共'，生生不息，共同生活在这块神奇的土地之上，形成互为环境、互为条件的生态关系。生态性的民族关系具有重要意义，一方面它为民族交流提供保障，另一方面民族特征与民族地位在生态性民族关系中并不会丢失。"汉唐以来，丝绸之路的畅通不仅保障了中央王朝经略西域的目标，也在促进河西走廊绿洲社会发展的基础上，使广大地域上的各民族联结成命运共同体，促进了东西方文明的深入交融。在河西走廊上产生或存在过的各种文明形态不同程度地实现了交融共生，并在发展中保留其特质，这成为人类文明史上极为独特的风景线。

从历史和现实来看，河西走廊上的生计方式与文化都呈现出多元互嵌共生的基本形态。人们的生产生活方式是多种多样的，部分民族还拥有不同的生产生活方式。例如蒙古、藏等民族传统上过着游牧生活，汉、回、撒拉等民族大多过着农耕生活。此外，汉、回、维吾尔等民族的商业活动是连接农耕社会和游牧社会的桥梁，成为促进各民族生产、生活和文化交流的重要途径。多元化的生产生活方式是多元文化共生共荣、深入发展的重要基础。

汉代以来丝绸之路的开辟和畅通，为中原与边疆、东方与西方的交流提供了更为便利的条件。出于守土戍边和躲避战祸等方面的原因，中原地区的移民大量进入河西走廊，使原来相对落后的河西走廊绿洲社会得到了进一步发展，原有农耕社会的规模不断扩大。然而，绿洲社会既有的土地无法满足新增人口的发展要求，于是，更多的农田被开垦出来。绿洲面积逐步扩大的同时，也导致戈壁、草原、荒漠面积的缩减。历朝历代对边疆地区实施了不同的治理措施，大体而言，军屯、民屯相结合的屯田制与移民在某种程度上结合在一起，促使河西地区的人口数量增加和社会规模扩大。这一过程中，河西地区成为各民族共存、共生的绝佳领域。

与河西走廊相连的河湟地区同样存在着文化多元共生的现象。张俊明等学者指出："河湟地区多元文化共生共享现象产生的原因包括民族迁徙导致的文化传播、独特的地理环境产生了具有共性的文化、多元文化场域中形成了特有的民族文化心理等。"历史和现实生活中，河西走廊上的各民族由于生产生活方式的差异，形成了传统的农耕社会和游牧社会相互依存的基本格局。农耕社会一般依存于绿洲，生产和生活相对稳定、单一。而河西走廊狭长的地形和环境差异，使游牧社会的形态不尽相同。生活在祁连山附近的民族以游牧为主，一年之内因季节、草场、水源等的变化进行远距离的转场。靠近绿洲的戈壁牧区内的各民族以住牧为主，其生产活动的地域和生活方式相对固定。虽然存在着生产生活方式的差异，但由于生产生活的需要和活动区域的接近，游牧区、戈壁区和绿洲社会的界限并不严格。游牧地区和绿洲社会的各民族之间存在经济、技术和文化上的联系，进而形成更大范围的互动网络。绿洲社会的农耕文化、游牧社会的游牧文化以及商业活动中产生的商业文化，是河西地区最典型的文化类型。这些建立在不同生产方式之上的文化类型因彼此嵌入、相互依存，呈现出鲜明的共生特征。它们在保存自身独特性的前提下，影响着其他文化类型的发展并进而构成河西地区文化多样性的基础。

河西走廊较为发达的路网系统是多元文化交流的重要保障。河西走廊的绿洲地带是丝绸之路从中原进入中亚、西亚的唯一陆上通道，规模大小不等但彼此连接的走廊绿洲犹如这条大通道的门户，形成了存在于复杂多样地理形态之间的极具过渡性的文明发展区域。丝绸之路是连接中原与边疆、中国与欧亚大陆其他部分的陆路网络的连续体，而河西走廊虽只是其中一小段，却是丝绸之路主动脉上的关键一段。河西走廊独特的生态布局及相对稳定的政治秩序和经济格局，在较长的历史时期内确保了丝绸之路的畅通，具有十分重要的意义。

二　文明过渡地带多元文化互鉴共荣的内在机理

在人类社会发展史上，东西方文明的交流与交融是对世界文明进程极具影响力的因素。在地理大发现和工业文明之前，东西方交流最重要也最具影响力的通道就是丝绸之路。丝绸之路原本是汉王朝打通中原和西域进而巩固中原王朝的商贸道路，自开通以来很快成为中国和中亚、西亚、欧洲的经贸、技术、文化通道，使亚欧大陆的关联地域之间建立起了紧密联系，成为前资本主义时期最繁荣的东西方文化交流之路。灿烂辉煌的中华文化第一次较为完整地展现在世界面前，同时也促进了东西方文明的深度交融和共荣共生。学者黑晓佛认为："敦煌文化是以中原传统文化为主体而又兼具周边民族及外来文化的总体格局，并由此而显现着一种世俗化和庶民化或者大众化色彩的基本精神；敦煌文化的创造者是以汉族为主体的敦煌所有民众，其包括了在敦煌地区生活的各个阶层、各个职业、各个民族、各个国别的诸色人等。敦煌文化的重要载体和具体表现主要集中在敦煌遗书、敦煌石窟艺术和敦煌史迹三个方面。"丝绸之路不仅加强了中原王朝和西域各国的经贸、技术交流，还在政治体制、经济联系特别是文化交融中显示出极为深远的影响，一定程度上奠定了东西方文明交流的基本格局，其中蕴含的文明互通共鉴的文化机理成为人类社会发展最深层次的动力。

在统一多民族国家中国的形成发展过程中，各个历史时期都存在着各民族之间的政治、经济、文化等领域的交流，文化间的交流与互鉴是常态化的、具有积极推动力的社会现象，这在各民族聚居的边疆地区表现得尤为明显。位于我国西北地区的河西走廊，自古以来就是多民族、多文化分布地区，也是古代我国与西方世界交往的重要通道。学者张力仁认为："独特的历史人文区位使河西走廊成为不同质的文化发生代际演替的典型地区，时至今日，民族文化的交流与整合依然在不同地域、不同层次上持续发生。"河西走廊独特的地理位置也具有极为重要的多元文化意义。在东西方文化交流与交融中，河西走廊是最具典型意义的文化过渡地带。从走廊向东进入中原腹地就能连接中原文化，向西通往西域和亚欧大陆即可与西域文化、欧洲文化交流，穿越走廊北部山脉就能进入蒙古文化圈，南下就能进入青藏文化圈。这些不同类型的文化区域在经济、技术、社会生活和商业活动中有着不可分割的联系，在文化交流中也是互相影响和互相渗透的，每一种文化圈都有自身的辐射领域，都能在彼此间的交流中于一定程度上进入对方文化的影响范围。

敦煌文化作为一种相对独立的文化，必有其独特的精神。在黑晓佛看来，"敦煌文化的一个很重要的特点或基本精神就是'大众化'。这种文化通过最普通的传播途径，在潜移默化之中影响着敦煌大众的思想及生活的方方面面"。例如，敦煌时期的佛教文化极为兴盛，从统治集团到包括达官贵人、市井小民在内的各阶层成员都积极投身其中。僧人和信徒积极传抄、供养、读诵佛教经典并将之绘制成绢画、壁画向民众宣教，在信众和市井中传唱、传诵忠孝歌曲、辞赞，在斋会、法会等佛教活动中讲唱关于忠孝的经文、变文及因缘故事和民间传说……他们用各种形式教导信众和普通社会成员遵守社会秩序与规则，并在自身的观念和行为中恪守与遵循。此外，世俗的人伦观念也逐渐融入敦煌佛教的意识形态中，并成为敦煌佛教文化的重要内容。在莫高窟第156窟壁画中，南壁的《张议潮统军出行图》以及与之对称的北壁的《宋国夫人出行图》鲜明地体现了河西地区各民族文化的交融共生。出行图中有人数众多的侍从、子弟兵、麾牙卫士和军乐、百戏、乐舞伎人。画中人有身着汉装者，也有多人是长袖漫拂、具有吐蕃之风的舞伎造型；有相当数量的汉人将士，也有身着唐代昭武九姓少数民族服装的射猎骑队；有以箫鼓为主的鼓吹乐队，也有源于西域古乐的横吹乐队。出行图表现出在归义军时期，军乐中的鼓吹成为朝堂宣扬威仪的卤簿组成部分，但横吹在匈奴、鲜卑等少数民族相继进入中原后仍然用于以骑兵为主力的部队。由此可见，少数民族部落文化与长行官健制共同构成了归义军的蕃汉兵制度。

在敦煌文化不断演化并向周边地域辐射的过程中，各民族文化心理上的相邻相亲也得以形成并逐渐深化。不同质的文化彼此之间具有一定的亲和力，地域分布、生产生活、民风民俗上的邻近性使各民族文化在相互交流中吸收彼此的合理成分并保持自身的特质。也正是这种民族文化心理上的交融，使历史上从其他地域进入河西走廊的人群能够融入河西地区的社会生活，并在持续深入的社会交往中和睦相处。

与其他地区包括过渡地带相比，河西走廊绿洲社会的形成和发展具有自身的特质。历史上众多民族的聚居、散居状态造就了多元文化的共存与共生。即使后来逐步扩大的移民趋势也没有改变这种文化多样性的格局，移民扩大趋势进一步加强了各种文化间的深层次交流与交融，进入河西地区的外来文化都在此生根发芽并互相借鉴。如李建宗教授所言，"无论是从地理特征还是文化属性而言，'嵌合性'是河西走廊绿洲社会的一个重要特点。正因为如此，河西走廊绿洲社会与周边自然环境共存，其内部两种主要文化模式共生，同时还在丝绸之路上有其独特的意义"。从文化发生发展的根源来说，最根本的因素还是河西地区在历史发展中形成的物质生产条件。河西走廊的各绿洲之间尽管在规模、发展程度、发展水平、民族构成等方面存在差异，但这种差异并不是实质性和根本性的，体现更多的还是基于绿洲社会的文化同质性。强大的农耕文化在其内部表现出来的更多的是对外来新事物的包容性，这既是农耕文化自身的内在特质，也是与河西地区文化生态的多样性及历史上延续下来的各领域的嵌合性密切相关的。

学者张力仁认为："从河西走廊区域文化发展的历程可以看出，民族、人口的空间移动，行政建制的地域扩展，经济差异的内在需求，是河西文化整合—分化—重组—整合的主要推动力。"河西走廊在不同历史时期都有规模不等的移民现象，自西汉开始，军事上的胜利和政治统治的需要加快了河西走廊的开发，中原向河西地区的移民规模不断加大，儒家文化也随之从河西绿洲社会向前延伸，河西走廊上的多元文化格局日趋丰富和完善。魏晋以后，中原地区封建政权更迭，西北边疆少数民族势力相继崛起，河西走廊在不同历史时期也曾被吐蕃、回鹘、西夏等政权控制，出现了某种程度上的吐蕃化、回鹘化、西夏化的现象，农耕文化的影响力和拓展空间一度受到压缩，但在河西走廊的文化格局中，儒家文化最终仍是根本而稳固的一极，其自身具有的主导地位和河西走廊上多元文化共生的局面并没有动摇。

此外，通过丝绸之路，来自中国各个地域和亚欧大陆诸多其他国家的不同民族、不同阶层的人群也在河西走廊上展开了商贸、技术、文化等领域的广泛交流，并沉淀出更深层次的文化交流和交融。这些文化现象中既包含中原的儒家文化、生于本土的道教文化和流行于民间的宗教信仰，还包含来自域外的佛教文化、基督教文化、伊斯兰教文化等诸多文化形态。例如，敦煌佛教的发展过程中就展现出明显的世俗化倾向，渗透到宗教领域和世俗生活的方方面面。正如哈建军教授的研究所指出的，至今流行于甘肃武威、永昌、张掖、酒泉等地的河西宝卷，"在宗教仪式和教义接受的演变中逐渐发展成了一种融音乐、宗教仪式、说唱艺术和文学为一体的民间曲艺。除了宣扬佛佑众生、神佛至上、神察人世、因果报应、张扬善德、诚信立人的思想之外，还彰显了'家国同构'和'国家认同'的觉悟，表现了'有序'则'可控'、维护家园生态的理性，秉承文化传统、借鉴前贤经验的自觉等思想志趣"。这些共存于同一地域的多元文化并未向隔阂与对立的趋势演化，而是在相互交流中彼此吸纳与融合，不但自身得以发扬光大，还在这一过渡地带强大的包容性中形成了极具地方特色的、世俗化的思想形态。尤其是多元的宗教体系往往与世俗生活相结合，成为实现社会治理和地域内各群体建构其精神家园的思想支柱。

蕴含在人们思想和实践活动中的价值观念是特定社会关系体系的产物。从人的实践活动、人的现实生活出发来考察，就会深刻领会到价值观念是由一定生产方式下的社会物质生活条件决定的。进入河西地区的移民群体及其携带的文化因素逐渐融入到河西原有的文化形态中，彼此包容、互鉴，谱写了工业时代之前东西方文明交流的辉煌乐章。更为重要的是，与此前的文化多元化形成历程相比，这一时期的文化多元化进程中，原有地域文化与外来异质文化的整合过程具有较为明显的冲击和对抗性。它们在空间分布和影响范围上发生了激烈的争夺，使原有的文化构成及其内外关联系统发生了重大改变，同时加深了河西走廊和邻近地域在文化要素上的同构性。

　　而从长时段的文化衍化进程来看，文化边界的消弭和异质文化的交融是历史趋势。游牧人群和农耕人群的统治力量在河西走廊上进退、交替。在此期间，山地、河谷、草原、绿洲等地域界限逐渐失去了它们在文化形成和积淀过程中的边界意义，各种文化形态原初的区域性特征逐渐淡化，多种地域特色兼收并蓄，本土与外来文化交融共生的多元化态势则更为显著地呈现出来。河西地域上出现了诸多与相邻区域逐渐接近、嵌合的文化过渡地带。这些过渡地带给河西既有的文化结构增添了大量异质性的域外文化因子，而河西地区独特的文化地理结构能够吸纳这些表面上处于对立状态的文化元素。这一吸纳、融合异域文化的进程，是文化系统不断生成、更新的基本要素，也逐步强化了河西地区内在的多元文化共生机理。

三　敦煌哲学的发展彰显新时代文化交流多元化趋势

　　从根本上说，多元文化共生格局的形成符合事物发展的螺旋式上升态势，不同时期多元文化交流与交融的结果都成为下一阶段文化共生的坚实基础。

　　各民族在自身发展中不仅创造了巨大的物质财富，也创造了可观的精神财富，在推动本民族和人类社会进步中逐渐形成了不同的文化类型。受地域特征、社会发展阶段、思想传统、传播手段等因素的影响，不同地区和民族的文化在形成基础、发展模式和水平、影响力等方面都各具特色。黄达远教授认为，深刻理解"中华民族的共同性"，并不妨碍从另一视角理解中华民族的"多元性"。区域之间的环境、生态和社会差异就是一种历史动力。区域差异越大，不同人群接触的动力似乎就越足，这正是不同族群形成和发展的动力之源。不同区域之间的接触呈现深浅不一的层次感，也就造成认同的丰富性。对于多民族聚居的河西地区而言，长期以来生活于此的各民族共同创造并发展了河西地区的文化。这一文化既表现出鲜明的民族特征，又具有极为明显的地域特色。这种文化演进过程持久而深刻地推动着各民族自身的文化发展，加快了河西走廊多元文化共生共荣的历史进程。现阶段河西走廊多元文化和谐共生是交流与互动的结果，多元文化能够整合在一起的关键是交流与互动的方式；同时，这种多元文化和谐共生又进一步成为新时期实现更广泛、更深刻、更具影响力的文化共生的基石。

人的社会历史活动是合目的性与合规律性的有机统一，社会历史活动包含着人的价值创造与追求。马克思主义认为，"正是人，现实的、活生生的人在创造这一切，拥有这一切并且进行战斗。并不是'历史'把人当做手段来达到自己——仿佛历史是一个独具魅力的人——的目的。历史不过是追求着自己目的的人的活动而已"。① 从历史和现实状况来看，河西走廊各民族在交往中呈现出的文化多元化是多层面、多维度的，既有物质生产生活中的相互借鉴和吸收，也包含精神生活和社会体制方面的移植与变迁。河西走廊在历史上就是多民族频繁迁徙互动的代表性地域。曾经生活于此的许多民族在漫长的发展和剧烈的历史变革中，有的迁移到了其他区域，有的被其他民族同化，更多的则是在与其他民族的交往互动中融合成为新的民族，这是一个自然的历史过程。现在生活在河西走廊上的各民族都是经历了长期的历史演变而形成的。这种复杂的民族演化进程和民族交往结构，意味着其文化形态必然是适应了历史发展要求的各种文化成分的复合体。

例如，由于中央政权的治理措施和民族迁徙、人口规模等因素的影响，在相对固定的生产地域内，农耕区和游牧区的边界会在时间、空间上发生此消彼长的变化，从事农耕、游牧、商业活动的人群身份也会发生代内或代际转换，从而维持自身的生存发展并保持社会整体秩序的稳定。与生产生活方式变化相适应的就是各种文化空间及文化元素的交流与交融，各民族在语言、信仰等文化符号上相互吸纳，以及在生活中形成相互接近的民风民俗等。而且世居于此的民族与迁徙至此的民族都曾经不同程度地从事着农耕、游牧、商业等社会交往活动，他们之间生产生活和文化心理上的相互影响基本上是在同一个历史进程中完成的，从而形成了极为独特又具有典型意义的过渡地区文化形态。这是河西地区不同民族间最持久、最广

---

① 《马克思恩格斯文集》第 1 卷，人民出版社，2009，第 295 页。

泛也是最深远的交流与交融。

深层文化结构的差异使得不同文化群体对现实形成了多样性的抽象思维方式，进而产生了不同的信息传播路径。正如学者张昆所阐述的，"不同的社会、政治文化孕育了差异化的社会环境和媒介生态，形成了多元的受众群体——在信息需求，信息的选择、理解、记忆以及反馈模式与内容等方面各有不同，表现为不同的信息获取能力、媒介使用习惯、信息内容偏好和不同的信息价值判断"。

在丝绸之路畅通发达的时代，整个社会的资源、信息交流都是在单一媒介的环境下缓慢进行的，信息的传播、编码、转译、再生等链条都缓慢而又长期地存在着。各类信息的单向传播和反馈虽然会影响传播效率，但在一定程度上使得信息的传播者和接受者能够充分地解码、消化和重新编码，在多次的信息互动中把适宜的信息内化为行为准则。对于多民族地区的多元文化生产和传播而言，这种现象更有助于建构文化的多元性。每个行为主体不仅是信息的接受者，也是信息的传递者，还在对信息进行重新加工和反馈的过程中变成了信息的生产者。这种多重身份的转换使他们在肯定自身文化的前提下更加容易理解和接受其他文化形态的合法性，从而减少了异质文化之间可能存在的冲突和矛盾，使处在同一地域的多元文化呈现出多样化、共生性的和谐发展态势。

如同人类社会中其他事物的发展过程一样，单方面强调事物在质和量规定性中的共存共生要素并不能找到事物发展的趋势，不能使事物自身呈现出合规律性的真正进步。学者路宪民认为："全球化时代的民族文化自觉，既需要各民族群体透过价值自觉对其文化做出合目的性的选择，也需要借助历史自觉实现文化的与时俱进，更需要通过社会自觉对本民族文化进行合理的定位。"社会发展中技术的力量借助新媒体超越了时空的限制，使民族文化边界和地域特征、传播速度等既有的制约要素逐渐退居次要地位，民族文化的传播和开发不断扩展到更广泛的范围和领域，这种内外部环境的剧烈变化要求各民族文化之间实现更为广泛深刻的认同。有学者认为，对于各国各民族最基本的生存权和发展权来说，"认同不仅是个人、群体、民族和国家获得外部一致性的社会现象，而且是一种重要的权利"。对人类社会中的文化现象也应该如此，需要注重以尊重多样化、异质性的姿态对待其他外来的文化形态，在坚持文化多元共生的理念指引下建立起文化发展模式。只有在这种符合文化自身属性的社会生态中，各民族文化的发展才能因为民族自身的历史与现实、地理环境、内在机制等方面的独特性而获得与其他民族同等的对话基础，不同国家和民族的文化才能产生共存共生的发展需求而在相互理解、协调中实现最终的共同繁荣、共同发展。

当然，保持各民族文化的独特性绝不是回到过去的闭关锁国和封闭保守的状态，也不是对外来文化采取绝对排斥的对抗态度，而是要在文化系统自身稳定与有序运转中不断适应新的发展环境，适时对自身文化的组成元素和影响方式做出恰当的调整。同时，这要求处于同一文化地理区域的不同文化形态不仅仅是在形式上表现出和睦相处与观念认同，更重要的是，来自不同文化形态的群体和个体能够在思想观念与行为方式上达成彼此理解。不仅要认识到彼此在地理空间上的不可分割性，而且要从文化心理上理解各自生存发展方式的差异性与合理性，在今后的深入交往中能够继续接纳和珍视多元共存，并在发展进程中促进共荣共生。

在统一的多民族国家内增强各民族的文化认同有助于各民族获得强烈的归属感，强化各民族团结与联合的精神力量，不断提升中华民族的向心力和凝聚力。强化多元文化共生的理念能够有效抵御过度商业化带来的资本侵蚀社会共同价值的风险，防范商业化中的思想短视对社会发展长远目标的遮蔽，防止全球化进程中各国各民族在文化交往中出现的强势文化同化风险，在不断适应现代化的趋势中提高各民族文化的自我调适能力。文化多元共生还应该把适应时代发展的新要素融入到文化的自我阐释中，不断形成和强化有助于自身持续发展的话语系统，使之浸润于各民族成员的内心并保持持久的影响力。

人类社会发展的历史和现实表明，任何国家和民族的文化要实现持续的发展必须在平等对话中秉持共生共荣的理念。由于事物发展自身存在的矛盾特殊性，文化共生绝不是要求属性各异的文化都走向同质化的发展方向，而是强调每一种文化都应该在坚持平等互利的基础上肯定其他文化形态的存在价值，从根本上接受并增强共生共荣的价值观。这是人类社会进步中的开放、和谐、民主理念在文化交流中的具体体现。认可文化间的差异形成共生，促进文化对话的和谐实现共荣，只有这样，才能逐步推动人类社会各要素尤其是文化心理差异调适，在保持自身特质的同时又能从内心深处接纳其他文化类型，使各民族在交流合作中赢得更广泛的尊重与更深层次的认可。

【作者蔺海鲲系河西学院马克思主义学院教授，陕西师范大学－河西学院"丝绸之路经济带河西走廊智库"执行秘书长，西北师范大学兼职硕士生导师，主要从事敦煌哲学、伦理学、马克思主义哲学研究；罗鹏系西北师范大学硕士研究生。】

民族互动与走廊语言文化的形成[*]

——兼论裕固族语言的特点

钟进文

河西走廊主要指由黄河向西北方向延伸的一条狭长地带，它介于青藏高原支脉祁连山北麓和蒙新大沙漠戈壁之间。河西走廊自古以来就是东西方经济、文化交流的要道，甘青地区很多古老的城镇和重要文化遗址都分布在这条交通要道上。该地区是中央王朝向西部发展、经略大西北的主要基地，也是中原地区与边远少数民族地区的过渡地带，是黄土高原和青藏高原的接壤之地，是农业文化与草原文化的接合部。

河西走廊在历史上犹如一个巨大的"漏斗"，不断地接受着来自各方的民族。在漫长的岁月中，曾在河西走廊迭兴的民族众多，来到这里的各个民族，不管是南下还是北上，东来还是西归，在这块土地上都经历了民族交流、交融的历史进程。在这个深刻的民族互动过程中，河西地区的社会生活和语言文化也发生了翻天覆地的变化，绚丽多彩的走廊文化在这里形成。

---

[*] 原文刊登于 2018 年 4 月 20 日《中国民族报》理论周刊 8 版，系"从走廊发现中国·河西走廊篇"专题第八篇。

一　多种语言聚集的敦煌

敦煌位于河西走廊最西端，唐代称沙州，地处东西交通要道，有着重要地位。敦煌向东与河西走廊的酒泉（肃州）、张掖（甘州）相连，西接哈密，连通吐鲁番盆地，又是通往天山地区的跳板。历史上生活在今新疆地区操突厥语族语言和蒙古语族语言的游牧民族，时常通过丝绸之路南迁，并定居在河西走廊从事农业。敦煌还连接今青海省境内的河湟谷地，曾经生活在河湟谷地并建立过政权的吐谷浑人也与敦煌保持着密切关系。不难想象，古代的敦煌是一个操着东西方各种语言的人群的聚集地。

初唐时期，粟特人在敦煌东部建立了自己的聚居部落，并与丝绸之路上往来的各色人群进行贸易。敦煌文书中发现了粟特语写本 50 余件，主要是佛教经卷，就是居住在敦煌受佛教影响的粟特佛教徒遗留下来的。8 世纪下半叶，这些在敦煌繁衍生息的粟特人逐渐融入了其他民族。但是在 9 到 10 世纪，即归义军时期，回鹘化的粟特人或受到粟特语影响的回鹘人仍在使用粟特语。这些具有回鹘化特征的粟特语文献包括了大量大事记、信件和各种笔记。10 世纪，于阗使节张金山出访敦煌，他在一份于阗写本上用粟特语签名，这一事实也说明当时粟特语仍在一定范围内使用。

敦煌藏经洞中发现了百余件于阗语写本。所有这些文献都是用晚期于阗语写成的，除佛经外，还有相当数量的世俗文书，诸如外交书信等。此外，还发现了记载大量口语的于阗语 – 汉语双语写本。于阗位于塔里木盆地南部，距敦煌如此遥远，其文献却频频见于敦煌，甚至还留下了方便于阗人往来于敦煌的"双语学习手册"。这主要是因为 10 世纪的归义军政权和于阗关系密切，中原文化对于于阗也产生了深刻影响。在归义军时期，除了商人、僧侣外，还有一个从事外交活动的于阗人群体常住敦煌，他们精通汉语，并用汉语抄写佛经。

同一时期，在敦煌及河西绿洲地区的佛经传译过程中还运用了梵文。1924 年哈金发表了伯希和收集的梵文 – 藏文对照表，这是曾赴五台山朝圣的印度僧人 Devaputra 于 10 世纪后半期在肃州（酒泉）口授而成。随着印度僧人的增多、交流机会的增加，敦煌还出现了梵文 – 于阗文双语写本。

整体而言，7～10世纪对敦煌及河西走廊有着根本性、持久性影响的语言是吐蕃语和回鹘语，由此受到强烈影响的尤其是吐谷浑和西夏。

二　民族互动中的吐蕃经卷与
吐蕃－汉双语基层社会

吐蕃占领敦煌后，任用汉人、苏毗人、于阗人、尼泊尔人等出任各级行政官员，大力开凿石窟，致力于佛教的传播。这一时期开展了大规模的抄经活动，使得在今日河西走廊的敦煌、酒泉、张掖、武威等地留下了一批中唐吐蕃文写本经卷。它同汉文、于阗文等其他文字的经卷一起，证明中唐时期河西地区存在着民族大交流。

吐蕃经卷卷尾通常签署"写者"和"校勘者"的名字，共出现署名八百多处，涉及四百余人的姓名，其中"写者"一百余人，"校勘者"三百余人，极少数人既是"写者"又是"校勘者"。对这批经卷进行清理、编目的专家经研究认为，河西吐蕃经卷虽其外部特征完全是吐蕃式的，但其写、校者中吐蕃人仅占总人数的1/5甚至1/6，来自其他民族的人占4/5甚至5/6。依四百余人的姓名来区分其族属，其中吐蕃人署名时往往冠以吐蕃氏族等的名称，来自其他民族的写、校者也用吐蕃文字署名，除少数人以吐蕃文字的音译转写形式保留着自己民族的姓名之外，多数人起了吐蕃式的名字。从其姓氏看，他们中有一批冠有张、王、周、李、宋、阴、翟、索、令狐等姓氏的汉人或汉化的少数民族人士，更多的是在名前冠"康"的西域康居人、冠"安"的安国人、冠"白"或"米"的龟兹人、冠"里"的于阗人、冠"土"的吐谷浑人以及冠"支"的月氏僧人等，还有冠以瓜、沙、甘、凉、庭、宕、河、岷等地区名称以表示本人系来自该州郡的非吐蕃人士。由此可见，河西吐蕃经卷是地地道道的多民族直接协作的产物。

吐蕃在统治河西走廊的过程中，将大量非吐蕃人口吸纳到作战队伍和行政系统中，推动了吐蕃语言的使用。据研究，在吐蕃的军队中，有一支被称作"杂虏"的杂牌军，其中有党项人、羌人、汉人、吐谷浑人、突厥人等。这支军队与吐蕃军队协同作战，说明其中的非吐蕃人已经成为吐蕃语言的使用者。

吐蕃语对敦煌语言有着持久的影响。在吐蕃统治敦煌的时期，产生了使用吐蕃－汉双语的基层社会。有关这一基层社会的吐蕃语文书最早出现于吐蕃统治时期，但是一份10世纪的关于"五姓"算命法的吐蕃语写本表明，早期建立的吐蕃－汉双语社区在10世纪下半叶归义军时期仍然存在。

在吐蕃统治河西时期，随着吐蕃语、吐蕃文在敦煌各族民众和社会领域中的广泛推行，渐渐地汉人中形成了用吐蕃文拼写汉语的习惯，由此一部分汉文书用吐蕃文转抄下来，这一传统建立于吐蕃时期，却一直延续到归义军时期。虽然吐蕃势力后来退出了敦煌，但语言文化的习俗一旦形成则不易消失。

三　回鹘语文在河西走廊的通行

"河西回鹘"有时指甘州回鹘，有时指沙州回鹘，有时又是二者的合称。总之，它是指自唐末"散处甘、凉、瓜、沙间各立君长，分领族帐"的回鹘人。河西回鹘人建立了甘州回鹘汗国，其所在地是河西走廊的中心地带，也是西域和中原往来的咽喉。从漠北迁居甘州的回鹘人与当地的汉人、突厥人、吐蕃人相互融合后，文化得到了长足发展。河西走廊西端的敦煌是丝绸之路的南、中、北三条道路西行的出发点，是丝路重镇。沙州回鹘人利用敦煌在整个丝路中交通枢纽的地位，经营中介贸易，甘州回鹘人则控制着从中亚进入中原的门户，借此收取过往商队的商税。如此，回鹘人在敦煌至甘州的狭长地带曾盛极一时，又与周围各族交往密切。

回鹘文是一种依照粟特字母创制的音素文字，由18～22个符号组成（因时间早晚字母数目有所不同）。宋、元时期回鹘语成为河西一带的通行语言。有研究认为，自10世纪下半叶起，敦煌地区回鹘语的使用呈现剧增态势。到10世纪晚期，随着河西地区的回鹘化，敦煌地区使用汉语的人数越来越少，汉语逐渐被回鹘语和其他语言取代。因敦煌藏经洞对文献的收藏有其偏向性，因而敦煌仅出土了数十件回鹘文写本，数量相对有限。而其他洞窟出土了大量元代回鹘文文书，这说明河西地区用回鹘文记录和创作了许多作品，并进行了颇具规模的佛经翻译工作。

从 1028 年到 1036 年，河西回鹘人成为西夏政权的属民。西夏领地之外的回鹘人和邻近各族仍有密切的经济、文化交往。西夏时期，河西回鹘人与党项人之间在文化交往中彼此影响，社会生活中西夏文、回鹘文并用，且回鹘文在佛经翻译中发挥着重要作用。

元灭西夏后，有大量回鹘人居住在河西，而分布在甘州、肃州一带的回鹘人此时又称撒里畏兀儿。撒里畏兀儿为河西回鹘的一部分，除此以外，河西地区还居住有今新疆地区迁来的西州回鹘人。明清以后随着河西回鹘势力的衰微，回鹘文逐渐被忘却。19 世纪末 20 世纪初，由于敦煌藏经洞的发现，才有一部分回鹘文文献面世，也让人们得以了解到回鹘语文在河西地区的通行情况。

现存的一些回鹘文碑文也展现出宋元时期回鹘文在河西地区的重要地位。例如，《有元重修文殊寺碑铭》正面为汉文，背面为回鹘文。立碑人是喃答失太子。回鹘文部分不仅提供了元代河西走廊蒙古察合台一支完整的系谱，从而修正了《元史》中的有关错误，而且对回鹘文学和语言研究也具有重要意义。《大元肃州路也可达鲁花赤世袭之碑》立于 1361 年，此碑用汉文和回鹘文书写，记录了一个唐兀（即西夏）族家族自西夏灭亡后至元末 150 多年间 6 代 13 人的官职世袭情况，反映出直到元末仍有相当数量的回鹘人居住在肃州一带，而且他们使用回鹘文。

四 从裕固族语言看语言区域特征的形成

从历史看今天，更能感受到语言文化的相互交融和吸收。裕固族分别操本族的两种语言，其中西部裕固语属于突厥语族，东部裕固语属于蒙古语族。虽然突厥语族和蒙古语族同属阿尔泰语系，但各有其特点。而且每一种语言在发展过程中都产生了一些新的变异现象。今天我们会看到一个非常有趣的现象，当我们从亲属语言的角度观察同一语族（甚至同一语系）的各个语言时，会发现它们之间有许多差别；当我们从地域的角度去观察时，会惊奇地发现它们之间又有许多共性。换句话说，在甘青地区的历史演变和文化交融过程中，裕固族的语言在阿尔泰语系语言文化的基础上，与汉藏语系语言文化不断接触，逐渐形成了兼有两种语系特征而又具有鲜明的区域特色的语言文化体系。

语言的变异以及新的共性的产生，与语言接触有着密切关系。无论是东部裕固语还是西部裕固语，都属于与汉语接触最频繁、最广泛的语言，所以受汉语的影响也最大。这种影响不仅表现在语言结构方面，也表现在使用功能方面。

从语言结构特征来看，复元音的出现或增多、元音和谐的日趋消失、不送气的清塞音和清塞擦音与送气的对立、重音后移等已成为今天裕固族语言在语音方面的显著特征。

在突厥语族语言中，分布在新疆的维吾尔语、哈萨克语、柯尔克孜语、塔塔尔语、乌孜别克语都没有复元音，而西部裕固语中不仅出现了复元音，而且由于吸收汉语借词，增加了一些专拼汉语借词的复元音。这些复元音与从其他语言中借词而出现的复元音一起构成了西部裕固语元音体系的一部分，并成为与我国突厥语族其他语言相区别的特点之一。同样，东部裕固语与蒙古语相比，复元音也有不断增多的趋势。

元音和谐是阿尔泰语系语言的一大特点。但是，两种裕固语由于与其他语系语言接触，并受其影响，元音和谐已发生不同程度的改变。西部裕固语的元音和谐以舌位和谐为主，词干与后附加成分的和谐已不够严整，而且西部裕固语的元音和谐在老百姓的口语中极不稳定。东部裕固语的元音和谐虽然相对严整一些，但是其借词不遵循元音和谐律，而该语言中的汉语借词已经占相当大的比重。分布在新疆的突厥语族语言，都有浊塞音和浊塞擦音与送气的清塞音和清塞擦音的对立，但是西部裕固语却没有浊塞音和浊塞擦音，因而与送气的清塞音和清塞擦音对立的是不送气的清塞音和清塞擦音，这可以说是受到了蒙古语等语言的影响。但是，从语言接触的密度和吸收借词的多少来看，汉语对西部裕固语的影响又远远超过蒙古语。不过汉语的影响也许是间接的，因为北方汉语声母的清化也是受蒙古语等语言影响而造成的。

还有一个重要的语音特征是，在蒙古语族语言中，蒙古语和达斡尔语重音都在词首，而同语族的东部裕固语等甘青地区的语言的重音都在词末，与突厥语族语言一致。同语族语言重音发生位移，显然与语言接触中受到的影响有关。东部裕固语长期与属于突厥语族的西部裕固语相接触，受其影响，重音后移，而蒙古语和达斡尔语则远离突厥语族语言，因此重音仍保持在词首。

除了语音之外，甘青地区语言中的词汇也有很多由于民族互动而形成的共性特征。其中汉语借词是第一大特征。内蒙古大学保朝鲁先生编著的《东部裕固语词汇》一书收词 2660 条，其中汉语借词 143 条，占 5.4%；藏语借词 77 条，占 2.9%。另有资料介绍，20 世纪 50 年代语言调查的记音材料中，在东部裕固语 2093 条词里，汉语借词有 500 条左右，约占 24%。还有学者将西部裕固语和维吾尔语中的汉语借词进行比较研究后认为，在突厥语族诸语言中，西部裕固语是汉语借词比重最大的语言。

五　口头文学艺术的采借与交融

除了上述语言文化的相互交融、吸收之外，裕固族受其他民族影响在口头文学艺术方面的采借交融也非常明显，在此以裕固族吸收"花儿"和《格萨尔》为例。

"花儿"是流行在甘青一带的一种民歌，最初主要流行在回、撒拉、东乡、保安、汉等民族中。20 世纪 70 年代初，甘肃师范大学组织民歌调查组深入农牧区搜集民歌，发现地处河西走廊的肃南裕固族也唱"花儿"，后经整理出版的新"花儿"集《手搭凉篷望北京》一书中首次出现了"裕固族花儿"，使"花儿"界为之一惊。

"裕固族花儿"是指流行在裕固族群众中的富有本民族特色的"花儿"，主要在裕固族东部地区的康乐等地流行。据说是来这一带擀毡或从事其他营生的回、东乡等族的人们从河湟地区带过来的，最初只有"河州三令"等几种曲调，后来逐渐产生了与当地民歌相融合的曲调，并以甘肃省肃南裕固族自治县康乐乡巴音一带最为盛行。有人曾把这种曲调起名为"巴音令"。现在"花儿"界鉴于各民族特有的"花儿"曲调大都以民族命名，又将"巴音令"改为"裕固令"。"裕固令"与整体上的"河湟花儿"相比，歌词形式基本一致，曲调却有明显的差别。"裕固令"大量渗入裕固族东部民歌的节奏、旋律、曲式等特点，有些花儿一听曲首便能感受到裕固族特色。

《格萨尔》早期主要在青藏高原和喜马拉雅山周边的地区流传。据调查，藏族史诗《格萨尔》在中国相继流传到蒙古族、土族、裕固族、撒拉族、纳西族、白族、普米族等民族当中，且在长期的流传过程中与各民族的社会生活和文化传统相结合，形成了各具民族文化特色的《格萨尔》。

流传到裕固族地区的《格萨尔》也形成了不同特色，操东部裕固语的裕固族说唱《格萨尔》拥有散韵结合的形式，操西部裕固语的裕固族《格萨尔》完全以散文体为主，没有吟唱部分。虽然裕固族地区流传的《格萨尔》的规模和数量不大，但是裕固族地区一直有《格萨尔》在流传，而且和裕固族的历史文化紧密联系在一起。

最早提及裕固族与《格萨尔》有关系的是著名学者松巴堪布·益希班觉尔（1704－1788）。他在给六世班禅白丹依喜（1737－1780）的复信（又称《问答》）中指出："在距青海湖北面七八天的路程，有一个地方叫巴董，有一河名叫熊暇河，从这里到汉族的肃州城的土卡之间有所谓霍尔黄帐部，此亦即所谓撒里畏吾尔，又称'班达霍尔'，又称'霍屯'"。由此涉及《格萨尔》中的《霍岭大战》。

此外，俄国探险家波塔宁在其1893年出版的著作中介绍了裕固族地区流传《格萨尔》的情况。苏联突厥学家捷尼舍夫在其专著《西部裕固语的结构》（莫斯科，1976年）中附有33篇民间文学短文。他在序言中写道："这些短文是1958年我和中国科学院民族语言调查队一起在裕固草原搜集的。"其中有一篇题为"裕固族历史传说"，其内容情节和藏族史诗《格萨尔》中的《霍岭大战》基本一致。

格萨尔研究专家王兴先先生1987年在肃南裕固族自治县的部分村镇和牧场，就《格萨尔》在裕固族地区的流传情况进行了较为深入的调查，对《格萨尔》流传的内容、形式、版本、部数以及艺人简况、风物传说等掌握了不少第一手资料。但是由于有些著名老艺人的去世，有些珍贵资料因种种原因而散失，所以现在很难反映出《格萨尔》在裕固族地区流传的全貌。据王兴先先生介绍，1958年前，肃南县内不仅藏族喜欢演唱《格萨尔》，裕固族中也普遍流传着《格萨尔》。东部地区的裕固族称其为《格萨尔》，西部地区的裕固族称之为《盖赛尔》。二者之间不仅称呼有别，内容和形式也有较大的差异。

东部裕固语属于阿尔泰语系蒙古语族，但是操东部裕固语的裕固族地区流传的《格萨尔》却很少有蒙古族的特点，相反，具有较为明显的藏族特点。西部裕固语属于阿尔泰语系突厥语族，但是操西部裕固语的裕固族地区流传的《盖赛尔》，内容上既受藏族《格萨尔》的影响，也受蒙古族《格斯尔》的影响，形式上又近于卫拉特蒙古部的《格斯尔传》，这是非常有意思的现象。

虽说裕固族《格萨尔》受藏族《格萨尔》影响，但是裕固族艺人在讲述和演唱《格萨尔》时，都会根据本民族的历史、语言、生活习俗及审美意识等进行不同程度的加工改造，使其成为具有裕固族特色的《格萨尔》。可以说藏族《格萨尔》流传到裕固族地区后就形成了"裕固族纳木塔尔"。"纳木塔尔"是藏语 rnam_thar 的音译，意思是"历史传说、历史演义"等，裕固族把本民族和格萨尔有关的传说故事称为"纳木塔尔"。

20世纪50年代，苏联突厥学家捷尼舍夫在操西部裕固语的裕固族地区搜集到一篇"裕固族纳木塔尔"，这是一篇与裕固族历史文化密切相关的关于格萨尔的传说故事。其主要内容的汉译文大致如下：

> 早先我们是信奉经典的，我们的可汗带着我们走了。那时候我们的人很多，有10万人以上。我们是从西至－哈至走的，后来到了出太阳的山上。走了几个月，又走到了千佛洞万佛峡，我们就住在那儿了，在那儿生活了三辈子。生活了三辈子后，我们的王爷抢了格萨尔汗的可敦（妻子）。把她带到了千佛洞万佛峡。后来格萨尔带着人来找他的可敦，而且和我们发生了战争。后来大家把老人都请来，商量往哪儿走。妥氏的头人妥恩麦尔盖说："去吧！去吧！到生长兔儿条的地方去吧！走吧！走吧！朝生长红柳条的地方走吧！"于是，留下了二位老人，一位是妥恩麦尔盖，一位是杨立多仁。然后大家就上路了。

这是一篇典型的复合型民间历史传说，既有裕固族由"西至－哈至"东迁入关的历史内容，又有裕固族或其祖先和格萨尔发生战争的历史事件。这篇传说和藏族史诗《格萨尔》中《霍岭大战》的情节基本一致，也可以说是《霍岭大战》的变体或散文形式，但是它和裕固族地区流传的其他

《格萨尔》（或《盖赛尔》）故事有不同之处。其他传说故事主要围绕着格萨尔与阿卡乔冬进行殊死斗争这个中心来铺陈情节，从叙述角度而言，是将《格萨尔》故事作为客体来叙述的；而这篇传说则是把《霍岭大战》的情节作为主体来叙述，自始至终把它看作"裕固族历史"的一部分。

　　上述是内容方面的交融和吸收。除此之外，裕固族《格萨尔》演唱形式也有自己的特点。操东部裕固语的裕固族艺人说唱的《格萨尔》，主要是根据藏族《格萨尔》的手抄本，又按照裕固族本民族的传统文化进行了口头改编。其中的《霍岭大战》缩写本仅有藏文原著的1/4，是懂藏文的裕固族知识分子按照裕固族艺人自己的说唱内容和形式用藏文编写而成的。这个本子对研究藏族《格萨尔》史诗如何演变成裕固族艺人用双语（东部裕固语、藏语）说唱《格萨尔》的特殊传承方式具有重要意义。其表述形式是韵散结合，即叙述是散文，吟唱是韵文，叙述时用东部裕固语，吟唱时用藏语。叙述和吟唱虽然分别使用了不同民族的语言，但在操东部裕固语的裕固族艺人口中却是那么和谐统一，形成了一种完美的艺术形式。从听众的欣赏情态看，也是井然有序、富有表情的，并未因为艺人用藏语吟唱而感到陌生。在这里，艺人与听众、吟唱与欣赏，都表现出一种相互依存、相得益彰的效果。

　　艺人在说唱中用东部裕固语解释藏语吟唱的韵文部分，这种叙述性的解释，从史诗的总体脉络来看，虽不是唱词的继续和发展，而是唱词的重复，但从解释的具体层次看，它将隐寓于诗行中的情感与意义明朗化、情节化了，起到了连缀故事的作用。用裕固语解释藏语吟唱韵文的叙述部分和原有的裕固语叙述部分相衔接，使以东部裕固语说唱的《格萨尔》成为一种完整的散文式史诗故事。也正是在这个解释性的叙述中，用东部裕固语说唱《格萨尔》的裕固族艺人充分发挥和显示了他们采借、改编藏族史诗《格萨尔》的聪明才智。他们在消化吸收并不断融进本民族历史文化特质的过程中，将藏族史诗《格萨尔》裕固化，使其成为裕固族民间文学的一个重要组成部分。

　　总之，河西走廊自古以来就是文明汇聚、民族共生的地方。在这里，人、社会、文化、自然形成耦合系统，培育出了跨语言、跨文化的生态哲学、生存智慧和生命伦理，并且反过来影响当地民众的实践模式。考察民族互动与走廊语言文化的形成，有助于我们认识河西走廊的人居环境，也可以丰富和深化我们的民族关系研究。我们不仅要研究历史与现实中的民族交往，更要研究各民族之间围绕人的生存，在民间知识、生存智慧和伦理美德各个领域，如何互相欣赏、学习、交流，在长期交往中形成包容平等的民族共生关系。

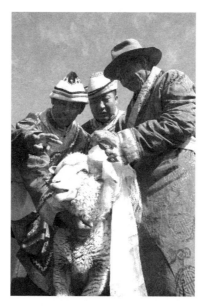

图1　裕固族留头羊仪式中吟唱颂词

钟进文供图

【作者系中央民族大学文学与新闻传播学院院长、教授，主要研究中国少数民族语言文学；本文系国家社会科学基金重大项目"中国当代少数民族作家资料库建设及其研究"（项目号：15ZDB082）的阶段性成果。】

走廊市场体系与"多民族命运共同体"*

——河西走廊商贸网络中的民族互动

李建宗

每当谈到贸易的时候,很多人认为那是商人的事情,与民间普通老百姓少有关联。其实不然,在历史上商业贸易与普通人的生活息息相关,商贸是日常生活中的重要组成部分。历史上的河西走廊不仅有"关乎国家经略"的政治意义,在世界贸易体系中的经济意义也是明显的。在长期的商业贸易活动中,河西走廊形成了走廊市场体系和"商贸共同体"。同时,还为丝绸之路沿线的"人类命运共同体"的形成做出了自己的贡献。河西走廊的重要意义在于,通过市场贸易把走廊内外地区不同民族的民众长期或者短期地汇聚在一起,实现关联与互动,进而形成一个"多民族命运共同体"。

一 陆上丝绸之路贸易中的"胡商"

历史上的人群移动是复杂的,其中商业贸易利益的驱动是一个重要因

* 原文刊登于 2018 年 4 月 27 日《中国民族报》理论周刊 8 版,系"从走廊发现中国·河西走廊篇"专题第九篇。

素，相当一部分丝绸之路就是由商人开通的。一般情况下，丝绸之路可分为草原丝绸之路、陆上丝绸之路与海洋丝绸之路，河西走廊属于陆上丝绸之路中的链条，而且也是丝绸之路路网中关键性的路段。在一般人看来，丝绸之路是单线的，即便是把丝绸之路看作复线的，最多也关注的是那几条重要的路线，这其实忽视了丝绸之路最基本的特性。丝绸之路并非单线或者复线的道路，而是由多条主干线路与其他线路连接而成的路网系统。丝绸之路虽然贯穿河西走廊的全境，但其实，对于不同历史时期的不同人群来说，他们所走的具体线路也是不一样的。河西走廊基本上是一条东南—西北方向的走廊，并不是所有从事贸易的商人群体都从河西走廊的最西端进入，然后经过一段时间的路程之后从最东端走出，或者以相反的方向出入于河西走廊。其实，还有很多的过往客商在河西走廊的南北两端移动，他们从南北的一些端口出入于河西走廊。

早在丝绸之路之前，欧亚草原与中原地区之间就已经出现了文明的交流。随着丝绸之路的开通，西域地区的"胡商"首先进入河西走廊，然后进入中原地区。不过，当时"胡商"进入中原地区也不排除其他的线路。这里的"胡商"指的是西域一带的商人，西域在当时也是一个非常大的区域，是欧亚地区的一个文明交汇地带。这里的"胡商"也并非一个明确的称谓，而是对来自西域地区的，在体貌形态、语言特征、宗教信仰等方面与中原地区的人们存在差异的"他者"的一个统称。其实"胡商"所指的主要商人群体，在不同历史时段存在实质性的差异，比如有粟特（波斯）商人、阿拉伯商人、回鹘（突厥）商人等。正是这些"胡商"以及中原地区的商人把西域文明甚至欧洲文明，通过河西走廊传入中原地区，同时也把中原地区的文明传入西域和中亚。尤其当中原的王朝国家强盛之时，一些西域国家对来自中原的商人与使节非常友好和热情，来自中原的丝绸、瓷器等几乎成为西域地区的宫廷用品和上层社会的奢侈品，西域"胡商"携带汗血宝马、琵琶、狮子等西域"珍奇"进入中原地区。随着丝绸之路上的物品流通，中原王朝的声誉和影响力也在西域地区的上层社会得以提升，在西域不同地段的部族、国家和民众也形成了对中原王朝国家的印象、认识和想象。甚至有些时候，西域地区上层社会的官员可能把其他区域的商人误认为是中原商人而给予一定的"优待"。

　　曾经有一段时间，"胡－汉"之别以及建立在此基础上的"二元结构主义"族群认识论谱系成为中原地区辨析"他者"与"自我"的重要标准。其实，由于"胡人"群体本身是由多个国家、多个地区、多个民族的人群构成，"二元"的核心是多元。在中古时期的汉文典籍中出现了"胡椒""胡麻""胡笳""胡琴""胡乐""胡舞"等大量关于"胡物"的记载。其实，这些加了"胡"字的物品未必全部来自被看作"胡地"的西域地区。中古时期还出现了对"胡人"形象的描绘，最典型的就是敦煌壁画中出现的一些"胡人"画像。这些画师可能接触过"胡人"，也可能"胡人"画像是纯粹出自画师的想象。总而言之，在中古时期谈论或者书写"胡人"似乎成了上层社会的一种时尚。在有些典籍与图像中则可能出现对于"胡人"的误读，这也体现出了古人的族群边际意识。总之，我们从这些历史典籍与图像留存中发现，当时关于"胡人"的形象既显示了一种"胡""汉"之间的边界，也体现了一种"胡－汉"二元一体的多民族观念。即便是一种通过想象而建构的族群观念，也意味着在社会上已经形成了"非单一性"的多民族意识。

　　在中古时期出现的"胡人"不仅仅指的是某一个族群，而且是一个分布地域广泛、民族成分复杂的群体，包括西域、中亚、西亚、欧洲，甚至世界其他地方的人群。"胡人"意识是当时的一种非常重要的多民族意识，在其背后突显的是中原王朝国家强盛与开放的态势、发达的商业贸易，以及建立在此基础上的"域内外"互动交流机制。历史上的丝绸之路把作为"胡人世界"的欧亚大陆上所属不同文化的人群，与中原王朝国家关联在一起，丝绸之路充当了"人类命运共同体"的重要载体。河西走廊作为丝绸之路上的一个重要地段或者链条，也关乎丝绸之路的繁荣和通畅，对于"人类命运共同体"的形塑与构筑过程极具意义。

　　虽然河西走廊的长度对于整个丝路而言微不足道，但它是一个具有典型意义的地段。从某种意义上来说，河西走廊对于世界贸易体系都产生过一定的影响，同时也为中原文明和域外文明之间的沟通、交流发挥过显著作用。

　　西域作为"文明十字路口"，世界上的诸多文明类型汇聚于此，河西走廊犹如西域地区东段的一个"瓶颈"，是西域文明向东传播的一个重要通道。正因为丝绸之路的开通，在河西走廊上出现了西域文明进入中原地区或者中原文明进入西域的多个中转站。在有些历史时段中，河西走廊是"胡商"的云集区域，如《甘州府志》所载，隋炀帝大业年间，"尚书左丞裴矩驻张掖，掌交市。帝以西域多诸宝物，令裴矩往张掖，监诸商胡互市，啖之以利，劝令入朝"。当今在河西走廊境内的焉支山一带，还出现了关于隋炀帝时期"万国博览会"的传说。即便这是一种当地人的"历史心性"，将隋炀帝派朝臣接见西域多国商人作为一种历史资源来充实文化产业，其背后也说明了河西走廊与西域之间的地缘关系，以及在此基础上开展商贸活动的可能性。粟特商人是"胡商"中的一个重要组成部分，中古时期粟特商人在中原地区形成了很多聚落。根据荣新江教授的考证，一位粟特康国上层社会的官员曾担任"甘州刺史"一职，敦煌（沙州）、武威（凉州）曾是粟特人的大本营，武威也曾经是粟特人的一个贸易集散中心。河西走廊不仅仅是一个陆上丝绸之路的通道，在丝绸之路贸易中还充当了西域地区与中原地区之间的过渡带。走出西域地区的"胡商"群体，有时候在河西走廊滞留一段时间，把西域文明传播到河西走廊之中。

河西走廊处于地理上的咽喉地带，丝路上的商贸队伍一旦绕开河西走廊，进入北面的蒙古草原地区就会面临大戈壁和沙漠，水资源匮乏；走南面则进入青藏高原，复杂的地形影响商路的通畅，高寒的严酷气候影响商人及载货牲畜的生存。相较河西走廊以南及以北区域而言，河西走廊的海拔相对较低，地势平坦，水资源充足，绿洲城镇上还设有驿站，这些条件满足了商队的基本需要，还为丝绸之路的通畅提供了重要保障。

在商业利益的驱动下，丝绸之路上的商贸活动一直在延续。历史上，当河西走廊出现割据政权，丝绸之路往往会"绕道"或"改道"，选择草原丝绸之路等，丝路上的商队可能为此付出了沉重的代价。这种情况下，河西走廊也会在一段时期内成为一个"死角"，只能等待政治格局的变动与丝绸之路的重新启动。明朝以来，海上丝绸之路的兴盛严重削弱了陆上丝绸之路的重要性，河西走廊的商路相应地也明显沉寂了很多。然而，陆上丝绸之路并没有完全中断，西北地区由于在地理位置上远离海岸，一些商品还是在陆上丝绸之路上流动着，也有域外的商人携带商品从陆上丝绸之路出入于河西走廊。

　　丝绸之路上各民族商人的流动，促成了中原商人与"胡商"的互动。在某种意义上，丝绸之路牵动着跨区域的多民族命运共同体，也是历史上铸造人类命运共同体的一个重要途径和载体。作为历史上陆上丝绸之路组成部分的河西走廊，对于商业贸易中多民族意识的形成，以及多民族命运共同体的形成具有重要的意义。

二　商贸成为区域文化的"连通器"

　　商业市场往往是文化汇聚之地，在人类文化的交流中，商贸活动和商人群体扮演了重要角色。河西走廊地处青藏高原、蒙古高原、新疆绿洲、黄土高原这四大地理区域之间，相应的，河西走廊也就在这些区域文化的"包围"之中。以上文化区域的相应边缘一旦稍有伸张，其文化元素就会直接进入河西走廊。通过商业贸易，河西走廊把周边"四大区域"的文化连通起来，实现了多重文化的汇聚和交融，同时又向周边区域进行辐射。当然，在不同的历史时期，河西走廊对于"四大区域"的影响范围和程度是有所不同的，其中最关键的因素还是河西走廊本身所产生的"凝聚力"和"吸引力"。这首先就在于河西走廊是否有一定规模的市场，以及其供应的农业产品能否满足周边地区畜牧社会的需要。

　　有些规模比较大的市场是由王朝国家的相关上层机构直接设定的。例如，明、清王朝在河西走廊设置了大型的"贡市"与"互市"，吸引了来自新疆天山一带、蒙古高原、青藏高原等地区的大量各族商人到河西走廊开展贸易活动，内地商人亦携带农耕产品涌入河西走廊，满足了各方商人的商贸需求。"朝贡体系"是历史上以中原王朝为中心的、与周边国家和民族地区之间建立的政治秩序体系和互动系统，其中商贸互动是其重要组成部分和物质基础。如地方文献所记，明弘治二年（1489年）从中亚撒马尔罕运来的贡品狮子等，进入了作为中转站的河西走廊的张掖（甘州）一带准备运往皇都顺天府（今北京）。

　　农耕与畜牧是人类社会的两大主要生产方式，在此基础上也形成了两种文化类型，二者之间属于互补型关系，尤其体现在各自都需要对方社会的产品，因此商业贸易是实现二者互动的最基本形式。就河西走廊周边区域来说，青藏高原、蒙古高原基本上属于畜牧社会，天山以南的绿洲多属于农耕区域，但天山以北的大部分地区还是属于畜牧社会。因此，河西走廊的绿洲农耕社会就嵌合在三大畜牧社会之间，畜牧社会所需农业产品的供给就由河西走廊的市场优先承担了。历史上，河西走廊内部的绿洲社会生产一些农耕产品，比如粮食等，但远远无法满足周边畜牧社会的消费需求。不仅是粮食，畜牧社会所需的大量布匹、茶叶、铁器、瓷器等物品，都需要从内地运往河西走廊。可见，对于周边大范围畜牧社会的需求而言，河西走廊的市场更类似于跨区域商贸网络的中转站。支撑河西走廊的畜牧－农耕商贸的，是一个庞大的农耕社会，其范围从黄土高原的关陇地区到中原腹地，甚至延伸至江南地区。这些农耕区域的产品进入河西走廊，再于此中转，流入周边的牧区社会。当然，河西走廊的市场网络也无法完全满足如此大范围的畜牧社会的需求，进入以上这些畜牧社会内部还有很多其他的商贸通道。

蒙古高原位于河西走廊的北面，其西南面的部分地区与河西走廊相接壤。当前作为蒙古高原组成部分的阿拉善高原，与河西走廊的民勤、山丹、张掖、酒泉等地区相连，河西走廊有多条进入蒙古高原的通道。孙明远、王卫东在本专题文章《河西驼道最后的骆驼客》中指出："18 世纪中叶清军平定准噶尔部以后，从中原经由河西到达边疆地区的商路主要有两条，一条是经河西走廊过星星峡到新疆，被称为甘凉大道；一条是经河西走廊东端沿石羊河而下走阿拉善高原，往西过额济纳到新疆，往东到绥远、包头、张家口直至北京、天津卫，称北道。"特别是在驼队盛行时期，民勤一带的驼队极具典型性，其向四周呈网状分布，来往于农牧区之间。驼队的商贸运输勾连起庞大的商业网络，河西走廊内部的绿洲城市、周边区域的大城市，甚至内地的大城市都在其中。如此，有大量的农耕产品从河西走廊转入蒙古高原，蒙古高原西南端部分地区的畜牧产品的一个重要流向亦是经由河西走廊进入中原地区。河西走廊成为农耕商品与畜牧商品的一个中转站。

青藏高原的大部分地区属于畜牧社会，尽管其内部也出现了大量出售农耕产品的市场，河西走廊作为中转市场对青藏高原还是具有一定的重要性。地处青藏高原边缘的河湟地区，与河西走廊的关系就非常密切，在祁连山脉南北麓之间有一些通道，部分通道还是历史上重要的"商业大道"，其中扁都口最具典型性。扁都口在文献中有"大斗拔谷"的记载，蒙古语的意思就是"险要的关隘"。明清时期，扁都口是从河西走廊进入青藏高原的一条商业主干道，大量来往于河湟地区与河西走廊之间的商人和牧区的牧民，通过扁都口在牧区与农区之间穿梭，进行着商业贸易或者个体性的产品交换。由此，扁都口不仅对于丝绸之路有着重要的意义，而且也实现了青藏高原牧区社会与农耕社会的关联。在河西走廊的东段，祁连山南北麓之间出现了一些"密集型"的通道，对于来往于这一带的商人来说，即便对一些小道也是"轻车熟路"。河西走廊的农耕产品沿着一些通道进入青藏高原，同样，河湟地区的一些畜牧产品也从当地的市场流入河西走廊。明清时期，河西走廊的庄浪（永登）、凉州、甘州、肃州与青藏高原的西宁、丹噶尔等城镇之间形成了商业网络，河西走廊的一些城镇成了商业网络当中的节点，把青藏高原与天山一带的游牧社会连接在一起。河西走廊与青藏高原的城镇之间形成的商业网络体系，也接通了畜牧文化与农业文化。地处"农耕－畜牧"过渡带的河西走廊，商业网络的形成以及通过商业网络的文化互动是一个重要特性，在其背后也就是畜牧文化与农耕文化之间互补性的连通和互动。河西走廊西段的党金山口也是河西走廊通往柴达木的一条商业通道。这些重要的商道把河西走廊与青藏高原连接在一起，甚至还是连接中原地区、蒙古高原、青藏高原的重要商路。

蒙古高原与青藏高原是两大畜牧文化体系，河西走廊正好处于二者之间，历史上在青藏高原与蒙古高原之间的文化互动中曾发挥过重要的作用。自1247年"凉州会盟"以来，伴随着蒙古高原与青藏高原的政治互动的是双方的商业贸易活动。在商业贸易活动中，多民族的商人起了重要的作用，推动了商业贸易的顺利进行。

天山北部地区属于畜牧社会，需要大量的农耕产品，但天山南部的农耕产品还是无法满足畜牧社会的需要，更多的商品还是需要从内地输入。于是，明、清时期，在河西走廊出现了一些定期和不定期的市场，这些市场吸引了天山北部地区的蒙古人、哈萨克人、布鲁特人（柯尔克孜人）与中原地区的汉族商人。这些市场的设立不仅实现了畜牧文化与农耕文化的互动，还为天山南北地区与中原的人群接触和交融提供了保证。

地处不同文化区域边缘地带的河西走廊,其联动起来的跨区域商贸网络,使得汉族、蒙古族、维吾尔族、藏族、哈萨克族等民族的商人和民众进入河西走廊的市场,实现了多民族之间的交往互动。一方面,不同民族的民众对于"异文化"有所认识;另一方面,也形成了一个建构多民族命运共同体意识的实践场景,在此基础上形成了多民族共同体。

三 绿洲市场的商贸网络与民族互动

河西走廊的平原地带主要由绿洲和戈壁构成,再加上少量的沙漠。适应耕作的土壤与河西走廊的三大内流河水系结合在一起,构成了河西走廊历史上碎片化的绿洲。从明清直至现代,河西走廊的绿洲面积出现了扩大的趋势,在一些戈壁地带还开发了一定规模的农田。这样,河西走廊碎片化的绿洲也就形成了绿洲连缀体。河西走廊的绿洲分布格局,相应地形成了河西走廊的绿洲商业贸易格局,并进一步形成绿洲贸易体系。在不同历史时期,河西走廊上绿洲面积的大小不同,走廊东段、中段、西段绿洲城市的规模亦不同,而城市规模和绿洲面积之间关联紧密。发展到今天,河西走廊的绿洲分布格局已经与历史上有了较大差距,这种绿洲分布格局及其内部的交通道路体系的变迁,形成了不同于以往的河西走廊绿洲贸易体系。

施坚雅(William Skinner)曾基于中国四川有关城镇与村落的调查,提出了"市场理论模式",探讨村、镇分布格局以及二者之间的关系,为区域研究提供了一个重要范式。这一"市场理论模式"应用到地处黄土高原的甘肃中东部地区依然有一定的意义。然而,在河西走廊的绿洲地带以及绿洲市场格局中,"市场理论模式"出现了部分的"失灵"。地理环境不同,市场体系也就存异。四川成都平原地势平坦,可耕作土地相对集中,人口密集。而历史上,河西走廊上的不规则绿洲散布在戈壁中,其人群聚落也与成都平原的聚落有较大差异。在施坚雅的"市场理论模式"中,集镇并非均质化的,在大小集镇之间还有过渡性的集镇。而在河西走廊的大集镇与小集镇之间,并未有明显的过渡性集镇,小集镇有一种均质化的趋向。河西走廊集镇的规模主要与两个因素有关:首先看是否位于绿洲的中心地带，在历史上，武威、张掖、酒泉等城市内部都出现了规模较大的市场；其次看是否地处交通要道，特别是农耕社会与畜牧社会的交接地带或者交通要道的出入口附近，比如在清顺治年间，今古浪境内的大靖、土门，以及距扁都口不远的洪水，曾"开市于此"。

河西走廊的绿洲社会是不成规模的"亚绿洲"或者"次绿洲"。每个绿洲内部都有其市场体系，包括了多个不同层级的、大小不等的市场，形成了绿洲商贸圈。大体上，商业贸易规模与绿洲面积呈正比，面积越大的绿洲供养着越多的人口、聚落和城镇，也形成了规模越大的行政机构与贸易体系。

事实上，当下河西走廊的市场格局与历史上的市场格局相比，已经发生了较大的变迁。就规模来说，当前的市－县（区）－乡（镇）三级行政结构大体上对应着规模不等的三级市场结构。由行政规划结合市场本身的发育，过去没有市场的地方形成了市场，特别是在少数民族聚居区域出现了集市，而有些曾经商旅云集的重要市场地位不再。在今日的河西走廊上，有些地方市场以"旬"为单位设立集日，每月仅3个集日，这与甘肃中东部地区高密度的集日具有显著差距。在日常生活中，民众经常去哪个集市主要取决于从村落到集市的距离。基层集市通常设置在政府所在地，大多处于多个村落的中心。其中具有地缘关系的几个集市形成了"集市集群"。曾经有一段时间，部分行商游走在不同的集市上，或者在特定的"集市集群"中从事贸易活动。一些有实力的商人会从基层的集市进入更高级别的市场。

对于河西走廊绿洲内部的市场体系而言，周边牧区社会的介入是一个不可低估的支撑性因素。正因为河西走廊绿洲的周边区域是大规模的畜牧社会，才使得河西走廊绿洲内部的市场贸易有了一定的规模。历史上的商贸形式一度有"在邑钱，在野谷"的分类，即在农区市场上是货币交易，在牧区是物物交易，粮食是农区商人携带的主要商品。20世纪50年代之前，在畜牧社会物物交换的贸易形式也是很普遍的，通常外来商品在牧区社会的价格可能远远高于其在农区社会的市场价格。

笔者这几年在河西走廊进行调查发现，历史上很多牧区社会的各族民众在农区建立了自己的朋友关系和熟人网络，最基本的方式是通过"干亲"

图 1　肃南裕固族自治县马蹄藏族乡的一家牧户

李建宗摄于 2011 年夏

这种拟亲属关系。这种跨民族、跨文化的朋友圈是在当时的社会实践与文化认同的基础上形成的。河西地区的汉人社会有一种普遍的民间认知，认为孩子要想健康成长，就要结"干亲"，有时候还会结好几个。人们还认为，如能结到从事畜牧业的少数民族"干亲"，对孩子更吉祥。这种对"他者"的文化认同背后，其实还蕴含着互通有无的经济关系。有些跨民族的交换行为就发生在双方的家里。很多时候，不管是在市场还是在家庭内部的交易行为，都建立在农区社会和牧区社会以"干亲"为特色的朋友关系网络的基础之上。河西走廊的绿洲市场贸易，为以河西走廊为支点的走廊内外多民族之间的接触与互动提供了场所，也对农耕区和畜牧区"多民族共同体"意识的形成具有重要的意义。

在河西走廊内部不但形成了商业网络，而且河西走廊还起着"联动"作用，把周边的广大地区纳入更大的互动网络中。从这个意义上来说，河西走廊具有商业"中心"地位的意义。设立在河西走廊绿洲社会的市场，吸引了河西走廊内部及其周边牧区社会的多民族民众，甚至是远道而来的大量各族商人。河西走廊的绿洲商贸网络促成了多民族的深入互动，进行商品贸易的不同民族不仅在"自我"与"他者"的交往中建立其认同，更为重要的是，人们也共同促成了各民族互通有无、命运相连的意识。河西走廊的贸易体系形成了一个多民族互动网络,这一网络既是一个商贸共同体,又是一个多民族命运共同体。

【作者系青海民族大学民族学与社会学学院副教授,博士,主要从事西北民族走廊、区域社会研究。本文系国家民委民族理论政策青海研究基地项目(项目编号:2017-GMG-023)和青海民族大学高层次人才(博士)项目"西北民族走廊的族群流动与文化流通——河西走廊与河湟地区的关联性研究"(项目编号:2018XJG03)阶段性成果。】

河西走廊历史上人地关系的演变[*]

李并成

　　人地关系问题，是地理学、环境科学等学科的核心问题和根本问题，也是历史学、民族学、社会学等学科关注的重大问题之一。人地关系是指在一定历史时期内一定生产方式作用下一定区域空间中生活的人群与自然环境之间相互联系、相互作用、相互影响和相互制约的关系。人类为了自身的生存繁衍和社会发展必然施加于自然环境诸多方面的作用和影响，而自然环境也必然由此发生一定程度的变化，加之其自身承载能力是有一定限度的，这些变化又会反作用于人类社会，对人类社会的发展造成可能有益抑或有害的影响。因而，尊重自然规律，趋利避害、因势利导地利用和改造自然环境也就成为人地关系的正确选择。

　　毋庸置疑，现代人地关系是历史上人地关系的延续和发展，因而要科学地认识和解决今天人地关系中出现的一系列问题，离不开对于历史上人地关系的考察和探讨。不了解历史上人地关系的形成演变过程及其机制，也就无从透析和揭示今天人地关系的现状与特点，更不可能预测和把握其

　　* 原文刊登于 2018 年 6 月 15 日《中国民族报》理论周刊 8 版，系"从走廊发现中国·河西走廊篇"专题第十篇。

未来的发展与变化。河西走廊历史上人地关系的发展演变颇具典型意义、颇有代表性，很值得深入探讨。

一 河西走廊的区位特征及历史职能

河西走廊南与青藏高原毗邻，北与蒙古高原接壤，东与黄土高原邻接，西与塔里木盆地交界，成为我国唯一同时衔接起中原腹地、北部草原、天山南北与青藏高原四大区域的过渡地带。这种独特的地理位置赋予其若干特殊的、重要的历史职能。

（一） 我国走向世界的第一条通道

河西走廊地处黄河上游的东亚与中亚接合部，是我国中东部腹地通往西北地区的走廊地带，历史上曾是丝绸之路最重要的干线路段之一；从世界历史上看，又是古老的华夏文明与两河流域文明、印度文明、地中海文明等的汇流之区。河西走廊受发源于祁连山脉的三大内陆河系的滋润，沿途发育了连绵的片片绿洲，其自然与交通条件较之其北部的茫茫荒漠和南部的青藏高原无疑要优越得多，因而始终是丝绸之路这条国际交通大动脉最重要的"黄金路段"。

除丝绸之路东西方向上的主通道外，河西走廊还是连通南北方向上青藏、蒙古两大高原的重要通道。沿黑河、石羊河河谷，向北可通往蒙古高原腹地；沿祁连山脉的一些隘口向南可通往青藏高原腹地。因而河西走廊可谓中国西部西出东进、南来北往的"十字路口"，从而也为多民族的交流交融、共生演化提供了便利条件。

丝绸之路的开拓，使河西成为中国历史上率先对外开放的地区。我国历史上的对外开放、走向世界，至少可以追溯到 2100 多年前西汉时期张骞出使西域，史称"凿空西域"。由于我国东临浩瀚的大海，当时对外开放的主方向只能选择向西、向欧亚大陆，即沿着丝绸之路走出国门，走向世界。位于丝路"黄金路段"上的河西走廊因此成为我国率先对外开放的地区，成为我国走向世界的第一条通道。地处这条通道上的一些城镇也因此发展成为驰名遐迩的丝路重镇乃至国际都会。

例如，位居河西走廊西端、西域门户的敦煌，随着丝绸之路的畅通，迅速发展成为西出西域古道上无可替代的咽喉枢纽。东汉应劭解释"敦煌"二字："敦，大也；煌，盛也。"唐人李吉甫又云："敦，大也；以其广开西域，故以盛名。"正是由于在开拓西域方面的重大意义，敦煌才被赋予了这样一个具有盛大含义的名字。《汉书·西域传》记，出敦煌玉门关、阳关往西域有南北两道。据《魏略·西戎传》，曹魏时，增至三道。《后汉书·郡国志》引《耆旧志》云：敦煌"华戎所交，一都会也"。敦煌发展成了华夏民族与西方各民族交往的国际都会。隋唐时，通往西域的道路有北、中、南三道，但无论哪一道都"发自敦煌"，"总凑敦煌，是其咽喉之地"。

又如地处河西东部的武威（凉州），唐《大慈恩寺三藏法师传》称其："为河西都会，襟带西蕃、葱右诸国，商旅往来，无有停绝。"唐代诗人岑参吟道："凉州七里十万家，胡人半解弹琵琶。"凉州城内居民多达十万家，汉胡杂居，经济兴盛，不愧为国际性都会，以至于汉唐时期发展成我国西北除首都长安之外最大的城市。

河西由此深得丝绸之路之惠，发展成东西方经济文化交流不可替代的孔道、桥梁。东西方文明在这里交融汇聚、西传东渐，河西各地得以长时期地汲取这条道路上荟萃的各种文明成果来滋养自己，促进自身经济文化的发展和繁荣。如佛教和佛教艺术自两汉之际经河西传入我国内地，蜚声中外的莫高窟、榆林窟等佛教石窟群像明珠般地闪烁在丝路古道上，光艳夺目，令世人惊赏。又如，葡萄、苜蓿、石榴、胡麻、胡桃、胡瓜、胡豆、汗血马、琉璃等诸多来自西方的新物产，也都是通过河西传入内地的。而来自中原的丝绸、茶叶、瓷器、漆器以及冶铁技术、水利灌溉技术和四大发明等，也大多是经由河西而西输的。它们的流通大大丰富了东西方人民的社会文化生活。

著名学者季羡林先生曾说："世界上历史悠久、地域广阔、自成体系、影响深远的文化体系只有四个：中国、印度、希腊、伊斯兰，再没有第五个；而这四个文化体系汇流的地方只有一个，就是中国的敦煌和新疆地区，再没有第二个"。此处言敦煌和新疆地区，实际上亦是包含整个河西地区在内的。敦煌作为世界上几大古老文化体系的汇流之区，犹如一座历史的丰碑，标志着中国人民和西方各国人民源远流长的交往交流史，象征着古丝绸之路昔日的辉煌。在过去两千多年间，敦煌曾为我们民族、国家的发展和国际文化的交流传播建树不朽的功绩；今天，它又因保存着丰富灿烂的古代文化遗产而举世瞩目。

（二）规模宏大的"民族走廊"

河西走廊位居黄土高原、青藏高原、蒙古高原和塔里木盆地几大地理单元相互联系的枢纽地带，这种特殊的区位使其成为历史上生活在这些地域乃至更大区域范围内的各民族往来、迁徙、互动、交流、交融非常频繁的地区，也是我们观察我国形成多元一体格局、理解中华民族共同体和共有精神家园的重要切入点。农耕民族和诸多游牧民族在这一地区的关联互动、共生共育、共建共荣，不仅对河西历史的发展，而且对中国历史的发展都产生过不容忽视的重要影响。

在河西这个民族活动的历史大舞台上，汉族以及东方来的党项等族，北方蒙古高原来的匈奴、鲜卑、突厥、蒙古等族，南方青藏高原来的羌、吐谷浑、吐蕃等族，西方来的昭武九姓和其他胡人、哈萨克等族，以及从这里西出的乌孙、月氏等族，东去的沙陀等族，都曾同台或轮番演出过一幕幕有声有色的历史活剧。远的暂且不论，自汉武帝开拓河西以来的2000多年间，大约有三分之一的时间是少数民族在河西历史舞台上担任主角。多民族的共同开发建设，形成了"你中有我，我中有你，各美其美，美美与共"的文化交融发展的民族命运共同体，赋予河西历史文化的丰富内涵和民族交融的斑斓色彩。

著名学者费孝通先生曾提出"民族走廊"这一概念，指一定的民族或族群长期沿着一定的自然环境，如河谷或山麓地带向外迁徙或流动的路线。在这些走廊中必然保留着该民族或族群丰厚的历史与文化沉淀，几条大的民族走廊即是一条条古代交通路线。位处丝路主干道上的河西走廊正是我国一条路线最长、历时最久、规模最宏大、文化沉淀最丰厚的民族走廊。河西走廊为各民族间的交往、交流、交融，为中华民族共同体的形成和发展做出过历史性贡献。

（三）屏蔽关陇、经营西域的基地

河西在历史上是关中、中原的门户和中原王朝势力强盛之时向西发展的重要根据地，或名之曰中原王朝向西伸出的"右臂"。河西可谓我国西部的"命门"所在。汉、魏、隋、唐、宋、元、明、清各代都把河西作为整个西北地区的战略支撑点。河西历来就是中原王朝与一些民族政权相互争夺的重要战场，处于重要的军事地理位置。明末清初著名舆地学家顾祖禹云："昔人言，欲保秦陇，必固河西；欲固河西，必斥西域。"历代中央王朝大都十分重视对河西的开拓经营，重视对河西"根据地"的建设：修长城，列亭障，筑关塞，屯兵戍守，徙民实边，广置屯田，大兴农牧业生产，发展对外贸易和对兄弟民族的茶马贸易等。这些举措对于河西经济文化的发展具有非常重要的意义。

（四）中西方文化交流交融的创新高地

河西走廊对于我国和世界历史的作用与贡献不仅仅体现在"通道"上。如果只是将其看作"通道"的话，就会大大低估和矮化其应有的历史意义和价值。河西走廊更重要的作用和贡献在于，它还是中西文化交流、整合、交融及其创生衍化和发展嬗变的加工场、孵化器和大舞台，是文化创新的高地。

河西走廊是丝路上的"黄金路段"，西方文化要传入中国内地，大多要首先通过河西走廊完成本土化过程，或与中国传统文化进行碰撞、交流、整合后再继续东传。同样，中原文化向西传播亦是经过河西发生文化的交流交融。河西走廊在整合文化资源、创新文化智慧方面独具特色和优势。

佛教文化与西方歌舞艺术的传播就是如此。作为外来宗教，佛教欲在中华大地上传播发展，欲融入中国的传统文化，就必须适应中国原有的文化氛围，适应中国人的思想观念与审美意识，运用中国的语言表达方式。这就首先需要进行一番"中国化"的改造与更新。史实表明，河西作为佛教进入我国内地的第一站，率先成为佛教"中国化"的创新之地。敦煌、凉州成为佛经翻译、传播的中心。据《高僧传》卷一记载，被誉为"敦煌菩萨"的月氏高僧竺法护，率领一批弟子率先在敦煌组织了译场，"孜孜所务,唯以弘通为业,终身写译,劳不告倦。经法所以广流中华者,护之力也"。竺法护被认为是当时最博学的佛教学者,是佛教东渐时期伟大的佛经翻译家,开创了大乘佛教中国化的新局面,奠定了汉传佛教信仰的基本特色。

又如,在隋唐时期的九部乐中,天竺乐、康国乐、安国乐等都是经由河西走廊传入中原而盛行于宫廷的。至于胡旋舞、胡腾舞、柘枝舞等,也是率先传入河西,并与中国传统乐舞彼此交流、吸收,展现出丰富多彩的崭新形象,而后风靡于内地。莫高窟、榆林窟壁画中就留下了大量精美的歌舞画面。

二 河西地区历史上的土地开发及农牧业发展

河西走廊地域辽阔,总面积达40万平方公里(含黑河下游一带),由于远离海洋,大部分地区属于温带大陆性干旱气候。源于其南部祁连山脉的石羊河、黑河和疏勒河三大内陆河系,滋育着河西的大片土地。正如敦煌唐代文书《地志残页》所记,"本地,水是人血脉",水资源是维系河西文明的命脉。河西地区不适宜人们利用的戈壁、沙漠、寒漠等的面积占大部分,宜农土地不足总面积的5%。绿洲、草场、荒漠、湖沼等相间分布的空间形态,为不同民族的活动、不同生产方式的展布提供了广阔的地理空间。在河西这方热土上,数千年来各族人民利用其特有的自然资源,开发绿洲,建设家园,为生存繁衍和社会发展创造着文明和财富。同时,这些活动也给自然环境本身带来了深刻影响,直接影响到河西走廊今天的经济建设和生态环境状况。

考古发掘显示,早在距今5000多年前的新石器时代马家窑文化时期,河西走廊就有人类的农牧业生产等活动。这一时期,河西先民们从事着以定居农业为主的生产活动,也发展了一定比重的畜牧和渔猎经济。马家窑文化遗址主要分布在河西走廊东中部地区,内涵丰富,房址多为半地下建筑,呈群聚分布,其附近多有储藏粮食和杂物的窖穴和墓葬。出土器物中多为各种陶器,尚有大量的石斧、石刀、石铲、石锛、石磨盘、磨棒、纺轮等生产工具。民乐县东灰山等遗址还出土了4000多年前的碳化小麦、大麦、粟、高粱、稷等粮食品种。马家窑文化之后，齐家文化、四坝文化、沙井文化等相继出现在河西走廊上，显现出新石器时代晚期至青铜时代河西走廊丰富多彩的文化面貌。当时由于生产力低下，人们对自然条件优劣的依赖性很大，对自然生态环境的改造很有限，人与自然界维系着近乎自然状态的脆弱平衡。还有学者认为，这一时期的河西文化遗存既有明显的自身地域特色，又吸收了周边民族的文化因素，在族源、族属上表现出多元的民族结构。

春秋战国以至秦汉之际，河西主要为游牧民族所居，曾有羌、戎、月氏、乌孙、匈奴等民族，利用河西丰美的水草资源从事牧业生产，"所居无常，依随水草，地少五谷，以产牧为业"。匈奴还在石羊河流域建有休屠王城、盖臧城，在黑河流域建有觻得城等，以加强对河西的统治，其在河西的总人口约有 10 万，使得河西成为其重要的经济发达之区和军事基地。当西汉元狩二年（前 121 年）匈奴退出河西后，乃歌曰："亡我祁连山，使我六畜不蕃息；失我焉支山，使我妇女无颜色。"焉支山即祁连山支脉大黄山，可见河西走廊的得失对于匈奴的经济生活具有相当重要的意义。在这一时期的河西走廊上，游牧是主要的生产方式，人、畜的数量也比较有限，人们对绿洲自然生态系统还是处于"适应"环境的弱相关状况，其影响和破坏是比较有限的，天然植被未遭大面积砍伐，牧场亦可依靠自然过程恢复生机，绿洲的自然面貌应基本上保持其原始状态。

自河西纳入中央王朝正式管辖之后，汉王朝为了充实边防，建立制匈奴、通西域的强大根据地，在河西筑长城、列亭障，设置酒泉、张掖、武威、敦煌四郡及其所辖 35 个县，移民实边，屯田积谷，由国家有组织、有计划地实施大规模的开发经营。河西地区的土地利用方式转变为以农业为主，大大改变了该地区昔日社会经济远远落后于中原的面貌。河西一跃成为我国西北的富庶之域。《汉书·地理志》称，武威以西"风雨时节谷籴常贱，少盗贼，有和气之应，贤于内郡"。汉代大规模的土地开发也大大改变了游牧业时期那种较原始的自然生态面貌，农田栽培作物大量取代了原生植被，大片的绿洲原野被辟为田畴，由自然力起主导作用的自然生态系统已在很大程度上被人工建立的以灌溉农业为中心并与草场畜牧业相结合的生态系统所代替，这标志着人们已从比较消极地适应环境的阶段转变为比较积极地改造环境的阶段，自然界被打上了人为作用的深刻烙印。

魏晋南北朝时期，战乱频仍，尤其是东晋十六国时期，大批北方少数民族移居中原，政权更迭频繁。河西地区由于位处偏僻、山河阻隔，动乱波及较少，并且有不少"中州避难来者"流入此地。这一时期，河西的农业经济总体上虽处于萎缩状态，但仍保持了一定规模，畜牧业则得到了较显著的发展，河西生态环境亦应有某种程度的恢复。

及至隋唐时期，特别是在唐代前期，河西地区的土地开发进入了又一次大规模发展时期。唐初重视边政，于边郡推行足兵足食的政策，对于"境控三边冲要"的河西更是实施了大规模的屯防、屯粮、屯牧之举。干旱地区发展农业必以水利举先，盛唐时代大规模的农业开发同样离不开相应规模的水利建设和完善的水利管理设置。

笔者曾根据敦煌遗书考证出有唐一代仅敦煌一地就开有大小灌溉渠道百余条，它们有机地构成完整的灌溉网系，滋育着绿洲的大片良田；其工程建设的规模之宏大，渠道堰坝的配套之完备，管水配水的制度体系之严密，实在令人赞叹。盛唐时期，河西地区拥有的耕地总亩数合今三百二三十万亩，这一数字相当于今天河西表报耕地面积约 1000 万亩的 1/3，已相当可观了，突出地反映了盛唐时代河西农业开发的成就。当时粮食亩产量折合今亩今量约 76.5 公斤/亩（以粟、麦面积各占一半计），河西粮食总产量可达 45400 万斤（今量），即 22.7 万吨，约相当于 1992 年河西粮食年总产量的 9.5%。盛唐时期，河西走廊的农业开发使之发展成为国家所依赖的重要粮食基地之一。河西的产粮不仅可满足地区内军需民食，余粮还能源源东运，以实皇廪。《太平广记》卷 485《东城老父传》记："河州、敦煌道，岁屯田，实边食，余粟转输灵州，漕下黄河，入太原仓，备关中凶年。"时人沈亚子云："昔户部其在开元，最为治平。当时西有甘、凉六府之饶，东有两河之赋。"《唐语林》卷 3《夙慧》亦曰，开元时"入河湟之赋税，满右藏；东纳河北诸道租庸，充实左藏。财宝山积，不可胜计"，生动地反映出当时河西经济在全国占有的重要地位。

然而，唐代在实现大规模开发河西地区的历史功绩的同时，对自然环境的干预和影响亦远超前代。如在石羊河流域，唐代农业开发的地域主要集中在中游绿洲平原，而下游平原的土地则趋于荒芜，自然条件恶化，汉代以来在下游所设的武威（今民勤县连城古址）、宣威（今民勤县文一古城）二县也被迫废弃。可以说，这一时期中游地区大规模土地开发带来的经济繁荣在一定程度上是以下游地区的土地荒芜作为代价的。由于绿洲的水资源是有限的，中游开发愈烈，下游的来水就愈少，土地荒芜就愈甚。绿洲南北的土地开发和生产发展出现了此消彼长、相互制约的环境效应。

自中唐"安史之乱"后，河西被吐蕃占据，后又有归义军以及甘州回鹘、西凉六谷族等政权峙立，又经西夏至元代的统治。在这段长达600多年的时间里，河西主要被少数民族政权管辖。从总体上看，河西地区的农业开发处于衰退状态，土地利用以畜牧业为主。在西夏至元代这一时期，农业有了一定程度的恢复，土地利用结构上呈现出农牧兼营的格局。这一时期，因人类活动规模缩小、活动程度降低，且土地利用是以牧为主或半农半牧，因而对自然环境的干预和影响也较小，生态系统处于有所恢复的较稳定状态。

迨至明清时期，河西走廊进入了又一次大规模土地开发时期。明代再筑长城，充实边防，又一次向河西大举移民，大兴水利建设，卫、所领导的军民屯田成为河西土地开发的重要组织形式。清代，河西成为经略新疆"军需总汇"的大本营与"压舱石"，清王朝对其实行了宽租招垦、徙民实边、改编戍军为屯丁、"行蠲免，薄赋敛"等一系列有利于土地开发和生产发展的政策，并进行了土地关系的调整，加速了绿洲开发的进程。清代开发的地域进一步扩大，以前的一些牧地、荒滩、"湖区"亦被辟为农田。然而，因水资源所限，对于一些新垦之地（如镇番柳林湖区，在今民勤县境内）每年只能配给一次冬春农闲时的余水，称之为"安种水"，实行的是一种冬春大定额饱灌"安种水"结合洗盐、作物生长期基本不灌溉的半旱农耕制。这是在总水量有限的情况下，为了充分利用水源，扩大耕作面积，河西人民所创造的一种灌溉、耕作方式。

清代，尽管河西地区的耕地面积有了较大扩展，然而随着人口不断增加，人地关系的矛盾日趋紧张，由此带来的环境问题（如土地沙漠化等）愈演愈烈。至清代后期，由于政治的腐败，加之生态环境破坏的恶果所带来的危害，倾家荡产、举家逃亡的各族农户不在少数，一些垦熟的土地又被荒废。

三　河西走廊人地关系发展演变历史的经验教训及启示

纵观河西数千年的发展历程，经历代各族人民的辛勤开发，特别是自汉武帝在河西建郡设县后进行大规模农业开发和土地利用以来，绿洲原有的自然生态平衡被打破，人们改变了某些不适宜人类生存发展的自然条件，在一定程度上变自然绿洲为人类活动所干预和控制的人工绿洲，创造了绿洲上璀璨的物质文明和精神文明。曾几何时，河西的水利灌溉和农业开发的成就可夸富于天下，河西畜牧业的发展亦令世人称羡，河西的历史文化精彩纷呈、美不胜收，河西的人地关系在一定时期内呈现出积极健康、和谐发展的状况。

然而，河西人民在建树辉煌的同时，也曾走过曲折的道路，有过深刻的教训，付出过惨痛的代价。河西的人地关系也曾出现过诸多的不和谐、不相适应的局面。历史上的滥垦、滥牧、滥樵以及对水资源不合理的利用等，每每造成风沙肆虐、土地沙化、自然灾害加剧，昔日一些美好的家园、秀丽的山川，或变成濯濯童山、浊流恶水，或被流沙所吞噬……

河西地区人地关系不协调、不和谐的状况，尤以历史上发生的土地沙漠化最为典型。笔者曾通过实地考察研究发现，河西走廊历史上由古绿洲演变为荒漠的土地就有十几大块，如古居延绿洲、民勤西沙窝、金塔东沙窝、张掖"黑水国"、马营河摆浪河下游古绿洲、芦草沟下游古绿洲、古花海绿洲、古瓜州绿洲、古阳关绿洲等，其沙漠化土地总面积达 4700 多平方公里。笔者同时摸清了上述沙漠化土地的分布范围，所存不同时期的百余座古遗址、城址，以及被废弃的农田渠道遗迹等状况；复原了古绿洲自然和人文景观概貌；对于在人类开发活动影响下祁连山区林草植被和绿洲边缘植被、河湖水系的历史变迁，进行了系统探讨；也进一步研究了河西绿洲历史上沙漠化的起因、发展阶段、发生机制和规律。这一系列的研究表明，河西走廊历史上发生沙漠化的主要原因，在于人们对土地资源的开发利用不当。历史上的滥垦、滥牧、滥樵、滥用水资源，以及战争的破坏等，致使河西原本就脆弱的生态系统遭到严重的冲击和破坏，甚至形成恶性循环，从而诱发沙漠化的发生发展，使绿洲向荒漠演替。其间，自然因素（主要是气候变化）的影响亦不可忽视。然而，河西地区因气候变化所引起的水量增减的幅度并不大，它只能在一定程度上逆转或加速沙漠化过程，而人类活动的影响才是招致沙漠化的主因。

现实是历史发展的结果，今天的河西是由历史的河西一步步演进而来的。在其漫长的人地关系演进过程中，无论是成功的经验，抑或失败的教训，都是古人留给我们的丰富而珍贵的遗产。它们不仅显现了各族先辈们昔日在这块土地上开发的艰辛历程，展示了奋斗的宏伟业绩，而且还留给我们诸多的历史教训和启迪。时至今日，我们很有必要对这些遗产加以发掘、审视、汲取，以供实现经济社会可持续的绿色发展之镜鉴。

【作者系西北师范大学教授，甘肃省人民政府参事；主要从事敦煌学、历史地理研究。本文系国家自然科学基金项目"西北地区古代民众生态环境意识研究"（项目号：41361032）的阶段性成果。】

在我国历史上有为数众多的汉人
融合于少数民族[*]

谷 苞

编者按：

　　中华民族多元一体是我国的重要优势，是祖先留给我们的财富。在我国的文明发展史上，中华大地上的各民族经过诞育、分化和交融，不仅汉族吸收、容纳了大量其他民族的成分，同时，各少数民族也吸收、容纳了包括汉族在内的其他民族的成分。这一历史进程壮大了中华民族共同体，形成了我国各民族你中有我、我中有你、谁也离不开谁的多元一体格局。

　　对于历史上汉族充实了各少数民族这一议题，学界关注较少，但其历史意义和理论意义重大。我国著名的民族学家谷苞先生（1916－2012）长期深入西北民族地区开展民族学和社会学的田野调查和研究，他于1989年发表了《在我国历史上有为数众多的汉人融合于少数民族》一文，梳理了西北地区的汉族充实各少数民族的历史，该文对于

＊ 原文刊登于2018年7月13日《中国民族报》理论周刊8版，系"从走廊发现中国·河西走廊篇"专题第十一篇。

理解中华民族多元一体格局、铸牢中华民族共同体意识具有重要的理论价值。我们特在"从走廊发现中国·河西走廊篇"专题重发此文，以期深化学界和读者对这一议题的思考。

自从有文字记载的历史以来，我国就是一个多民族的国家。秦汉而后是一个统一的多民族国家。由于各民族在政治、经济、文化上的密切联系以及民族杂居情况和各种原因造成多种多样的移民，从而不断出现了各民族之间的融合。历史上各民族之间的融合，大致有三个方面。（1）有大量的少数民族融合于汉族，这种情况在少数民族掌握了全国政权或部分汉族聚居区政权的时期，其规模尤为巨大。前者如元朝和清朝时期；后者如南北朝时期，五代十国时期，辽、金、西夏时期等。（2）有大量的汉族融合于少数民族。融合于少数民族的汉族主要是由于各种原因移居于少数民族地区的汉族；也有的是在少数民族长时间掌握了部分汉族聚居区的政权后，当地的汉族融合于掌权的少数民族。（3）各少数民族之间的融合，主要出现在北方诸少数民族相互之间的融合与南方诸少数民族相互之间的融合；也有北方少数民族与南方少数民族之间的融合。另外，也还有移居中国的外国侨民融合于汉族和少数民族的情况。

关于历史上民族融合的上述三个方面，第一个方面的文献记载比较多，学者在这方面的研究成果也比较多。至于第二和第三方面的情况，文献的记载少而零散，还是一个有待于继续深入研究的领域。这篇文章仅就历史上大量汉族融合于少数民族的问题，进行一些初步的探索。

（一）

在我国历史上曾有为数众多的汉族，在各个不同的历史时期分别融合于各个少数民族之中，为少数民族人口的增加和经济文化的发展做出了贡献。汉族融合于少数民族，在历史上主要有两种情况。一种是自愿或被迫移居于少数民族地区的汉族，在人数上居于少数。他们为适应当地的生产方式、地理环境、社会生活、风俗习惯和相互通婚的需要等，经过一两代、三四代或更长的时间便融合于当地少数民族之中了。另一种是少数民族在某些汉族地区建立了长期的政权后，使当地的汉族融合于少数民族之中了。

如安史之乱后，河西、陇右、河湟地区为吐蕃长期占据，使原来居住在当地的汉族部分融合于吐蕃之中了。上述两种情况中前一种情况是最常见的。

自愿移民到少数民族地区的汉族有多种多样的原因，有的是逃难去的，有的是投降了少数民族政权的汉族官兵，有的是因经商而流落下来的，等等。被迫移居于少数民族地区的汉族主要有两种原因：一种是被匈奴、突厥、西羌、吐蕃、契丹、女真等族的奴隶主、封建主俘虏的汉族，尤其是汉族的妇女、儿童；另一种则是被中原王朝派往少数民族地区驻防的军队、屯垦的士兵和平民，以及伴随和亲的公主移居少数民族地区的侍女、杂役、工匠等。

远在秦汉时代，就有汉族贫民逃亡到匈奴游牧区。据《汉书·匈奴传》载，侯应反对废除长城边塞的十条理由中，就有五条是为了防止汉朝人民和属国人民逃往匈奴辖区的。其中第七条明确指出："又边人奴婢愁苦，欲亡者多，曰'闻匈奴中乐，无奈候望急何！'然时有亡出塞者。"据《后汉书·乌桓鲜卑传》载：东汉"时幽、冀吏人奔乌桓者十余万户"。西晋亡后，中原地区战乱频仍，汉族人民四处逃亡。《晋书·慕容廆传》中曾记述了大量汉族逃亡到辽西："廆刑政修明……流亡士庶多襁负归之。廆乃立郡以统流人，冀州人为冀阳郡，豫州人为成周郡，青州人为营丘郡，并州人为唐国郡。"隋朝末年曾有大量汉族逃亡到突厥牧区。据《隋书·突厥传》载："隋末乱离，中国人归之者无数。"在五代时，有大量汉人逃难到契丹地区。据《新五代史·四夷·附录第一》载："刘守光暴虐，幽、涿之人多亡入契丹。阿保机乘间入塞，攻陷城邑，俘其人民，依唐州县城以居之……阿保机率汉人耕种……汉人安之，不复思归。"

另外，历史上曾有多起汉族官兵投降少数民族政权事件。如《汉书·匈奴传》载："后燕王卢绾复反，率其党且万人降匈奴。"陈良、终带等"尽胁略戊己校尉吏士男女二千余人入匈奴……人众别置零吾水上田居"。汉朝的大将李陵、李广利兵败投降匈奴时，也曾带去了汉族士兵。

二十四史的民族传记，如《匈奴传》《西羌传》《突厥传》《吐蕃传》等，都曾记载了少数民族中的奴隶主和封建主频繁地到汉族农业区掳掠人口，特别是妇女儿童。这方面的记载甚多，不胜枚举。据林幹教授在《匈奴史论文集》（1983年）中的研究，匈奴有奴隶约三十万，约占匈奴人口的七分之一或五分之一。这些奴隶的民族成分主要为汉族。匈奴、西羌、突厥、吐蕃等民族在其强盛时，虽然统治着广大的地区，但其人口远较汉族为少，这也就是史书上常说的"匈奴人众不能当汉之一郡"（见《汉书·匈奴传》），"突厥人户寡少，不敌唐家百分之一"（见《旧唐书·突厥传》）。为了补充劳动力，他们常到汉族农业区掳掠人口，这些被掳掠的汉族，除逃回者外，只有少数被退还。据《后汉书·南匈奴列传》载，建武二十六年（50年），"北单于惶恐，颇还所略汉人，以示善意"。永初三年（109年），南单于"乃还所钞汉民男女及羌所略转卖入匈奴中者合万余人"。唐太宗时曾从东突厥统治者手中赎回被掠去的汉人八万人（见《旧唐书·太宗纪》）。这些数字看起来很大，却仅相当于一次大规模被掳的人口。

历代中原王朝派往少数民族地区的驻防军队和屯垦的士兵、平民中，也有一部分长期流落在少数民族地区。如在吐鲁番盆地及邻近地区由汉族人建立的麴氏高昌国，存在了141年（499～640年），后为唐朝消灭。高昌国的汉人主要有两个来源：一是汉魏士兵的后裔，一是晋朝逃难来此地的难民的后裔。这些汉人后来都胡化了，这在《北史》《魏书》等古籍中都有记载。又如北宋曾遣使王延德至高昌回鹘，王延德途经伊州（今哈密）时，见到"州将陈氏，其先自唐开元二年领州，凡数十世，唐时诏敕尚在"（见《宋史·列传》第二百四十九）。算起来，由唐贞观二年（628年）到宋太平兴国六年（981年）共经历353年。陈氏任州将，世代相传，陈氏所率士兵的后裔也必然经历了同样长的时间。《宋史》虽未明言这些汉人胡化的情况，但是驻防军队都是男人，他们之所以能够传宗接代，必然是和当地少数民族妇女通婚的结果。

（二）

如上所述，历史上由于各种原因移居到少数民族地区的汉族，除一部分后来又迁回内地外，其余部分一直留在少数民族地区，他们后来大多都融合于当地少数民族之中了。由于移居到少数民族地区的汉族情况各不相同，其融合的过程也就各不相同。一般说来，单个的或少数的汉族迁居于少数民族地区，他或他们就立刻失去了汉族的社会生活，而处于少数民族社会生活的汪洋大海之中。客观环境的变化，迫使他们必须迅速改变自己的语言、生活习惯等，因此过不了多久，他们就融合于少数民族之中了。北齐的王室是鲜卑化了的汉族。北齐神武帝高欢的祖父被贬官至怀朔镇，至高欢时就鲜卑化了。《北齐书·帝纪第一》中是这样说的：高欢的祖父高谧"仕魏位至侍御史，坐法徙居怀朔镇。谧生皇考树……"；"神武（高欢）既累世居北边，故习其俗，遂同鲜卑"。从高欢的祖父徙居于鲜卑地区，到高欢鲜卑化，仅经历了两代人、几十年的时间。

在历史上被掳拐或被贩卖到少数民族地区的汉族，人数虽然很多，但是一经掳掠之后，就分散到各地各家，立即失去了汉族的社会生活，而开始过少数民族的社会生活了。元朝人张养浩在其所著的《归田类稿》中，有篇《驿卒佟锁柱传》，记述了佟锁柱被辗转赎卖至北方游牧区至逃归的全过程。佟锁柱本为江西人，七岁时"为过骑掠之而北"，被辗转卖于蒙古游牧区，被改名为察罕，为人放牧牲畜，衣着饮食都随当地的习俗。在同牧者中，他看到了十几个"中国良家子，为奸民所贩至此"。在他十六岁时，一日，受惊的牛群踏死了他所放牧的十几只羊，他因害怕受到鞭打，决计逃亡。由于这时他早已学会了"蕃语"，才侥幸逃脱了。这个故事清楚地告诉我们，如果不是侥幸逃脱，他就变成当地少数民族了。同时也说明继续留在当地牧区的他的同伴——那十几名被贩卖的汉族，除了能够逃离者外，必然都融合于当地少数民族了。据《驻卒佟锁柱传》载，当年被贩卖至辽海、朔漠的汉族男女为数甚多。

至于驻防军队、屯垦的士兵和平民，以及因战祸、灾荒和苛政由中原地区逃亡至边疆少数民族地区的大量汉族难民，他们在少数民族社会的包围中却维持着一个或大或小的汉族社会。这样的汉族社会虽然在社会生活各个方面都必然要受少数民族社会生活的影响，但是他们融合于当地少数民族的过程却要长得多。对于这样的情况，史书中虽然有一些记载，但是只记述了融合过程中的若干情况，缺乏对融合的全过程的记载。建国于吐鲁番盆地的麴氏高昌国，是一个由当地汉人建立的国家，这些汉人是汉魏以来驻防军队、屯垦士兵和晋朝难民的后裔。可是这些汉人胡化的程度已经很深。据《北史·西域传·高昌传》载："服饰，丈夫从胡法（"被发左衽"），妇人裙襦，头上作髻。其风俗政令，与华夏略同……文字亦同华夏，兼用胡书。有《毛诗》《论语》《孝经》，置学官弟子，以相教授。虽习读之，而皆为胡语。"这里所说的胡语、胡书，当系指属于印欧语系的焉耆语、焉耆文，亦即所谓的甲种吐火罗语、文。原来居住在吐鲁番盆地的车师人是使用这种语言文字的。当地的汉人连读汉文书都要用胡语，可见其胡化程度之深了。此时民族融合过程还未完成，还处于融而未合的阶段；当地胡化已深的汉人，还自认为是汉人。640 年，唐朝消灭麴氏高昌国时，该国共有八千户，三万口（见《新唐书·西域传·高昌传》）。由于有这样多的人口，又有独立的政权，所以民族融合的进程是相当缓慢的。直到 866 年回鹘占领吐鲁番盆地以后，当地的汉人在长期与内地联系中断的情况下，就逐渐融合于回鹘之中了。981 年，北宋政府派遣王延德访问建国于吐鲁番盆地的高昌回鹘，王延德归后曾撰《西州程记》，书中记述当地的风土人情，曾说当地还保存着《唐韵》《玉篇》《经音》等汉文典籍，五十余佛寺中有唐朝所赠的匾额，当地还存有"唐太宗、明皇御札诏敕"。但是，书中却没有提到唐朝时生活在该地的大量汉人。之所以没有提到，想必是这些汉人已经融合于回鹘之中了。

唐朝僧人玄奘在《大唐西域记》中写道："南行十余里有小孤城（在今吉尔吉斯斯坦境内碎叶城故址附近），三百余户，本中国人（汉人）也。昔为突厥所掠，后遂鸠集同国，共保此城，于中宅居。衣服去就遂同突厥，言辞仪范，犹存本国。"当年生活在西突厥辖区内的这三百户汉族人家，何时被俘，史无记载。玄奘路过时，这些人家已处在突厥化的过程之中，虽说当时他们能讲汉语，但是他们在与外界的接触中，会讲突厥语显然是更为重要的。孤悬于突厥游牧区的少数人家，要想长久保持汉语显然是非常困难甚至是不可能的。根据历史上和现实生活中常见的通例，他们可能是使用双语的，即对内讲汉语，对外讲突厥语。

安史之乱后，原来驻防在河西、陇右、河湟地区的唐朝军队内调，吐蕃趁机占领了河西、陇右、河湟。这个地区的汉族人数多达百万，其中仅河西地区就有 34818 户 172086 口（见《旧唐书·地理志》）。自从吐蕃占领河西地区后，当地的一部分汉族便融合于吐蕃之中了。当地汉人吐蕃化的情况，在唐诗中曾多有反映，如"多来中国收妇女，一半生男为汉语。蕃人旧日不耕犁，相学如今种禾黍"（王建《凉州行》）；"驱我边人胡中去，散放牛羊食禾黍。去年中国养子孙，今著毡裘学胡语"（张籍《陇头行》）；
"牧羊驱马虽戎服，白发丹心尽汉臣"（杜牧《河湟》）。《旧五代史·外国
列传第二》和《新五代史·四夷附录第三》中分别载："……陷吐蕃者子
孙，其语言小讹，而衣服未改"；"……陷虏者子孙，其语言稍变，而衣服
犹不改"。如此云云，恐不可全信。据《宋史·列传》第二百五十一载：
"超及城中汉户百余，皆戍兵之子孙也……衣服言语略如汉人"；"凉州郭
外数十里，尚有汉民陷没者耕作，余皆吐蕃"。"略如汉人"者，只是大略
像汉人罢了。他们虽仍然自认为是汉人，但吐蕃化的程度已经很深了。李
焘著《续资治通鉴长编》卷 233 载；"王安石以王韶书进呈，韶言'已拓
地千二百里，招附三十余万口……'王安石白上'……今三十万众若能渐
以文法调驭，非久遂成汉人，缘此本皆汉人故也。'"以上的引文说明唐朝
安史之乱后，在吐蕃统治下的河西、陇右、河湟的汉人部分或大部分到北
宋时已吐蕃化了。王安石的希望显然是不现实的，这是很难逆转的。说这
些已接近吐蕃化的汉人"本皆汉人"，有对的部分，但不全对。吐蕃占领河
西后，汉族男子娶吐蕃妇女为妻的事，吐蕃男子娶汉族妇女的事，均不在
少数。因此，这时已吐蕃化的汉人中，不仅有汉人的血统和文化，也有吐
蕃人的血统和文化，而且是以吐蕃文化占优势的。

在两汉、魏、晋、隋、唐时期迁居新疆的汉族，后来都融合于回鹘、
突厥之中了。《长春真人西游记》和《湛然居士文集》中所记载的元朝
时迁居在今新疆及境外的汉族，后来也都融合于回鹘、突厥之中了。在
公元前三世纪就有汉族迁入云南的记载。庄蹻又名庄豪，为战国时的楚
将。"初，楚顷襄王时，遣将庄豪从沅水伐夜郎……既灭夜郎，因留王滇
池。"（见《后汉书·南蛮西南夷列传》）西汉在云南建立了益州郡，元朝
设立了云南行省，这期间有许多汉族迁居云南。据《云南各族古代史略》
所言："明代以前，云南境内的汉族大都融合于少数民族之中。"

马克思和恩格斯曾经说过："民族大迁移后的时期中到处都可见到的一
个事实……征服者很快就学会了被征服民族的语言，接受了他们的教育和
风俗。"① 在我国历史上这样的事情曾经发生过许多次。少数民族在全国或

---

① 《马克思恩格斯全集》第 3 卷，人民出版社，1960，第 83 页。

部分汉族地区建立政权后，他们的历史命运大多数都受到这一规律的支配，最后这些久居中原地区的少数民族的人部或部分都融合于汉族。但是在中国历史上还存在着上引规律所不能概括的情况，如上述吐蕃占领河西地区后，当地的汉族却吐蕃化了。在经济文化发展的水平上，吐蕃是较汉族为低的，其人数也较所占领地区的汉族少得多。这个情况的出现，究竟应该如何解释，还是一个需要继续研究的问题。另外，历代汉族人民移民少数民族地区，接受少数民族的语言文化、社会经济生活，最后融合于各少数民族的历史事实，也显然是受着另外的规律支配的。

（三）

在我国历史上，有大量的汉族融合于各少数民族，这不仅有现存的历史文献可以证明，我国许多少数民族的民间传说和生活现实也在这方面提供了确凿的证据。新中国成立以来，我国民族学和民族史研究事业获得较大发展，在这方面提供了很多新的资料。

1948 年，我有半年时间在甘肃西南部的洮河流域和白龙江流域的藏族聚居区进行社会调查，发现有一些到藏族地区谋生的贫穷的汉族青年农民与当地的藏族姑娘结婚了，他们的家庭生活完全与当地的藏族相同，他们所生的子女，从小就只讲藏语不讲汉语，长大后就自然而然地成为藏族了。这种情况由来已久，当时有大量的藏族男子进了寺庙，为这种婚姻提供了机会。1987 年夏天，我又带三名研究生到洮河流域进行社会调查，发现汉藏通婚的事增多了，不仅有些藏族妇女嫁给了汉族男青年，也有些汉族妇女嫁给了藏族男青年。卓尼县木耳乡的藏族乡长告诉我，凡是嫁到纯藏族村落或以藏族为主的村落的汉族妇女，这些汉族妇女和她们所生的子女都变成了藏族。

1950 年的秋天，我和一些青年同志到新疆南部的维吾尔族农村进行社会调查。一天我在疏勒县的一个茶馆里吃茶，碰到了几个维吾尔族青年正在用维吾尔语讲《三国演义》中的故事。好奇心使我同他们攀谈了起来，得知他们祖上的男方都是在疏勒城外八个屯子屯田的汉族士兵，祖上的女方都是当地维吾尔族妇女。他们约我到他们的家里做客，我在他们的家里看到，他们的家庭生活和南疆的其他维吾尔族农民的家庭生活完全一样。

如果还有一点不同的话，就是我在他们的家里看到了用汉文写的神主牌位，这只能算是汉族祖先崇拜的一点遗物。1877 年，清军和新疆各族人民赶走阿古柏这帮外国侵略势力后，驻疏勒的清朝军队在城外屯田，距我在疏勒县调查时仅七十来年，可见这些屯田的汉族士兵融合于维吾尔族的速度是很快的。

秋浦同志（民族学家）在《世界民族是一个极为广阔的领域》（1988 年）一文中曾这样写道："我在蒙古西部地区接触了一些蒙古化了的汉人，由于他们在当地居于少数，他们在蒙古人的包围中，住的是蒙古包，穿的是蒙古服，吃的是蒙古饭，讲的是蒙古话，和蒙古人完全一样，也自称为蒙古人，可是他们的祖先却是汉人。"

向零同志（侗族，民族学家）在为《月亮山民族调查》（1983 年）一书所写的《序言》中写道："民族间的相互融合不断发生，有汉变苗，水族变苗的。变化的原因，有因通婚而变，有因避难而变。有个别人变，有整村整寨变。例如计划公社加去寨的韦姓现有 153 户，据传说他们的祖先是水族，到此地后才变成苗族的。目前，某些生活习俗中尚留有水族习俗的痕迹。孔明公社汉族占该社的百分之八，现仍正在苗化。他们除在家说汉话及仍在七月十五日祭祖外，所有习俗全部同于当地苗族。"

《土族简史》（1982 年）一书中这样写道："土族中也融合有汉族的成份。据土族的民间传说和一些族谱记载。在明洪武年间，曾有一批汉族人从山西等地迁入三川地区，从南京迁到互助地区，与当地土族人民长期相处、互通婚姻，有些就融合到土族中去。民和官厅土族张家、贾家的家谱称其祖先原系山西平阳府人，秦家家谱称其祖先原系山西大柳树庄人。清中叶又有许多汉族人陆续从四川、甘肃等地迁居于今互助境内，与土族杂居，互通婚姻，结为亲戚，逐步融合到土族中。"

《黎族简史》（1982 年）载："由于黎族长期以来与汉族人民接触最为繁密，因而有部分汉族成分融合于黎族之中是很自然的事。关于这方面的事实，文献上常有记载……到了明代以后……特别是大批衣食无着、不堪压迫而逃进黎族地区的汉族劳动人民，他们的后代有些在当地定居下来，以后渐渐地成为黎族。"

（四）

费孝通教授所写的《中华民族的多元一体格局》，以崭新的观点，回答了中国民族关系史上的一个根本性的问题。对于文章中提纲挈领所阐述的十个方面，我个人认为都还需补充史料并做进一步的论证。我的这篇拙作，只是对费文第八节《汉族同样充实了其他民族》，在史料上做了一些补充。

在中国历史上，各民族之间的相互融合，早在殷周时代就已经出现了。只是由于秦汉以后的史料比较详细，这篇拙作是从秦汉说起的。由于各民族之间的相互融合，你中有我，我中有你，是客观存在的历史事实。受历史条件的限制，历史上的民族融合，有些是自愿的，是自然而然地形成的；有些则是被迫的，是在不得已的情况下出现的。大致说来，自愿的融合曾给当事人带来安居乐业，而被迫的融合则给当事人带来过痛苦压抑。

总的说来，历史上的民族融合对于历史的发展，是起了积极作用的。仅就汉族融合于少数民族而言，不仅增加了少数民族的人口，而且这些迁居于少数民族地区的汉族农民和手工业者，对于发展当地农业和手工业是做出了巨大贡献的。如《三国志·魏志·鲜卑传》载："自袁绍据河北，中国人多亡叛归之，教作兵器铠盾，颇学文字，故其勒御部众，拟则中国，出入弋猎，建立旌麾，以鼓节为进退。"这方面的事例极多，需要专文论述，在这篇文章里不宜列举很多。

【本文曾发表于《新疆社会科学》1989 年第 4 期。限于篇幅，本文在编辑过程中略有删节，并有少量文字修订。】

"国家走廊"和"国家水利":河西走廊水资源开发史中的政治与社会逻辑[*]

张景平

2000 年一个春寒料峭的下午,在河西走廊西段玉门市花海乡毕家滩附近,一批十六国时期的墓葬在戈壁深处的水利建设工地中被意外发现。其后,一段书写于棺盖上的《晋律注》残片引起了学术界的注意,它弥补了中国法律史文本序列中的一个重要缺环。出土《晋律注》残片的花海地区位于河西走廊第二大内陆河疏勒河的支流尾闾盆地,土地平旷但气候干旱。一个极富象征性的巧合在于:在十六国时期,中原板荡,移民流入花海地区,抄写于此的《晋律注》是移民社会维持其中原式秩序的体现,而水利兴修则是化荒原为沃土的前提保证;在当代,花海一带是西北地区通过移民进行扶贫开发的重要目的地,水利建设再次成为先决条件,《晋律注》残片即在移民新村的渠道工地中出土。这一巧合恰恰说明,历经千年,水利事务在河西走廊的历史演进中仍具有基础地位。

"有水此有木,有木此有土,有土此有财,有财此有用。"民国时期,

---

* 原文刊登于 2018 年 8 月 24 日《中国民族报》理论周刊 8 版,系"从走廊发现中国·河西走廊篇"专题第十二篇。

在河西走廊民间流传着这样的说法，而中国地政研究所的年轻人到这里调查，则得出了"本区政治之改良须自水利之改良始"的结论。这分别对应着河西走廊水利活动的两个基本组成部分：一为水资源的获取，体现为工程建设；一为水资源的分配，体现为水权管理。历史而今，水利活动从来不是单纯的工程或经济问题，其背后有着深刻的"水利－政治"或"水利－社会"关系。河西走廊整体上气候干旱，水利活动在其社会经济活动中尤其具有先决地位。要深入理解河西走廊作为"国家走廊"的历史，理解各族先民在这条绿洲带上的奋斗经历，必须从深入理解水利事业的历史开始。本文用粗略的线条，尝试对两千多年以来的河西走廊水资源开发史及其背后的政治与社会逻辑进行一次宏观勾勒。

一　沟洫兴、郡县立：汉唐时期河西
走廊水资源开发的勃兴

河西走廊是一个狭长的地理单元，在祁连山与走廊北山的夹峙之下，从东南向西北延伸达1000多千米。这里的多年平均降水量从武威地区的200毫米逐渐下降到敦煌地区的50毫米，多年平均蒸发量则从1400毫米递增至2000毫米以上，其西端与素有"亚洲旱极"之称的罗布泊相连，走廊由此成为我国最为干旱的地理区域之一。幸运的是，发源于祁连山区的石羊河、黑河、疏勒河三大内陆河及其大小支流穿过走廊，形成武威、张掖－酒泉、玉门－瓜州－敦煌三大绿洲区域，为人类在这里开展农业生产并形成聚落提供了宝贵的水资源支持。一部河西走廊开发史，就是内陆河水资源的利用史。

近年的环境考古研究表明，距今4000多年前，河西走廊已发展出原始农业，这里是我国除新疆地区外较早种植小麦的地方。由于气候干旱，河西走廊上有史料可考的农业发展都离不开灌溉。公元前2世纪，西汉王朝驱逐匈奴、占领此地后，酒泉等地修建了渠道灌溉农田，《史记·河渠书》中就此专门留有一笔，而班固的《汉书》中则记载了西汉时期张掖附近的大型灌溉工程——千金渠。可以说，河西走廊实施大规模水利开发的过程，与之纳入汉王朝郡县体制的进程几乎同步。

　　汉代河西走廊的水利事务实行严格的层级管理。郡级水利事务由"都水官"或"主水史"负责，同时有来自中央的秩次较低的"水部掾"参与水资源管理。"都水官"的副手或称为"水长"，下属以方位命名为若干"部都水"。县级水利事务则由"平水史"以及"监渠佐史"负责。由于屯田区域的大量存在，汉代河西走廊还有一套与郡县水利系统并行的军事化水利系统，以"穿渠校尉"统辖"治渠卒"负责水利事务的模式广泛存在。水利职官系统的运行是汉王朝管理河西走廊水利事务的重要手段。从该区域出土的汉简所涉灌溉事务片段可以推测，在汉代河西走廊诸内陆河的沿岸、上下游之间已形成复杂的水资源分配体系。因此，对水利职官而言，在兴建与维护灌溉工程之外，维持灌溉秩序、处理用水矛盾可能是其更重要的日常工作。

　　在汉王朝崩溃后长达300余年的动荡时期，河西走廊仍在相当长的时间里焕发出耀眼的光彩，不但在中原战乱频仍之时成为北部中国为数不多的安定繁荣区域之一，更成为保存中原文化、实现东西方文明交流的重要基地。这一切如果离开了水利工程及其管理系统的支持是无法想象的。虽然缺乏更多的直接文献，但从古代垦区的自然环境可以推知。《晋律注》残片出土的花海地区是一个湖泊、沼泽、荒漠并存的典型干旱区盆地，水体含盐量高，土壤极易盐渍化。大量移民流入此地，必须要通过修建渠道引来灌溉淡水，同时排干沼泽、冲洗盐碱，耕种活动才有可能展开。在走廊东部的武威绿洲，千里亲征至此的北魏太武帝拓跋焘对该地的富庶曾发出由衷的感慨。除当地拥有良好的局部水环境之外，汉魏五凉时代灌溉工程的兴建亦功不可没。

　　至隋唐时期，中国又一轮统一盛运到来，河西走廊也成为当时中国最为富庶的区域之一，水利活动再度达到一个新高潮。在工程建设方面，在肃州（酒泉），刺史王方翼利用黑河支流讨赖河水建成了复杂的环形沟渠系统，兼收灌溉与防御之利；在唐朝屯驻重兵的瓜州地区，渠道体系如树枝状展开，甚至吐蕃在一次入侵后还不忘对起到控制功能的渠堰进行专门毁坏，这些渠道至今在卫星地图上仍然清晰可见，是世界文化遗产锁阳城遗址点的重要组成部分。在水利管理方面，发现于莫高窟藏经洞的敦煌文书是中国古代水利法规的一大渊薮，迄今为止最早的全国性水利法规《开元水部式》、最早的区域性灌溉章程《沙州敦煌县行用水细则》皆在其中；以敦煌为代表的唐代河西走廊水利管埋，已经形成一套次序清晰、责权完备的灌溉秩序，水利事务与赋役征调活动密切联系，同时围绕工程维护等活动形成了具有一定民间自治特征的"渠社"组织，国家、地方政府与民间社会分别扮演着各自不同的角色。在唐代，水利活动对绿洲区域社会的支撑作用进一步得到了强化。

虽然中国历代版图屡有盈缩，但河西走廊多数时候是"郡县"治理区域在西北方向稳定的末梢。在古代中国多元化的治理结构中，郡县体制的主导地位与农业区域的优势地位大体上一致，郡县区域的扩张往往以农业区域的扩大为前提，汉唐时期设立的许多边郡一度因为未能发展出稳定的农业而罢废。而河西走廊则不然。一方面，要在气候干旱的河西走廊发展农业，无灌溉不能耕种，而一旦获得灌溉之利，这里的绿洲农业则具有比雨养农业区更稳定的产量保障。水利工程支撑了稳定的农业，在区域政治整体稳定的前提下也就支撑了稳定的郡县制。另一方面，在汉、唐中央王朝强盛之时，从中央到地方的水利职官系统紧紧掌控了水资源分配事务，这也体现了国家对社会的管理与塑造作用以及地方社会的调适。在这些历史时期，不论籍贯系于何处、血缘属于何族，人们要在这里经营农业就必须依靠灌溉、接受水资源分配体系，同时也接受了国家的治理逻辑，这无疑有助于郡县制下编户齐民结构的稳定和边疆社会的整合。水利带来稳定的农业基础和较高的社会整合，使得河西走廊在东汉羌人起义、五胡十六国时期与唐蕃战争中数度"孤悬"却保持了基本的社会稳定。伴随着汉王朝的瓦解，中原社会进入世家大族与地方豪强引领风骚的时代，河西走廊的社会迅速跟进，河西大族亦成为乱世舞台之中的重要力量，有时甚至扮演主角。虽然缺乏直接的史料支持，但水利兴修带来稳定的农业社会基本格局，是河西走廊在社会演化的大方向上基本与中原保持同步的重要原因。

二　灌溉活动作为治理方式：明清河西走廊水资源开发的演进

8世纪后半叶，河西走廊为吐蕃攻占，虽然在归义军时期短暂回归，但不久即纳入西夏治下。近 500 年间，河西走廊不在中原王朝的管辖之内，但西夏等区域性政权并未放弃对河西走廊的水利开发。元朝统一后，数度兴起屯田，在张掖等地有很多具有蒙古语特色的渠道名称沿用至近代。由于族群结构的变化，该区域人文景观亦随之变化。明初，在帖木儿帝国的使者眼中，河西走廊的肃州、甘州（张掖）等城市就颇具几分撒马尔罕式的中亚风情。

明代在河西走廊中东部地区改良或新建了大量渠道，因此，当代河西走廊多数灌区的清晰发展脉络只能上溯至明初而非汉唐。沿用至今的"某某坝""某某沟"既是渠道之名，也是村落之名，更是完整的赋役单位之名。明代后期，明王朝开始广泛推行"一条鞭法"，以地亩统一折算赋役的政策导致在河西走廊形成了"以田赋确定水权"的制度。这种安排在理论上通过地权把水权和赋役相关联，因为耕种土地越多则缴纳赋役越多，耗水亦越多。但由于河西走廊地广人稀、缺水不缺地，"以田赋确定水权"制度实际上导致水权和赋役直接挂钩，水权、地权加速分离，契约文书中"卖地不卖水"的现象屡见不鲜。水权和赋役直接挂钩也使得政府征调更为可靠简便。笔者通过对近代水利文献的收集和归纳发现，在河西走廊上的一些地方，水权不但可以单独交易，还可以用于抵押、在婚嫁中下聘纳彩，甚至具有了一定的通货功能。与此同时，一些地方政府设立了"管水老人"，把每个赋役单位内的日常水利事务交由民间自行办理，地方政府不再设置复杂的水利职官体系，更倾向于承担新渠开凿和裁决纠纷的职责。河西走廊上的这种情况与中国水利管理体制自宋元以降的大趋势相吻合：国家退出除治理黄河、维护运河等大型工程之外的日常水利事务管理。在明代的河西走廊垦区，地方社会在水利事务中的自主性大为加强。

另一方面，汉代对屯田和民田的双轨管理制度在明清依然存在，特别是清代屯田大规模展开之后。从康熙末年开始，清廷为经略西域在河西走廊全境大兴移民屯田，在新屯田区普遍推行军事化的水利管理措施，设置水利同知、水利通判、水利把总等各类职官。这些职官实际上成为"以水为纲"治理逻辑下的地方民事长官。短时间内的大规模水利建设，使得清代河西走廊的人口数量和灌溉面积激增，达到了汉唐之后的历史最高峰。

同时，河西走廊水利事业在技术上也取得了某些进步。近年来的文物普查结果与新整理文献显示，大型山地引水系统的运用扩展了河西走廊的灌溉面积，引水效率更高的有坝渠首也开始代替无坝渠首。乾隆后期，河西走廊的经济社会发展虽不复汉唐时期河西在全国的重要地位，但较之明代河西的萧索边地景象已大为改观。河西走廊再次成为中原王朝控驭西域的可靠后方。

伴随着清代水利开发的推进，河西走廊诸流域的用水矛盾开始显现。上下游、左右岸、新老垦区之间的矛盾日益尖锐，建立细致的区域水权制度迫在眉睫。地方社会在此时起到了巨大的推动作用。需要注意的是，河西地方社会推动建立区域水权制度的途径既非江南的士绅博弈，也非华南的宗族互动，更非山西的"油锅捞钱"，而是在采取械斗这种古老方式之外，通过持续不断的"上访"，最终引来上级政治力量的直接干预。到清代为止中国最大规模的全流域轮灌方案——康熙、雍正年间逐渐形成的黑河均水制度，即是川陕总督年羹尧、岳钟琪等不断处理地方"上访"活动的结果。

因此，在清代，国家即使退出了在老垦区的日常水利活动，仍然通过直接掌控屯田区的灌溉事务以及全流域的区域水权分配来实现对地方社会的调控：在大型灌区，地方政府通过控制总引水口来实现在区域水权分配中的主导功能；以各级龙王庙为中心、由政府主导的祭祀体系，则体现出各个水利共同体在象征和事实层面对这种秩序的服从。笔者通过对地方诉讼档案的分析发现，维护灌溉秩序、调处水利纠纷是这一时期地方政府仅次于赋税征收的重要事务。

在清代的河西走廊，民间社会围绕水资源的博弈或互动常常因为其中一方引入政府的强制性力量而夭折，屯田区域多次借"皇渠"名义在纷争中取得优势地位。因此，尽管同属亚洲大陆腹地的绿洲地带，近代河西走廊绿洲却表现出与新疆绿洲、中亚绿洲都不尽相同的社会特征，政府对水资源分配的干预与调控起到了极为重要的作用。在某种意义上，清代河西走廊的地方政治也可称为一种灌溉政治，只允许地方社会有限度地展开自主调适。政府虽然化解或压制了矛盾，统治成本却不断增加，地方社会也日益习惯采取上访、诉讼等行为，缺乏解决自身问题的能力。

值得注意的是，明清时代的河西走廊水利开发还在民族交往、交流、交融中发挥着独特作用。汉唐时代的河西走廊实际上是一个农牧并重的地区，在绿洲上以农业生产为主，但整个走廊地区仍有许多民族保持着牧业生产。至明清时期，农业成为河西走廊上的主要生产方式，许多少数民族部落开始接受灌溉农业。据清初《秦边纪略》的作者梁份观察，祁连山各山口附近的许多少数民族会"引水灌田"，明末内迁肃州的关西七卫部族中也有相当一部分人口改营农业。经过几百年的发展，这些人口中已有相当一部分与河西走廊上的汉族相融合，仅在姓氏与生活习惯方面保留了原先民族的些许痕迹。另一方面，在走廊边缘地区，实行灌溉农耕的汉族与游牧的少数民族围绕水源林的保护也产生了复杂但积极的互动，为各民族之间的友好相处奠定了基本条件。

三　水利服务中华民族伟大复兴：国家战略下 河西走廊现代水利的腾飞

河西走廊在 20 世纪 20 至 30 年代爆发了严重的水利危机，一些长期存在的水权矛盾骤然激化，县和县之间因水权纠纷而械斗的情形屡见不鲜。在官方调解或弹压失败的情况下，地方社会爆发出了十分强烈的自救愿望，但最终都不曾收效。当时，技术解决方案似乎提供了一线生机：以现代水工学原理为指导、广泛修建以水库为代表的调蓄工程，将非灌溉时间的河水蓄积起来以增加灌溉水资源。无奈地方财力凋敝、技术人员匮乏，国家又无力支援，技术解决方案长期只是一纸空文。

抗日战争爆发后，河西走廊成为重要的国际交通孔道和出产石油的大后方，其战略地位骤然跃升，加快区域建设被提上日程，水利事业尤受关注。自 1942 年起，国民政府行政院每年拨专款 1000 万元支持河西水利建设。1944 年，中国国民党五届十二中全会确认"开发河西农田水利为国家事业"。为此，国民政府有关部门专门组织了甘肃水利林牧公司负责实施，时任中央大学水利系主任原素欣被委任为公司副总工程师，带领一批青年骨干远赴酒泉，修建了中国第一座现代化大型土石坝——鸳鸯池水库大坝，其当时被誉为"全国第一水利工程"。抗战胜利后，水利专家黄万里出任河西水利工程总队队长，对河西走廊大小30余条河流以及地下水的开发状况进行了系统调查，对水利开发远景进行了科学规划，形成近百册调查规划书。这是1949年以前中国干旱区最为完备翔实的水利工作资料。民国后期，河西走廊水利事业一跃在全国处于领先地位，这完全是宏观战略促成的结果。抗战时期，作为大后方的河西走廊，通过水利建设承担起了民族复兴的应有责任。

中华人民共和国成立后，河西走廊的水利事业进入了一个前所未有的快速发展时期。20世纪50年代，河西走廊掀起轰轰烈烈的"破除封建水规运动"，对改造水利秩序和社会结构产生深远影响。其核心措施包括三方面内容。其一，建立政府领导下的各级水利管理机构。其二，重置延续数百年的渠系网络，重构了水利关系。其三，宣布水权国有，按耕地面积而非税收分配水资源，严禁水权交易。借助这些活动，新政权实现了对水利活动进而对整个社会的有效调控，改变了晚清以来地方社会分裂涣散的局面。

在此基础上，经过30年的努力，至改革开放初期，河西走廊现代化灌溉网络初步建成，水利保障能力位于西北前列，有力地支持了粮食产量的大幅提高和工业化的快速推进。同时，区域内长久以来的水利纠纷大部分得到了根本解决。可以说，在中华人民共和国成立后的30年间，河西走廊水利建设的基本方向是在政府对水利事业全程调控之下初步实现水利现代化。

改革开放以来，河西走廊的水利建设进入了新时期，其所面临的关键问题发生了三点重要变化。其一，水利开发带来了严重的生态环境问题，水资源的不合理使用与过度开发导致了内陆河流域特别是尾闾绿洲生态环境的急剧恶化。其二，由于经济体制改革的不断推进，涉水利益主体日益多元，一些矛盾已无法在原有体制下得到有效解决。其三，经济高速发展造成水资源日益供不应求，而"大锅饭"式的水利制度浪费严重、效率低下。从1998年到2010年，国家先后出台三个干旱区重点流域水资源利用与生态保护综合规划，河西走廊全境成为全国推动生态保护与经济社会协调发展的重要区域。国家一方面加强主干水利工程建设，另一方面在坚持水权国有的前提下引入市场化的水权分配与流转机制，即通过将水资源使用权分配给用户并引入交易机制的办法大力挖掘社会的节水潜能，同时实施严格的生态水量下泄制度。经过20多年治理，河西走廊初步扭转了生态恶化趋势，同时实现了社会稳定和经济快速发展。

目前，中国第一个大型信息化灌区在河西走廊的疏勒河流域建成，第一个基于移动客户端的实时水权交易系统在石羊河流域率先运营，河西走廊现代水权体制建设与水利信息化水平跻身国内甚至世界先进行列。在当前诸多国家和地区遭受缺水带来的社会动荡和生态恶化之苦时，河西走廊治水事业成绩显著，这一切无不是在宏观战略布局和地方人民的奋斗中展开的。近年来，河西走廊成为中国重要的生态屏障和"一带一路"倡议中的重要通道，在中华民族伟大复兴进程中具有重要地位，而水利事业的不断发展仍然是重要的支柱与先导。

四　"国家水利"的传统与"国家走廊"的未来

从一个较长的历史时段来看，历朝历代各族人民对河西走廊的开拓经营无疑是中华民族壮丽史诗的一部分。对于远及江淮齐鲁的移民运动、令人叹为观止的塞垣修造以及以河西为基地的西征北伐，史书中着墨甚多。相对而言，河西走廊的水利开发似乎居于一种隐而不显的地位，却始终对这条具有重要战略意义的"国家走廊"发挥着生死攸关的支撑作用。在汉唐时期，水利支持着河西走廊巩固郡县制度；在清代，水利支持河西走廊成为中央王朝经略西北边疆的重要基地；近代以来，水利又支持河西走廊在民族复兴进程中扮演重要角色。

对于河西走廊的绿洲带而言，水利活动的"国家性"特征尤为显著。在长时段的历史进程中，河西水利总体上因国家意志而兴盛，由国家力量保证其实施，由政府系统深度介入水资源的管理。在某种意义上，历史上，河西水利社会的主体是基于大河文明的中原治理方式与社会体系在干旱区绿洲地带上的延伸与变异。在河西走廊的发展历程中，有无数具体而微的事例展示出地方社会的人们如何通过水利活动推动社会经济发展，创造出丰富的地域文化和日常生活。但本文在长时段的历史视角下，更倾向于从宏观视角阐释河西走廊水利活动的意义，展示国家如何通过政策、法律、技术以及文化等手段去塑造并治理一个对边疆经略如此重要的区域社会。这其中积累了很多经验与教训。

一方面,相对于河西走廊极具发展活力的历史时期而言,近代以来,河西走廊的地方社会发展呈现出明显的疲软态势,在商品经济发展、社会分工的精细化以及社会功能的完备诸方面都远远落后于东南甚至华北地区,甚至在民国时期一度陷入严重的危机状态。究其原因,国家地缘战略的变化是不容忽视的宏观背景。另一方面,国家对区域内关键资源开发与分配的深度介入,也在很多时候使边疆社会产生了依赖性,抑制了边疆社会自身的发展与成熟,这也使得边疆社会在支持国家战略时缺乏活力。

总而言之,历史上,河西走廊在地缘战略中的"国家性",决定了水利活动的"国家性",而水利在干旱区社会经济中的先决地位又在某种程度上加剧了国家对区域社会的强力干预。笔者认为,这就是两千多年来河西走廊水资源开发活动背后的基本政治与社会逻辑。

进入新时代,河西走廊上的国家治水历程还在延续,但一些令人欣喜的"历史性"变化已然显现:在坚持国家主导和科学调控的同时,具有市场化特征的水权体系正在河西走廊上建立起来。在张掖、武威等地,大规模节水的实现不仅源于政府的强大决心,更源于由"确权"引发的社会自发参与。

我们或许可以期待,以新型治水活动为契机,未来河西走廊能够在响应国家战略的同时不断挖掘、激发内在活力,形成国家与地方社会的良性关系。这也应是未来"国家走廊"和"国家水利"互动的一个基本的政治与社会逻辑。从更为宏阔的角度观察,即便存在着因历史惯性带来的曲折险阻,这或许也是实现国家长治久安的必由之路。

【作者系清华大学水利水电工程系助理研究员,主要从事水利史、水文化以及西北区域史研究,2012 年至今,主持大型文献丛书《河西走廊水利史文献丛书》的编纂工作。本文系"十三五"国家重点研发计划重点专项"西北典型地区节水与生态修复技术集成提升与规模示范"项目(编号:2016YFC0402900)、国家社会科学基金青年项目"晚清以来祁连山 - 河西走廊水环境与社会变迁研究"(批准号:18CZS068)阶段性成果。】

河西走廊：站在新的历史起点上[*]

王建新　李并成　高　荣　黄达远

开展走廊地带的研究，对形成中国特色的历史叙述和民族研究、铸牢中华民族共同体意识有着重要意义。中国民族报社与陕西师范大学－河西学院"丝绸之路经济带河西走廊智库"共同策划了大型理论专题"从走廊发现中国·河西走廊篇"，先后组织了十余位学者，就河西走廊的历史、文化、区域关系、民族、生态等各个层面展开讨论，提出了"走廊"作为历史社会文化空间的重要性，聚焦中国历史进程中的绿洲道路，从而对中华民族共同体的历史过程提出一些新的认识。当前，铸牢中华民族共同体意识赋予河西走廊新的历史使命，"一带一路"建设给河西走廊的发展带来重大的历史机遇。专题在接近尾声之际，特邀请四位学者以历史为镜鉴，以现实为坐标，就河西走廊在铸牢中华民族共同体意识、推进"一带一路"建设中的作用和未来的发展定位展开研讨，以期引起社会各界的关注与讨论。

---

* 原文刊登于 2018 年 9 月 28 日《中国民族报》理论周刊 6 版，系"从走廊发现中国·河西走廊篇"专题第十三篇。

一　历史上的河西走廊

河西走廊位于黄土高原、青藏高原和内蒙古高原的交汇地带，因其地处黄河以西、介于祁连山和北山山脉之间，形成一条地势平缓、纵贯东西的狭长地带，宛如天然走廊，故称河西走廊。祁连山的冰雪融水在走廊腹地形成了石羊河、黑河和疏勒河三大内陆水系，得益于这三大水系的灌溉滋润，河西走廊成为宜农宜牧的丰饶之区和名副其实的交通走廊。加之其东连关陇、西通西域、北达居延、南抵河湟的地理特点，使河西走廊既是古丝绸之路的咽喉要区，也是"羌胡"联系的交通孔道。历史上河西走廊曾是古代中原统一王朝与西北游牧民族政权争夺的焦点，故有"欲保关中，先固陇右""欲保秦陇，必固河西""河西不固，关中亦未可都"之说。

河西归汉后，不仅在政治制度、经济形态、民族构成和文化习俗等方面发生了前所未有的变化，而且在政治军事和中西交通中的重要性也日益彰显。在此之前，当地人口主要是月氏、乌孙、氐、羌、匈奴等游牧民族，其生产活动以畜牧业为主。汉武帝两次进兵河西，大败匈奴，将原驻河西的匈奴降众悉数迁出，分别安置在陇西、北地等西北边郡塞外之"五属国"，又从内地大量移民，并在河西驻军屯垦，先后设置了酒泉、张掖、敦煌、武威"河西四郡"。到西汉末年，四郡共辖35县28万多人。

大量内地人口的迁入和郡县制的推行，使当地人口由以匈奴等游牧人群为主转化为以从事定居农耕的汉人为主，农业成为占主导地位的生产部门。同时，汉朝因地制宜设置若干牧苑，使当地发达的畜牧业得以延续发展。安定的社会环境和持续发展的农牧业经济，为丝绸之路的畅通繁荣奠定了基础。汉代的河西走廊，不但有"风雨时节，谷籴常贱""凉州之畜为天下饶"的富饶，更有"驰命走驿，不绝于时月；商胡贩客，日款于塞下"的繁荣。及至隋唐时期，河西更是"夷夏"和睦、粮储丰富、牛羊被野的安定之区。

人口的迁徙流动促进了文化的交融荟萃。汉代以后，中原战乱动荡之际，就是大量人口迁入河西之时。其中，魏晋十六国时期内地"儒英"的大量迁入极大地促进了河西"本土世家学术"的发展，进而创造了独树一帜的"五凉文化"。北魏统一北方后,河西文化也随当地名流宿儒的内迁而回流中原,对北魏文化与制度产生了深远影响。诚可谓上续汉魏西晋之学风,下开北魏、北齐、隋唐之制度,是名副其实的承前启后、继往开来。

河西走廊的多民族结构和农牧并举的经济促进了文化的交流融合。这里既有大量来自内地的农耕人群,也有从各地移入或迁出的氐、羌、鲜卑、吐谷浑、回纥(鹘)、吐蕃、党项、蒙古等游牧人群,还有来自西域的粟特人。各民族之间既有和平相处、友好往来,也不乏兵戎相见、对立冲突,但在长期的交往交流中,他们相互影响、相互促进、相互融合,共同创造了开放包容又具有鲜明地域特色的河西文化。尤其是随着丝绸之路的畅通繁荣,东来西往的使者、商人络绎不绝,河西亦成为世界四大文明体系汇流之地,诸如佛教、祆教、景教、摩尼教等宗教也相继传入河西。不同文化在河西交汇、交流、交锋、交融,相互借鉴吸收、创新发展,进而向周边各地传播。不论是中原文化礼仪的西传,还是西方艺术、宗教的东渐,莫不如此。

由此可见,河西走廊作为古代丝绸之路交通的咽喉要地和民族交流融合的重要舞台,其经济文化的盛衰兴废与其独特的地理环境、多民族结构和政治军事形势的变化等息息相关。河西的经济发展与社会进步,离不开这些基础要素的互动,古代如此,当今亦然。

二 河西走廊在中华民族共同体形成中的历史作用与现实意义

河西走廊多元文化荟萃,多民族交往、交流、交融的历史,在中华文明与中华民族共同体的历史起源和形成过程中发挥了关键作用;而当代河西走廊各民族交错散居、和平共处、互助发展的民族关系突出反映了中华民族多元一体的优势以及中国民族政策、民族工作的巨大成就。这些都说明,河西走廊的民族关系实践对铸牢中华民族共同体意识具有重要的参考价值和理论指导意义,需要我们从历史起源、发展及现实状况等多个方面去挖掘研究,为国家提供更为深入、切实的智库思维及对策建议。

首先,在古代中华文明形成时期,河西走廊为中原农耕文明与北方游牧文明及世界多元文明体系互动交融提供了必要的自然生态环境及传播通道。河西走廊的绿洲地带孕育了古代河西走廊的农耕文明，而后者又与北方游牧文明互动，形成密集的绿洲驿站及商业贸易网点。中原民族在此地与北方及西域部落民族互通有无，成就了"你中有我，我中有你"的早期中华文明各文化系统间的亲缘关系。同时，河西走廊的人文地理和自然生态条件又使早期中华文明不断向外部辐射，在文明互动过程中，成为世界文明的一个组成部分。

早期的蚕丝加工技术及丝绸产品通过河西走廊运往西域，促成了古代丝绸之路；四大发明、汉字汉文也通过此地向西方传播；古代西方文明诸要素，如科学技术、音乐艺术、语言文字、宗教文化及饮食服饰文化等，也都通过河西走廊与当地各民族文化发生交流交融，逐渐成为早期中华文明的一部分。从文明生态史观出发，我们可以认为，早期中华文明是在中原文明的基础上，综合吸收了西域及北方各民族文化优秀元素而形成的，多元共生是其基本特质；而奠定中华文明多元共生及整合凝聚进程的历史条件，则是中原农耕文明、北方游牧文明及西域文明在河西走廊的互动交融发展。从文明生态史学的视角来看，可以说，河西走廊以及往来于此的各民族在中华文明形成初期发挥了文化桥梁的重大历史作用，从而为中华民族共同体的起源和形成提供了重要基础，大力发展河西走廊文明生态研究的史学意义即体现于此。

其次，在中华民族逐步凝聚成一个自在实体的漫长历史进程中，河西走廊又是一条民族走廊，发挥了中原民族与北方及西域各民族相互接触、互动拉锯、交往交流交融的重要作用。

河西走廊自然条件复杂，地貌景观多样，域内高山、河谷、绿洲、荒漠、草原等自然生境并存，不同人群在不同历史时期出入河西，形成了交错共存又各具特色的生产生活方式。随着历史上的人口往来迁徙，不同人群之间发生着持续的分化与融合，逐渐演化为今天河西的汉、蒙古、藏、土、裕固、哈萨克、回、满等十多个民族。汉、回等民族主要在绿洲城镇从事农业、贸易商业，而藏、裕固、哈萨克、蒙古等民族则多在山区及荒漠平原从事牧业。

如果说，费孝通先生提出的"西北民族走廊"是一条沟通中原与西北地区各民族的大通道，那么河西走廊可以说是这条大通道上的咽喉要道。自古以来，中原民族及其承载的农耕文明就通过河西走廊向西部的绿洲及荒漠山区延伸发展。在这里，迁徙而来的中原农民开始与各游牧部落群体互动交流，形成既相互依赖又相互竞争的交往关系。商贸和文化往来使他们互通有无、相互了解，政治经济利益的竞争又造成不同群体间的冲突和拉锯，但从长久的自然历史进程看，这些过程不断壮大和凝聚着中华民族。

就疆域治理的角度而言，西汉王朝设立"河西四郡"是个划时代的历史事件。张骞出使西域后，中原王朝对西域乃至西方世界有了深刻的认识，中央王朝更进一步推进疆域的开拓及对各民族群体的政治整合。汉末魏晋时期，中原王朝的影响力减弱，河西走廊进入历史学所谓"胡汉共治"时期；北方游牧部落及其他西域民族群体主导的地方政权在此地交错出现，少数民族群体的军事政治智慧被应用于当地的社会事务管理中。河西走廊的政治文化趋于多样化发展，丰富了中华民族的边疆治理经验，增强了军事作战能力。元代以降，河西走廊不再是地方政权进行军事政治争夺的边陲地带，其作为一个经济文化交流大通道连接中原与走廊西部和南北向各民族的功能再次凸显出来。

最后，河西走廊就像一个"绿洲桥"，深刻理解与把握河西走廊的历史意义，是理解统一多民族国家中国之形成进程的一把钥匙。社会学家、民族学家谷苞先生曾提出，"长城－天山"一线所划分开的农耕区和游牧区这"两大区域"，是中华民族的基本生存地理空间。在古代史中，农耕区和游牧区之间的关系是中国最重大的民族关系。这两大异质性极强的区域之间并不是完全对立的，而是形成彼此依赖、相互离不开的关系，在碰撞互动中构成了一个新的大统一，构成了统一多民族中国形成的重要基础。绿洲则在这两者之间扮演着调和者的角色，河西走廊在这方面非常典型。历史上，它在游牧区和农耕区之间发挥的中介性、关联性、缓冲性作用，使得河西走廊呈现出明显的"过渡地带"的特色。

中国历史与文化的"统一性"，乃是作为政治经济与文化实体之中国的"统一性"长期存在和稳定延续的基础；中国内部各区域间在社会经济与文化方面的巨大差异，衍化出了中国历史演进的不同区域性道路，这反过来又以特殊的方式丰富乃至构成着中国的"统一性"。正是在这样一种背景下，中华民族有着"多元一体"这样的特征与定位。鲁西奇教授曾提出，中国的历史演进有着不同的区域性道路，包括中原道路、草原道路、高原道路、沙漠－绿洲道路、南方道路等路径。河西走廊是沙漠－绿洲道路的典型代表，同时也是多个区域的过渡地带，对其历史的理解与把握，正可以帮助我们深刻理解中国的多元一体性。

多样的自然生态环境、多样政治整合的历史发展经验、多民族交错散居、多语言和多宗教信仰共存，这些史实使河西走廊成为历史上各民族交往交流交融特征最为明显、对中华民族共同体形成的推进作用巨大的典范地区。

三　跨区域的视野：大时空格局下的河西走廊

在传统的对于"中国"的认知中，人们常常不自觉地把"中国"视为一个均质化的存在，这就很容易陷入西方认识论对于中国问题的遮蔽。19世纪以来，原本自视为天下中心的中国人，被迫开始在东西方关系当中重新厘定自我认知。在此过程中，西方作为中国的镜像，也基本界定了人们对于现代国家、对于现代化的理解。这种认知通常把国家单向度地理解为均质化的存在，忽视了在法权意义上的均质化之外，各个国家往往还有着历史与文化意义上内在的多元性和特殊性。在这样一种视野中，我们对世界的理解会陷入一种单薄的片面性当中，在对中国和中华文明的理解上尤其会出现这样的问题。事实上，中华文明在相当程度上是跨文明的存在，中国文化内部儒、释、道乃至伊斯兰文化并存交融，农耕与游牧文化并存交融，都在不断地提醒我们这一点。

19世纪末敦煌石窟的再发现，让我们看到，"跨文明的文明"或者"复合式文明"自古以来便是中华文明的常态。敦煌石窟中大量胡汉交融的壁画证明了少数民族政权一直延续和丰富着中国文化，始终积极参与了中国的历史进程。谷苞先生指出，"在历史上，我国的少数民族曾经建立过两个统一全国的王朝和许多地区性政权。不论哪一个少数民族的统治阶级掌权，中国文化都得到了继承和发展，保持了中国历史延续性。这一点在世界文明古国中是别无先例的，值得我们引以自豪"。在河西走廊上，我们可以看到不同区域互动的历史，既有自东而西的中原文明的影响，也有自西而东的西域诸文明的影响。这也让我们在理解河西历史的时候，有必要进入一种区域关系史的视野，这将更有助于展示其内在丰富性与外在关联性。这样一种视野，不仅可以更好地理解河西走廊，还有助于去除西方认识论的遮蔽，更好地理解中国。

历史上的西北少数民族在时空分布上，与丝绸之路有着高度的重合性，担当了商品转运和文化传播的角色。丝绸之路东起长安，西到地中海沿岸，但是，就其货物运行的起点和商人的活动距离来说，很少有将货物从长安一直运往地中海沿岸的，而主要是接力式、邮传式的运转。在这种接力过程中，从河西走廊开始的节点性绿洲城市非常重要，它们作为中转集散地，推动整个丝绸之路的运转，就像是"绿洲桥"的桥墩。

丝路上的接力点或中转集散地，在历史上并非固定不变，它们是在地理、交通、经济、军事以及政治等各种因素的运行与变化过程当中形成的。相应的，在不同历史时期，由于前述因素的变化，这些中转集散地也会发生变化。在丝绸之路经济带建设中，这一历史经验十分值得借鉴：不仅对于重要节点和中心城市要给予特别的关注与重视，而且要把这些节点城市放在同一个经济功能区来考虑。从关中平原、河西走廊、天山南北到中亚七河地区、中亚河中地区，丝绸之路的不同区域形成波浪式、接力式的区域体系，构成功能各异但又彼此功能互补的"文化－经济"区。这些区域的形成既受到地理等条件的约束，又都有其深厚的历史文化渊源，对其中机理的研究，将非常有助于今天"一带一路"建设蓝图的设计。

有学者提出，"一带一路"是借助"路""带""廊""桥"等形式重新发现并塑造区域之间的联系，促进区域之间的长链条合作与深度交流，这将引起区域关系的巨大变化。在国内，受"一带一路"建设效应影响最大的应该是边疆地区。在"一带一路"的布局之下，边疆不仅是对外开放的前沿，还是沟通内外的重要节点和中心区。在这一意义上，"一带一路"不仅改变了边疆的空间定位，还将重塑边疆地区的经济文化形态，促进边疆地区的稳定与发展。

四　河西走廊当代发展的路径

（一）发掘走廊地带社会文化资源，助力边疆建设，铸牢中华民族共同体意识

时至今日，在新时期推动"一带一路"建设与铸牢中华民族共同体意识的进程中，河西走廊多民族社会文化和谐共存的重大现实意义和价值，可以从战略布局和实际推进两方面加以把握和转化。

为了确保边疆地区的和谐稳定，保障"一带一路"的稳步发展态势，我国越来越重视河西走廊对内地与新疆的战略连接作用，以其作为边疆治理的桥头堡。在国内，应参考河西走廊多民族社会文化共存的成功范例，进一步总结经验，为完善边疆治理的方针政策、合法合理地开展西部边疆地区的社会治理工作提供有益参考，增强边疆地区各民族的中华民族共同体意识。在国际上，则可以通过对河西走廊各民族和谐共生事例的展示和宣传，消除各种误解，使国际社会更加深刻地理解建设人类命运共同体对于推动世界和平进程、促进人类文明发展的重要价值和意义。

在边疆地区，国民教育和社会治理是加强中华民族共同体意识的两个重要环节，而这些工作的展开急需合格的人才充实各行各业，尤其是基础教育领域。在这方面，河西走廊走在了挖掘利用地方文化资源、为国家边疆建设服务的前列。河西学院是从兰州到乌鲁木齐近 2000 公里路程中的唯一一所综合性普通本科院校。近年来，河西学院已经向新疆地区输送了 5000 多名本专科毕业生，为充实边疆的基础教育做出巨大贡献，极大地延续和增强了新疆与内地血脉相连的纽带。河西学院大力开展民族学等相关学科的教学工作，有效地将走廊地带的自然生态及社会人文资源用于各学科的教学实践，不仅强化了当地年轻学子对边疆的理解和亲近感，还让来自全国各地、不了解少数民族社会文化的年轻学子学习少数民族语言，体验和熟悉民族地区、边疆地区各民族交融的生活、工作状态，消除了他们与少数民族群众交往的社会文化障碍和心理障碍。这种实践教学，激发了年轻学子去边疆工作的愿望，增强了他们的工作能力和信心。可以说，河

西学院理论结合实践的教学方法是成功培育边疆基础教育人才的技术支撑，而河西走廊丰富的历史文化资源以及人们多民族、跨文化的生活体验则是人才培养的资源保障。

这一实践强有力地证明了河西走廊是在内地与边疆之间形成的社会文化的"过渡地带"，应充分重视和发掘这一宝贵的社会文化资源对于边疆治理、边疆建设的重要作用。河西走廊在民族交往、社会治理、民族政策与民族团结进步教育等方面的经验与实践，都对当前铸牢中华民族共同体意识具有重大参考价值和指导意义。相关学界要大力加快加强河西学派建设及河西走廊研究，深入进行综合民族学、社会学、历史学、人类学等学科的跨学科研究，形成有效的智库对策，推动成果转化。

（二）探索河西走廊的生态文明建设路径

对于生态环境极为脆弱的河西地区而言，生态文明建设有着全局性、根本性的重大意义。发展河西走廊，要坚决扛起建设和维护西部生态安全屏障的重大责任，强化生态文明建设。生态文明建设是关系中华民族永续发展的根本大计。近年来，习近平总书记先后 4 次就祁连山生态环境保护问题做出重要批示。从国家层面上看，河西走廊是我国西北重要的生态安全屏障建设区、"三北"防护林重点建设区、黄河上游及内陆河流域重要水源地涵养区、生物多样性保护优先区域，承担着国家生态安全的重要战略保障功能。

河西地区的生态环境建设应坚决贯彻开发利用和资源保护并举的原则，确立"护两头，保中间"的战略思想。积极保护、恢复南部祁连山脉水源涵养林草植被和北部绿洲边缘荒漠固沙植被。运用法律手段，采取坚决果断的措施，严禁破坏现有植被。扩大封禁区域，同时封育结合，积极营造防护林草，建设绿洲外围封沙育草、绿洲边缘培育防护林带、绿洲内部营造护田林网相结合的防护体系。

要确立干旱内陆流域为"脆弱的生态系统"的指导思想，要认识到任何不适当的土地开发活动都可能造成影响全流域乃至波及整个西北地区的环境后果，对其自然资源的开发必须持审慎的科学态度，开发工程前必须进行严格的科学论证，要针对不同地段的生态特点和开发利用的类型确定其适度利用的范围和指标。

日前，甘肃省出台了《关于河西戈壁农业发展的意见》，提出到 2022 年将在河西沙漠戈壁新建 30 万亩高标准设施农业，把河西地区打造成中国西北乃至中亚、西亚、南亚地区富有竞争力的"菜篮子"产品生产供应基地。这是一项前无古人的创举，建议项目实施前进行全面的、科学的生态评估，确保戈壁以及整个河西地区的生态安全，切忌水土资源的过度开发利用。在水利建设上，除注重生活、生产用水外，还应特别重视生态环境方面的需水、配水，不能以牺牲生态用水来扩大生产。

（三）抓住"一带一路"重大机遇，发挥河西走廊的比较优势

作为中国向西开放的重要门户和天然廊道，当前河西走廊面临的最大机遇是"一带一路"建设带来的开发开放。河西应顺势而上，乘势而为，充分发挥好作为"通道""枢纽""基地"的优势，奋力走出一条内陆边远地区开放开发的新路子。

在这一背景下，河西应进一步充分发挥自身已有的产业优势和潜力，与"一带一路"沿线国家和地区开展更深层次、更宽领域、更富成效的合作，努力将河西打造成为面向中亚、西亚、中东欧等"一带一路"沿线国家和地区在能源矿产、基础设施、装备制造和现代农业等领域合作的重要基地，开辟河西企业大踏步"走出去"的新途径、新模式。

河西地区应充分利用自身优势，大力发展新能源、新材料等高科技新型产业。例如，利用丰富的日照、风力资源，以打造"陆上三峡"为核心，近年来河西的光电、风电产业及其设备制造业异军突起。应进一步做好蓄能调峰及相应的配套工作，使河西成为我国新型能源产出及"西电东送"的重要基地。武威重离子肿瘤治疗系统的发展水平在全球处于领先地位，河西可依此大力发展相关产业，如重离子肿瘤治疗专用加速器的高端装备制造业。酒泉中核产业园主要处理受过辐射、使用过的核燃料，技术水平处于国际领先地位，可以此为龙头，大力培育、带动一批新型产业。未来若干年，新能源汽车将呈"爆棚式"发展，高性能动力电池需求量无疑会随之暴增，金川公司根据我国新能源汽车产业规划，研发锂离子电池材料，大有发展前景。甘肃稀土公司顺应国内外市场需求，应加快发展以凹凸棒

为代表的新材料产业。

河西还有一个重要的比较优势是其丰富的旅游资源。河西地区的少数民族人口约占总人口的8%，大多分布于祁连山北麓水源涵养地带。这里不适合发展采矿、排污性厂矿等企业，应及时转变思路，调整产业方向，大力发展民族特色经济，发展第三产业。河西民族地区山川雄奇壮美，生态资源丰富，又地处丝绸之路古道，文化积淀深厚，民族风情浓郁，发展旅游业具有得天独厚的条件。

地处古丝绸之路"黄金地段"的河西，无疑也应发展成为今天丝绸之路沿线旅游的"黄金地段"。2014年，中国、哈萨克斯坦、吉尔吉斯斯坦三国联合，将陆上丝绸之路的东段"丝绸之路：长安－天山廊道的路网"成功申报为世界文化遗产，其中河西有6处世界文化遗产点。2016年，一年一度的丝绸之路国际（敦煌）文化博览会成功创办，并已成为"一带一路"建设的重要载体，是丝绸之路沿线国家人文交流合作的重要平台。河西应当抓住这些机遇，提升河西的文化定位，挖掘出河西历史文化资源中的开放性与国际性，从而深化敦煌文化、河西文化与旅游业的深度融合与协同发展。

当前，对河西走廊的系列研究已经打开了更宏大的时空视野，从区域关系的角度理解河西带给我们重要启示。在当今"丝绸之路经济带"的建设中，需要一种整体、系统、统筹的视野，要将新中国成立以来"一带一路"沿线的新兴工业城市、交通枢纽城市、资源性城市与传统绿洲城市整合形成一个配套的体系。如将敦煌树立为新的文化坐标，以敦煌为枢轴来重新理解中国历史与世界历史，不仅可以整体性地呈现"河西走廊"的特色，更会对我们理解"中华民族共同性"和"人类命运共同体"带来重大的启发。

2014年高铁进入河西走廊，从兰州经张掖、酒泉、嘉峪关，直抵天山脚下的乌鲁木齐。兰新高铁全线贯通，高度的时空压缩使得河西走廊作为新型"绿洲桥"的功能开始展现，高铁时代让丝绸之路的时空连通效能倍增。西部高铁路网的进一步完善将有力地结合起现代化的工业文明与"复合式的丝路文明"。新时代，将河西走廊打造成面向中国西部以及面向中亚地区的重要教育培训基地、欧亚商品博览基地、丝绸之路文化艺术交流基地、丝绸之路旅游集散基地等，正当其时。河西走廊作为"丝绸之路经济带"上承东启西的"黄金地段"，正面临着新的历史起点！

【本文为集体成果，作者按姓氏笔画排序：王建新系兰州大学西北少数民族研究中心副主任、教授，甘肃省人民政府参事，从事民族学、人类学研究；李并成系西北师范大学教授，甘肃省人民政府参事，从事敦煌学、历史地理学研究；高荣系河西学院河西史地与文化研究中心主任、教授，从事秦汉魏晋史、简牍学和河西地方史研究；黄达远系陕西师范大学中亚研究中心教授、河西学院特聘教授、国家民委智库专家，从事历史学、民族学研究。】

河西笔谈：从河西走廊发现更广阔中国[*]

李大龙　　李鸿宾　　王子今　　王剑利

"从走廊发现中国"专题（下文简称"走廊专题"）要回答"何谓中国"的问题。我们从中国的历史、中华民族的历史、中华文明的历史这三个层面出发，去探讨"多元一体"中国的历史进程、演化路径和动力机制。我们不仅要基于走廊地带呈现出多元的、区域性的发展道路，更要探索"多元"共生向"一体"凝聚的进程、路径和机制，从而呈现出更具整体性、更为丰富立体的中国。

"我们"是我们的知识的总和，历史留存下来的知识，参与了"我们"的建构。走廊专题注重从久远的历史观照中讨论走廊的意义和变迁，尝试从一个古今关联、具有中国主体性的知识体系来"发现"中国。因此，中国民族报社理论周刊编辑部邀请到李大龙、李鸿宾、王子今三位学者，结合他们各自的研究领域，与走廊专题的策划人之一、理论周刊编辑王剑利博士共同讨论河西走廊，从走廊发现"更广阔的中国"。

---

[*] 原文发表于《中国民族报》理论周刊 2018 年 10 月 19 日 6、7 版，系"从走廊发现中国·河西走廊篇"专题第十四篇。

一　"卯榫"：从"如何认识中国"定位河西走廊

王剑利：

中国民族报社理论周刊编辑部在 2017 年末策划"中华民族共同体视域下的疆域治理"专题（下文简称"疆域专题"）时，意识到"史观"及思想传播的重要性。何谓中国？中华民族多元一体格局是如何形成的？要回答这些问题，必须从一个宏大视野出发，在中原与边疆的互动历程中，呈现"各民族共创中华"的历史。这需要一种新的"史观"表达。在对走廊地带的思考中，我们发现了拓展这样的"史观"的切入点，由此开启了"从走廊发现中国"专题。我们尝试从中国的历史、中华民族的历史、中华文明的历史这三个层面出发，对"何谓中国"这一问题给出更加丰富、立体的解释。

李大龙老师您在汉唐史和疆域理论方面有很多系统性的思考。在我们编辑部和黄达远、施展、蔺海鲲三位学者共同策划走廊专题的河西走廊篇（以下简称"河西专题"）期间，您也贡献了很多思想。您的一个重要研究成果是对多民族国家中国疆域形成的系统思考。您认为在这一过程中，如何定位走廊？我们从河西走廊说起。

李大龙：

"史观"的定位我十分赞同！何谓中国，以及中华民族是如何形成与发展的，这两个问题对于我们认识中国的历史、中华民族形成与发展的历史来说，就是史观性的问题。因为对这两个问题的回答制约着我们每个人对中华大地上众多政权演变和族群互动交融历史的认识，有不同的回答就有不同的认识。诸如王朝国家、民族国家、游牧帝国等不同观点的出现，其根源即在于此。

2015 年人民出版社出版了我的《从"天下"到"中国"：多民族国家疆域理论解构》一书，它虽然是对多民族国家中国疆域形成与发展的思考，但其中也体现着我的史观：多民族国家中国的存在是中华大地上众多族群包括历史上已经消失的族群共同努力构筑的结果。分裂与统一是多民族国家历史发展中长期存在的一对矛盾因素，多民族国家构建的历史往往伴随着分裂和统一。对于多民族国家中国而言，经历了多次大规模的分裂与统一之后，中华大地上的众多族群终于让产生于农耕族群中的"中国"发展成为了一个幅员辽阔、族群众多的多民族国家。多民族国家中国并非哪个族群所独有的，而是众多族群包括历史上已经消失的族群共同缔造的。基于这一史观，我认为，将中华大地上的众多政权演变和族群凝聚置于多民族国家中国构建的视域下进行分析，是符合中华大地上政治格局演变与族群凝聚的大势及其最终发展结果的。这一最终结果就是当今的多民族国家中国，我将其比喻为"家园"，而我们今天的 56 个民族则称为"家人"。

通过走廊地带寻找答案是一个有意义的路径。一方面，这让我们的讨论从宏观进入了实证性的微观领域；另一方面，这也是一个值得称赞的视角，从走廊地带来寻找答案很可能和我的认识会殊途同归，更有助于我们准确认识多民族国家中国的形成与发展，认识中华民族的形成与发展。从历史和现实看，在中华大地上存在很多"走廊"，目前被学界关注的主要有藏彝走廊、河西走廊、辽西走廊、南岭走廊、苗疆走廊、武陵走廊等。就这些走廊的界定而言，有些是从族群互动的角度定义的，如藏彝走廊、南岭走廊、武陵走廊，有些则是从交通道路和族群互动等多视角定义的，如河西走廊、辽西走廊、苗疆走廊。但不管如何定义，这些走廊在多民族国家中国疆域和中华民族形成与发展中的作用都是非常值得关注和肯定的。

从多民族国家中国疆域形成与发展的视角，如何定位这些走廊？或者说，如何认识这些走廊对多民族国家中国、中华民族形成与发展的重要作用，这是一个很值得学界关注的理论问题。从长期的历史发展看，这些走廊的作用恰似代表中国建筑文化精髓的构件——卯榫一样，将中华大地上的不同区域有机地联系在了一起。这种作用在河西走廊体现得尤为典型。河西走廊犹如一个巨大的"榫"，将南部的青藏高原、北部的蒙古草原、西部的西域和东部的陕甘与中原地区"卯"在了一起，使四大不同区域共同成为多民族国家中国疆域的重要组成部分，众多的族群融入到中华民族之中。将走廊地带称之为"卯榫"，不仅准确地认定了走廊地带在中国疆域形成与发展中的重要性，同时也恰当地印证了多民族国家中国疆域、中华民族从"多元"到"一体"的发展轨迹。

当然，起到"卯榫"作用的走廊并不只有河西走廊一个，辽西走廊、苗疆走廊、藏彝走廊等也都发挥着形式各异但性质类同的"卯榫"作用。因此，我认为"从走廊发现中国"不仅可以为学界、国民"如何认识中国"提供一个全新的思路和视角，同时可以为"铸牢中华民族共同体意识"提供坚实的学术基础和符合中国历史发展实际的史观。

王剑利：

您用"卯榫"的比喻形象地表达了走廊的意义。我们还借用了施展老师提出的"多元互构"理念，来表达走廊的作用以及走廊之间的关系：中国的各个区域之间有着长久而深刻的互动过程，它们互为条件，相互影响，在历史进程中共生演化为中国这个统一的多民族国家；"多元"之间由若干个走廊地带相互衔接、相互嵌入，这些走廊地带是"多元"得以具体连接的历史－地理－文化基础；这些走廊地带在历史演化的过程中，也逐渐成为区域单元和中国整体不可分割的组成部分。我认为，无论是"卯榫"，还是"多元互构"，都表达出了走廊专题的整体定位：并非孤立地呈现不同走廊各自的历史意义和区域意义，而是将各条走廊放在"中国"这个整体背景下来考察，分析它们在整体秩序中各自的结构性地位，以及各大区域及至各条走廊之间相互的构成性意义，展开一种整体性、体系性的视野。走廊专题期待在对走廊联动性的探索中，从时间和空间，从宏观和微观，多层次、立体性、有机地呈现出中国、中华民族、中华文明的生成和发展过程。

农耕和游牧两大群体的互动是中国历史的一条主线，您的一个研究路径也是从这一点出发来讨论多民族国家中国的形成。中国内部有多条走廊，学界关注到了这些走廊内部及其周边不同族群与中原农耕族群的交往互动。但我们还想向前推想：各个走廊及周边区域呈现出的历史过程，很可能以与中原的关系为传动机制而形成了某种联动效应。现在，我们将视线从河西走廊向东转向辽西走廊。在您看来，在历史上的农牧族群互动过程中，河西走廊和辽西走廊有何内在关联？这些关联对于多民族国家中国的形成与发展，有何意义？

李大龙：

中国古人对人群的划分有多种，但将中华大地的人群分为农耕和游牧两大群体，最早的标志应该是春秋战国时期出现的长城，民国时期胡焕庸画出从黑河到腾冲的人口分界线将中华大地分为东农西牧两部分，更强化了这种划分。历史上，农耕族群和游牧族群的互动是早已被关注到的，司马迁的《史记》中已经有"城国"和"行国"的划分。但从已有的众多研究成果看，国内学者多数是从历代王朝的视角出发，在边疆治理的框架内将两大族群的互动定位为游牧族群的南侵和农耕族群的防御，而国外的学者则多将游牧族群作为主体来看待两大族群的互动，和我们的传统认识存在较大差异。

农耕族群和游牧族群的互动也是我近年来的主要研究方向。我的视角是将两大族群的互动置于多民族国家中国形成与发展的框架下，审视其互动过程和发展规律。我主持的国家社科基金特别项目"北部边疆历史与现状"子项目"游牧行国体制与王朝藩属互动研究"已经结项，成果即将由内蒙古大学出版社出版，总的观点即是农耕和游牧两大族群的互动是中国历史的主线，是推动多民族国家中国、中华民族形成与发展的主要动力。

走廊在两大族群互动中的作用，前辈学者早就给予了关注。但是，已有的研究成果多是关注某一个具体的走廊，从中国国家建构、中华民族凝聚发展的视角来整体上审视走廊作用的学者和著作还不多。

河西走廊和辽西走廊虽然相隔很远，但从农耕和游牧两大族群的互动视角审视，二者却有着紧密的内在联系。单纯从地理位置上看，两个走廊位于人为设置的两大族群分界线——长城的一东一西，构成了两大族群互动的前沿，由此也成为中原王朝尤其是"大一统"王朝在处理和游牧政权关系的过程中重点经营的区域。在中原农耕王朝和游牧政权对峙的状态下，走廊地带属于重点防御乃至争夺的焦点；而在"大一统"王朝将游牧族群纳入有效管辖之下后，走廊地带则成为农耕和游牧交往、交流乃至交融的前沿处所。

从历史发展来看，在西汉代秦而立实现了对中原农耕地区的统一之后，北部草原地区的匈奴最迟在文帝时期（前179年至前156年）也完成了对草原地区游牧族群（包括西域）的统一。为了维持两大族群交流的正常进行，二者不断重申西汉初期订立的约定："长城以北，引弓之国，受命单于；长城以内，冠带之室，朕亦制之。使万民耕织射猎衣食，父子无离，臣主相安，俱无暴逆。"（《史记》卷110《匈奴传》）但是，随着汉朝国力的增长，对河西走廊和辽西走廊的经略不仅成为汉武帝处理与匈奴关系的重要内容，也是其构建"大一统"王朝的重要步骤。在汉武帝对匈奴实施的具体战略中即有断"匈奴右臂"和匈奴"左地"之说。张骞建议"厚币赂乌孙，招以益东，居故浑邪之地，与汉结昆弟，其势宜听，听则是断匈奴右臂也"（《史记》卷123《大宛列传》），为汉武帝所接受，其实施的最终结果是汉武帝设置了河西四郡，以"隔断羌胡"。元狩四年（前119年），汉武帝派遣骠骑将军霍去病"击破匈奴左地，因徙乌桓于上谷、渔阳、右北平、辽西、辽东五郡塞外，为汉侦察匈奴动静。其大人岁一朝见，于是始置护乌桓校尉，秩二千石，拥节监领之，使不得与匈奴交通"（《后汉书》卷120《乌桓传》）。"匈奴左地"即是包括辽西走廊在内的地区。

王剑利：

也就是说，河西走廊与辽西走廊的时空关联，不仅仅因为中原与这两条走廊的联系，同时也因为北方草原与这两条走廊的联系。换言之，河西走廊和辽西走廊处于北方农牧交错带的两翼。这是理解河西走廊与辽西走廊的关系，以及思考二者与中原、北方草原发生时空联动的一个重要出发点。这与西南方向的走廊地带是有区别的。

李大龙：

是的。汉代对河西走廊和辽西走廊地带的有效经营不仅为其后诸多王朝所借鉴，成为中原王朝经营西域和东北地区的重要基地、游牧政权南下进入中原农耕地区的重要通道，同时也为两大族群的互动与交融提供了极大便利，两大走廊地带多元的文化积淀即是两大族群互动与交融的结果。而更重要的是，两大族群的互动与交融推动了多民族国家中国的形成与发展，其背后深层次的原因则是两大族群对"大一统"思想的继承和发展。以"普天之下莫非王土，率土之滨莫非王臣"为核心内容的"大一统"思想形成于农耕族群之中，秦汉王朝的积极实践，在历史演化中更是逐渐将一部分匈奴、乌桓、鲜卑、羯、氐、羌等游牧族群纳入"大一统"王朝的有效管辖之下。此后，以匈奴人刘渊建立的汉（赵）政权为开端，先是游牧族群在中原地区建立了所谓的"五胡十六国"，继之鲜卑人建立的北魏、契丹人建立的辽、女真人建立的金等，先后南下农耕地区建立政权争夺"中国正统"，最终蒙古人建立的元实现了对中华大地的"大一统"。法国学者勒内·格鲁塞在《草原帝国》（商务印书馆，1999 年）中将游牧族群对农耕地区的这种持续不断的南下称为"掠夺"，并认为游牧族群"从文明中一无所获"，原因就在于其视角只关注游牧族群一方。这样自然难以认识到，正是游牧族群"重复出现"的南下争夺"中国正统"，才出现了北魏、辽、金、元等王朝成为中国"正统"，有了女真人的后裔满洲人建立的清朝入关，才最终促成了多民族国家中国的定型。

政权的疆域是随着国力的强弱而盈缩的，但中国疆域发展的总体趋势是，在这些政权的互相兼并过程中往往会出现更大范围内的"大一统"王朝。从三国到隋唐，从五代到元，从明到清，我们可以很清晰地看到中华大地上政权兼并发展的轨迹。其背后的主导因素即是农耕和游牧两大族群对"大一统"思想的继承与发扬，而走廊，尤其是河西和辽西走廊，在其中起到的重要作用有待学者们从多方面进行探讨。

王剑利：

从您的讨论中是否也可以得出一个观点——河西走廊和辽西走廊是对于多民族国家中国疆域的形成发展以及中国实现"大一统"至关重要的"国家走廊"。在河西专题中，黄达远等学者初步呈现"中国历史演进的绿洲道路"。河西走廊绿洲基于特殊的区位和宜农宜牧的环境，在历史上发挥了在游牧与农耕两大异质性区域之间的分界、过渡和缓冲作用，形成了绿洲发展道路，不仅有效"粘合"了游牧与农耕力量，也对农牧两大政权的最终统一做出了不可或缺的贡献。

我们还想继续探讨，就古代中国而言，实现"大一统"所依靠的庞大财政只有中原能够提供，因此古代的"大一统"确实以中原为根基，没有中原的统一，多元整合的"大一统"就不成为可能。但多元整合的"大一统"又是来自边疆非农耕民族建立王朝的结果。从这里就可以看到中国的各区域互为条件、多元互构的历程。从"大一统"思想出发，讨论走廊地带和中国各区域从多元共生向"一体"凝聚动力机制，也许是我们今后探索的一个方向。

您将多民族国家中国比喻为"家园"，将我们今天的 56 个民族喻为"家人"。在您对"家园"和"家人"的理解中，多民族国家中国疆域的形成，与中华民族的凝聚，是一个同构的过程吗？

李大龙：

通过对多民族国家疆域和中华民族形成与发展的探讨，我的总体认识是中华大地上的农耕和游牧两大族群在构建多民族国家中国的同时，也通过交往交流交融而凝聚为中华民族，这是中国历史发展的两条主线，二者同步进行，互为因果。

王剑利：

河西走廊对于中华民族的形成与发展具有重要意义。民族学、历史学（民族史）学界非常注重河西走廊历史上的民族互动与融合。费孝通先生提出"民族走廊"这一学术概念，旨在为其"中华民族多元一体格局"理论提供研究路径。"民族走廊"作为一定历史时期若干民族频繁往来迁徙的大通道，河西走廊则是"西北民族走廊"上的咽喉要道。走廊专题的一个重要目标也在于进一步探索"中华民族多元一体格局"形成的相关机制。除了费孝通先生本人所言"很少有人研究的""凝聚与分解两类过程"之"分合机制"，还有一个关键问题，就在于中华民族凝聚的动力机制。我注意到，您也曾就此提出一个思考："'北方民族不断给汉族输入新的血液'，而'汉族同样充实了其他民族'，但如此是否成为'中华民族''凝聚'的决定性因素？是否还有其他因素？"您认为中华民族凝聚的决定性因素是什么？河西走廊相关的演化历史为深入理解这一问题提供了什么路径？

李大龙：

我对中华民族形成与发展的探讨实际上也是源于费孝通先生《中华民族的多元一体格局》（《北京大学学报》1989 年第 4 期）的发表。经过多年思考，我非常赞同费孝通先生的理论，并且认为从中国疆域和中华民族的形成与发展过程来看，"多元一体格局"不仅是一种理论，而且也是一种史观。这种史观不仅有助于我们认识中华民族的形成与发展，而且对于我们认识世界历史也具有方法论的意义。可以说，中华大地乃至世界范围内每一个文明、每一种文化，其来源基本都是多元的，其发展则呈现一体化的趋势，是诸多因素交融的结果，且都可以用从"多元"到"一体"来概括其形成与发展的过程。费孝通先生在阐述"中华民族多元一体格局"的过程中，着重论述了"北方民族不断给汉族输入新鲜的血液"和"汉族同样充实了其他民族"，并认为"距今三千年前，在黄河中游出现了一个若干民族集团汇集和逐步融合的核心，被称为华夏，它像滚雪球一般地越滚越大，把周围的异族吸收进了这个核心"。贵报走廊专题特意刊发的谷苞先生的文章《在我国历史上有为数众多的汉人融合于少数民族》，最初也发表于费孝通先生提出"中华民族多元一体格局"之际，更加具体地论证了这个问题。这些论述对于我们认识中华民族的形成和发展都是有益的，但是导致中华民族凝聚的是否还有其他因素？我觉得还需要从多学科、多视角进行探讨，只有这样才能完善我们对中华民族形成与发展的认识。

夏人、商人、周人、秦人、汉人等，这些不同人群称呼的出现是夏朝、商朝、周朝、秦朝和汉朝存在的结果。而汉朝长达4个多世纪的存在则是夏人、商人、周人、秦人被整合为汉人的关键性因素。从中可以看出，政权的存在对族群凝聚发挥着重要作用。早在梁启超创造性地使用"中华民族"概念之前，唐人已经在用"中华人"来称呼唐朝的百姓。《全唐诗》卷637顾云的《筑城篇》中有"西川父老贺子孙，从兹始是中华人"的诗句，杜佑所著《通典》在185卷《边防一》记述"濊"时，言"正始六年，不耐濊侯等举邑降，四时诣乐浪、带方二郡朝谒，有军征赋调，如中华人焉"。长孙无忌《唐律疏议》卷4中也有："没落，谓中华人没落蕃中。"这些记载说明，最迟在唐代已经有"中华人"的用法，而且从该词出现在唐诗中的情况看，其使用具有一定的普遍性。而且"中华人"和"唐人""中国人"具有相同的性质，一定程度上说，都是对唐朝主体族群的称呼。梁启超创造的"中华民族"概念更多是具有国民的性质，其与唐代以来"中华人"是否有一脉相承的关系？或许对这个问题的解答会为解开中华民族凝聚的原因提供一个新思路。

名称的演变只是中华大地上的人群凝聚在表象上的反映。这些人群是由于什么更深层次的因素融合为多民族国家中国的"家人"？或者说，中华大地上的人群是遵循何种信念凝聚在了一起，共同创造了我们多民族的家园？我认为对以汉字为载体、连绵不断发展的中华文明的解析，或许可以解开其中的谜团。我们一直骄傲地认为中华文明是世界四大文明中唯一没有中断过的，但在很多人心目中却把中华文明等同于汉文化，实际上这是一种狭隘的错误的认识。我越来越坚信中华文明没有中断的根本原因在于其核心内容是以"普天之下莫非王土，率土之滨莫非王臣"为核心思想的"大一统"观念及其制度文化不断地被农耕和游牧族群继承与发扬。

中大通元年（529年），南梁重臣陈庆之出使北魏后，说："吾始以为大江以北皆戎狄之乡，比至洛阳，乃知衣冠人物尽在中原，非江东所及也，奈何轻之？"（《资治通鉴》卷153）这即是对鲜卑人所建北魏政权对中华文明继承与发展的肯定。其后出现的辽、金乃至元、清各朝，尽管其统治者出于"夷狄"，但都不同程度地继承和发展着中华文明。

河西走廊上的诸多遗迹，尤其是1987年被列入世界非物质文化遗产名录的敦煌莫高窟，则从世俗文化、宗教文化等多个层面体现着从晋到元，前后11个时代活动在河西走廊的诸多政权和族群为其做出的贡献，更体现着两大族群对中华文明的继承和发扬，诠释着中华文明是由生活在中华大地上的众多族群共同创造的，同时也是对中华文明由多元到一体发展轨迹的很好证明。

王剑利：

我和施展老师在疆域专题的笔谈中谈到，历代中央王朝经略边疆有两个中层逻辑：一是"经略边疆的正当性"，以"大一统"和"华夷之辨"的意涵置换为核心；二是"经略边疆的技术"，集中表现为"因俗而治"的制度策略。这一讨论也许可以延续到走廊专题中，成为从整体上理解中国的一个路径。您如何看待"因俗而治"和"大一统"的关联？

李大龙：

针对不同族群实施不同的政策，是历代王朝治边政策的突出特点，被称之为"因俗而治"。其中，建立辽朝的契丹人针对燕云十六州和契丹部众分别采取不同的政策，史书称之为"以国制治契丹，以汉制待汉人"，是较为典型的例证。这一治理原则源自中国传统的"大一统"观念。《春秋集传详说·纲领》将"大一统"解释为："春秋大一统之义，内京师而外诸夏，内中国而外吴楚，尊王抑霸，讨贼扶善，以存天理而遏乱源。"由此，"德被蛮貊四夷""四夷宾服""泽及四夷""天下有道，守在四夷""德服四夷"等成为标榜皇帝德政的重要尺度。但是，这种治理方式往往成为"严华夷之辨"等极端思想的借口，并不利于不同族群之间的交流与融合。因此，"大一统"观念的施行更强调"用夏变夷"和政令的统一，即《春秋公羊传》所说"天王者始受命改制，布政施教于天下，自公侯至于庶人，自山川至于草木昆虫，莫不一一系于正月"。秦灭六国，在中原地区实施郡县制，开政令统一之先河，而汉武帝灭南越设置儋耳、珠崖、南海、苍梧、郁林、合浦、交趾、九真、日南九郡，同时设置西域都护、护羌校尉、护乌桓校尉、使匈奴中郎将等，对西域、西羌、乌桓及匈奴等进行管理，逐渐改变着"因俗而治"的方式。唐朝效仿汉代，将都护制度推广到了包括草原地区在内的更广阔的边疆地区，王朝对边疆游牧等族群的管理有了逐渐加强的趋势。汉唐试图加强对边疆管理的努力并没有为五代、宋、辽、金时期诸多政权所继承，元代土司制度、明代羁縻卫所制度在边疆地区的推行，看似又回到了"因俗而治"，但相伴而生的改土归流不仅在明朝既有推行，清朝雍正时期更是加大了力度，而同时《蒙古律》《回疆则律》等在边疆的实施，却是加强边疆管理的趋势进一步强化的表现。

王剑利：

从您的观点看来，"大一统"与"因俗而治"的关系也要放在一个关联互动的动态历史过程中才能加以理解。河西走廊历史上发生着从"边地"演化为"内地"，其人民从"边民"演化为"国民"的历程。如何从治理走廊地带的历史来理解"多元"和"一体"的关系，应是一个值得深入挖掘的话题。

二 河西走廊战略地位的历时性呈现

王剑利：

李鸿宾教授您长期关注中国的疆域议题，尤其对唐朝的地缘政治、族群关系有深入研究。我们看到，由于古代中国政治重心的地理转移，王朝国家的首都从汉唐之间的关洛地区转移到了宋代以来的华北地区，对于王朝国家的秩序建构而言，河西走廊的功能发生了一些重要变化。您如何看待河西走廊战略意涵的转型呢？

李鸿宾：

河西走廊地位的战略性呈现，应当始于汉武帝遣派张骞沟通西域纵深之地的政治势力那个时代，这已为人所熟知。但是对它怎么定位呢？人们通常采用德国人李希霍芬的说法，将其视作沟通中国至地中海东岸（包括欧洲东南部）的以丝绸贸易为中心的通道。实际上，我们从来没有看到这么一条不间断地从东方的端点持续至西方端点的道路以作贸易，更多的则是某些地域之间的相互交易。其范围不能太大，否则成本过高，利润过少，交易就不可能持续。虽然如此，人们还是将这些不能连缀的区域甚至彼此毫不搭界的"大道"视作通途给予观照。支配人们如此向往的动机固然多种多样，但国家层面的现实利益考量应当是首屈一指的。对中国王朝而言，它的意义与这个王朝一统化的建构密切相关，或者说"丝绸之路"本身就是王朝盛世的某种展现。那么，历史上这种战略地位的表现又在哪里呢？

去除纷繁复杂的细节不论，在我看来，它的战略性地位主要呈现于中国古典王朝的前期和当下这两个时段。王朝前期以汉唐为代表，包括秦隋，但后者因存续过短，丝路的重要意义无从展现。汉唐以朝廷掌控幅员辽阔的地域和以耕作为主的大量人口并依此构建"盛世"局面而著称，"丝绸之路"恰巧以它与周边远域的勾连作用而得以凸显。事实上，隐藏在相互贸易、彼此交流的盛世景象背后的，则是中原王朝与其周边诸种政治势力（或政治体）尤其是与草原游牧力量相互博弈的场景。当秦始皇统一六国，建构起以农耕为基业的中央集权式王朝之时，他就北征匈奴以扩展定居型王朝的规模，由此开启了中原王朝向草原发展，构建生态、地域与族群异质型王朝的道路；汉朝的刘邦继其衣钵企图征服匈奴，无奈力有不逮，反被对手围困；汉武帝大规模地北上进军，既是秦始皇、汉高祖开拓方略的延续又超越了此前的幅度。张骞"凿空"西域的目标就是联络当地势力以夹击匈奴而"斩其右臂"，汉武帝挺进东北的动作同样意在削弱正北面对手的实力。所谓削其东西两翼而左右夹击，这样的方略开启于秦汉，又被隋唐所继承。唐朝对西域的开拓与向东北的挺进，其最终诉求同样指向了北方草原的游牧势力——突厥汗国。唐廷一度成功地控制漠北草原将近半个世纪之久，宣达了兼跨长城南北的异质型王朝时代的到来。

唐太宗贞观四年（630年）对东突厥的征服及随后高宗时期西突厥的降属，标志着秦汉以来兼控长城南北建构巨型王朝夙愿的实现。唐廷为此展开的征服西域高昌国及其以安西四镇为鹄的在天山南北的驻军、向东北方向的进军及相应机构的设置，均系围绕跨越式王朝之构造不可或缺的组建措施。

河西走廊的战略价值，只有从这样的架构中才能更突出地展现出来。唐太宗意图完成的，就是一统化兼跨越式王朝的盛世格局。西域腹地成为维系统驭长城北部草原纵深之地的有效保障，只有控制天山南北，中原正北面的草原才能得到有效羁控。相比于东北翼而言，西北方向幅员更加广远，势力更加复杂，形势也更加危殆，这也正是伸展性朝廷所刻意关注并要解决的问题。在这一方略的构筑下，河西走廊沟通内地与西域的作用，就不啻是区域性的，而是战略性的；其作用随着跨越式王朝的建构而凸现。

唐朝以后，河西走廊的战略性地位发生了变化。从整体上看，对宋、明这样以农耕人群为主体建立的政权而言，其控幅区域基本限定在传统的农耕地带，周边外围则由其他非农耕政治集团所操控。跨地域的一统化王朝的再度形成，是由蒙古贵族和满洲贵族集团所建构的，即元和清。这种异质型巨型王朝的战略布局，则是以华北北部的北京为都城，依托中原，宰控江南而羁制西北。王朝的重心由关中转向华北，沟通西域的河西走廊在这样的格局中，其战略性地位被区域属性所替代乃势所必然。古代后期，王朝经营的重心依然面对着草原。但与此前不同的是，草原东部力量开始成为北方的新主人。从契丹开始，经女真、蒙古，直到东北的后金－满洲势力，他们依靠政权的建构，相继将长城北南拧成一体，构建了超越此前规模的王朝（主要体现在元和清）。以华北为国家中心的布局，意味着地缘政治由西向东的转移，河西走廊以军事性为主的战略地位因此而丧失。

由此可见，河西走廊地位的全局性抑或地区性的呈现，与其说在它自身，不如说建基于全国性王朝的整体架构之中。当以关中为核心的全国架构成立之时，意味着走廊战略地位确定之始；当以东部河北为重心的全国架构另行确立，河西走廊的战略地位就变化了。决定河西走廊战略地位的就是它所担负的沟通王朝核心本部同外界联系最为密切也最为关键的那个世界的角色。前期的外界重心在西域乃至西域以外的西方，后期外界的重心显然并不局限于西域，更包括了王朝的周围四方。王朝与外界联系方位的转轨，是河西走廊地位确立与转变的本质因素，这是我理解河西走廊战略地位的关键所在。

王剑利：

在河西专题的开篇笔谈中，施展老师也曾提到，中原社会结构的变迁改变着王朝在内政外交方面各类战略的优先性排序，驱动着王朝政治重心的转移。您的论述主要从国家战略、政权建设的角度展开。那么，当全国政治和战略重心转移之后，恰恰是在突破北方农牧交错带的"大一统"王朝中，河西走廊的防御功能不再如过去那般重要，但作为走廊、通道和枢纽的角色，其重要性则日益凸显，对民族交往、族群凝聚、人口变迁等方面都产生过深远影响。与此相关，厦门大学人类学教授张亚辉认为，今日河西走廊在整个中国的地理区位、民族格局、宗教文化格局上的意义是从元代后被重新奠定的，其中凉州会盟是一个关键事件。他也指出，河湟走廊在西夏时期逐渐发展成为另外一条连通东西的民族迁徙和商贸路线，即"青海路"；河西走廊北侧的草原通道也得到了相当程度的重视。直到民国时期，这两条商路仍旧发挥着连通东西的重要作用。道路转换带来了新的边疆营建策略。也正是从这一时期开始，西部地区的民族、宗教交往使得河西走廊呈现出了另外一种面貌。

李鸿宾：

至少在古典的王朝国家时代，河西走廊所呈现出的沟通中西之间的"丝绸之路"，其核心乃是中原王朝经营国家所展开的地缘战略布局的一个组成部分，它的本质是政治和军事行为，经济、贸易则依属于此而呈现。为什么这样说呢？因为自从秦始皇开创巨型王朝的发展模式之后，中国历代王朝凡是想有所作为的政治势力，无不朝着这个方向努力。这个艰巨的任务由农耕人群的政治集团开其路，接着又被非农耕人群的政治势力所继承和延续，通过类似河西走廊连通西域这样的沟通方式而达成以关中为中心、跨越长城南北的巨型王朝的建构，最后是由多民族组建的以北京为中心的清朝而告结。在这种王朝国家的架构中，河西走廊所扮演的角色才得以呈现。

当今，在"一带一路"建设的驱动下，河西走廊又呈现出了不同的意义和价值。与古代王朝的政治属性不同，今日"一带一路"更多体现的是中外之间经济和贸易的交流与互动，走廊被赋予的沟通职能成为首要诉求。走廊的性质转变与国家政治体构成的要素及其职能直接关联。古典时代的王朝国家本质上是从中心向周边的开拓与发展，那个时代的政权建设并没有成型的国际组织和法规的制约，它的大小与强弱主要取决于所属地区、人口规模尤其政治集团的意愿；现代国家的领土资源、主权的保障及其公民权的维护，特别是国与国之间的关系，都确立在国际法和全球的规则之下，促使国家的行为限定在国际社会准许的规范之内。古代王朝开拓的河西走廊在当今亦随着"一带一路"建设的步伐开启了新的走向，转变成为今日中国与域外，尤其是与西方世界交往的新通途。因应新的局面，走廊历史上联络西域的那个角色，就被人们刻意地渲染起来，成为人们追寻时代目标的历史支撑。在这种氛围之下，走廊在政治与军事战略方面的作用与角色就被人们摒弃了。话题至此，河西走廊作为专题成为讨论的中心，我们分明看到：历史"史实"的呈现与人们对它的关注与解说，并非总在一个频道上。尤其是将历史与现实环境交织在一起加以考量时，人们刻意追寻的往往并非历史的"本真"，他们更关注现实的诉求如何从历史中获得正当性的启示，寻找精神依托，并给予自身行为以"正能量"的支撑。

王剑利：

历史与现实之间确实是一种相互塑造、相互生成的关系。历史叙述同样对于现实有着很强的塑造力和影响力，对历史的叙述和观照反映着、塑造着我们如何理解当下的自身。在策划专题期间，我曾和关注河西走廊的学者们共同探讨河西对当下中国的意义。陕西师范大学的李如东博士提到，在20世纪40年代，中国知识分子尤为关注河西走廊，其中河西走廊的自然与历史地理、地质地貌、矿产资源、社会问题等较之于民族问题被讨论得更多。这种研究取向与当时抗战救国将西北作为大后方、开发和建设西北的时代关切密切相关。一个时代对特定疆域的关切角度，无法脱开时代大势而获得理解。

时代大势是一种时间线索。从空间线索来看，古代帝国政治重心的转移，也会联动地反映在河西与辽西两条走廊战略意义的变迁上，它们对于王朝秩序的结构性功能都会发生变化。在这里，我们又可以看到中国境内若干条走廊地带的联动效应，正是这种联动性，让中国的"多元"有机地联系为"一体"。"从走廊发现中国"，去思考中华民族共同体的形成与发展，所回应的也是当下的时代关切。

三 河西走廊的交通格局、文化与人的流动

王剑利：

王子今先生您对中国古代的交通文化研究有很深造诣，尤其关注秦汉北部边地的交通建设和文化交往。"北边自敦煌至辽东万一千五百余里"（《汉书》卷69《赵充国传》）。河西与辽西在这样一种视野中自然地联系在了一起，您关注长城沿线及并行线路的东西两翼对王朝经略和文明交汇的意义。这些研究展示出"交通进步为大一统国家文化的发育创造了条件"，而这恰恰也是我们从走廊地带讨论中华文明形成与发展的重要进路。

王子今：

秦汉王朝修筑长城以抵御草原民族南下的威胁。长城作为军事体系发生效能的同时，其交通体系的作用也得以彰显。长城地带即秦汉人习称的

"北边"，因工程、防卫、出击的需要，北边交通系统具有较内地道路更完备的结构，不仅有与长城并行横亘万里的主要干线，也包括北向草原大漠的出塞道路和与内地联系的多条大道，以及保证北边新经济区正常生产与流通的疏密相间的道路网。

自霍去病两次大败匈奴，结束了匈奴对河西地方的控制，汉武帝置四郡，长城防务体系向西延伸，通达西域地方。其最西的路段，实际上与丝绸之路重合。河西走廊作为北边道的左翼，在外交史、军事史和边疆行政史上的意义益显突出。这一地方的交通格局与民族关系，不仅关系到汉王朝西北经营的得失成败，也明显影响着东亚与中亚的文化交往，影响着世界文化史进步的历程。

北边交通体系中与河西对应的辽东一翼，是汉朝外交的另一重心，其作用之一是直接密切了中原与朝鲜地方的交往。在北边交通网中，长城和直道构成了一个 T 形的结构，兼具防卫与交通的功能、军事史与文化史的意义，这样的道路结构当然也有益于中原农耕区与草原游牧区的经济来往和文化交流。而北边防务体系东段的辽东道路与并海道的连通成为东部地区另一个 T 形结构。正是秦始皇、汉武帝"自碣石循海东行"的辽西道路实现了并海道与北边道两组交通系统的沟通，辽西道路也成为秦汉王朝联通全国的交通网络中的重要路段，其战略意义重大。环渤海地区的许多地方与中原有密切的经济文化联系，而辽西走廊的交通条件是其重要保障。有学者认为，辽西走廊通路主要由"卢龙－平刚"道、"白狼水－渝水"谷道和辽西"傍海道"三干道组成，形成多线并行、主次分明、布局合理的高效交通网。

王剑利：

我注意到您的研究中一直在讨论文明形态的变迁与交通条件发展之间的密切关系。我们刚才的讨论实际上已经进入了一个更大的视野，将各条走廊地带在中华文明多元共生演化历程中的作用，联动起来讨论了。

王子今：

实际上还可以纳入一个海洋视角。回顾中国古史，可以看到北边的草原和东方的海域共同为交通提供了便利条件。孕育于黄河、长江两大流域的文明正是通过这两个方面实现了与其他文化体系的外际交流，形成了大致呈"┒"形的文化交汇带。秦汉时期"大一统"的政治环境为各地区间的交流和融汇创造了条件。但交通的进步在为新的文化共同体的形成和凝定方面，表现出显著的催进作用。中国历史上由"关东/关西"到"江南/江北"及至后来"南方/北方"、近世"沿海/内地"或"东部/西部"的文化区划的演变过程，无疑都有着交通条件的作用。

王剑利：

在您描绘的秦汉交通文化史的整体结构中，河西走廊的历史与空间定位更清晰地呈现出来了。从秦汉北地交通线的建设而言，河西走廊已经具有了东连西引、北上南下的枢纽位置。交通道路不仅对于北边军事局势具有决定性的意义，在另一意义上，交通也推动着一个文明对于自身、对于世界的知识的形成。而河西走廊对于打开汉王朝的空间格局，开拓中原王朝对世界的知识体系具有重要意义。

王子今：

从成书年代大致相当于战国前后的《穆天子传》《山海经》《逸周书》等古籍对于西行的记载，可以看到当时人对于包括今新疆以至中亚地区在内的广阔区域内的山川形势和风土人情已经有了初步了解。战国时期中原地区和阿尔泰地区的文化交往，还有考古资料以为实证。这说明上古时代欧亚大陆之间东西交通孔道已经初步形成，并促成了中原对于远地的知识。

但在中国正史的记录中，汉代外交家张骞正式开通丝绸之路的事迹，在《史记》卷123《大宛列传》中被誉为"凿空"。司马迁肯定张骞开通中原与西域交通大道的功绩，对于汉与西域外交关系的波折，他又写道："……楼兰、姑师小国耳，当空道，攻劫汉使王恢等尤甚。"《汉书》卷61《张骞传》也有同样的记载。颜师古注："'空，孔也。犹言始凿其孔穴也。'故此下言'当空道'，而《西域传》谓'孔道'也。"王念孙《读书杂志·汉书杂志》"孔道"条提出"孔道""空道""犹言大道"的说法，而"大道亦谓之通道"，也就是通常所说的"通衢大道"。

由"空道"这一交通地理概念，可以真切理解"张骞凿空"的涵义。而河西走廊就是中原通向西北方向的最便捷、最重要的"大道"。

汉镜铭文"宜西北万里富昌长乐"，体现了当时社会对西北方向的特殊关注，以及对于往西北方向人生进取前程之"富昌长乐"的乐观预想。河西作为西北"空道"的交通形势，无疑是构成这一社会文化现象的重要条件。

王剑利：

您的研究不仅关注东西向的交通体系，还深入讨论了由南北向的交通体系实现的农耕区和游牧区的政治经济文化交流。对于历史上的河西地区，我们通常关注其东西向的交通作用，对于其南北向交通作用的讨论相对有限。

王子今：

河西置郡的重要目的，是开通往西域通道并保障其畅通。然而，河西行政又有断绝匈奴人与羌人联系的作用。交通条件的开创与阻断即"通道"与"隔绝"，是河西交通史的两面。

"隔绝羌胡"是军事策略。而河西经营在经济生活中的作用，又有"通货羌胡"的表现。《后汉书》卷31《孔奋传》记载："时天下扰乱，唯河西独安，而姑臧称为富邑，通货羌胡，市日四合，每居县者，不盈数月辄致丰积。"由此可见，"羌胡"受益于河西市场，同时亦促进河西市场的繁荣。关市是联系农耕区和畜牧区经济往来的重要形式。关市贸易的活跃，促进了中原文化的扩张，也是东亚历史文化进步过程中的一个亮点。战争曾短暂限制了这种交往，但即使在敌对条件下，匈奴和汉之间的关市贸易仍然长期维持。

河西地方经济形势的优越，与丝绸之路贸易的活跃有关。考察相关历史文化现象，也应当关注来自西域，曾经与汉人以及"胡羌""羌胡"均有过交往的"商胡""贾胡"在河西地方的活跃表现。

王剑利：

无论是"隔绝羌胡"还是"通货羌胡"，在汉王朝经营河西走廊的同时，匈奴、南羌、月氏、乌孙等民族也共同参与了多民族国家中国、中华民族、中华文明演化发展的历史进程。您对丝绸之路的考古和历史文化研究，尤其是对河西"之蜀"的草原通道——丝路别支的考证也深刻地揭示了这一点。河西走廊与南北向的草原通路在历史上的连接与共生演化，恰恰也是我们在之后的走廊专题中要延续探讨的一个重要篇章。

王子今：

无论是《汉书》卷28下《地理志下》所谓"鬲绝南羌、匈奴"，还是《汉书》卷96下《西域传下》所谓"隔绝南羌、月氏"，"南羌"都是汉王朝战略防备的重心。"南羌"作为民族称谓，体现了当时比较确定的民族地理知识。新疆汉代遗存所见有"讨南羌"字样的织锦，告知我们"南羌"曾经是丝绸之路交通长期提防与警备的民族力量。

与德国军事学家克劳塞维茨所主张的"战争是一种人类交往的行为"的论点类似，马克思和恩格斯也曾经指出："战争本身还是一种通常的交往形式"。① 他们特别重视民族关系在这种"交往"中的动态。从汉代历史文化研究获得的信息看，"南羌"作为在河西地方以南曾经相当活跃的民族力量，对于与丝绸之路史有关的民族交往的实现，也曾经发挥过积极的作用。

在与丝绸之路河西段西端形成某种对应关系的今西藏阿里地区，出土了汉代"宜侯王"文字织锦及其他文物。有学者提出"高原丝路"的文化沟通效应，由此得到证明。这一历史进步，或许与"南羌"的活动有关。敦煌马圈湾汉简可见"驴五百匹驱驴士五十人之蜀"简文。从河西军事据点出发南下"之蜀"的这一规模颇可观的运输活动，是要经过羌人控制的地区即所谓"南羌"地方的。许多迹象表明，追溯巴蜀地方与河西地方的早期联系，羌人的活动有交通开发的意义。在与丝绸之路河西段东端形成对应关系的汉金城郡以南以及东南方向与蜀地联系，也有交通道路存在，构成了四川平原与河西地方实现经济往来的基本条件。我们借助汉简资料，讨论过"广汉八稷布"进入河西经济生活中织品市场的情形。考察蜀地纺织品运达河西的路径，不能忽略羌人活动区域的交通条件与民族关系。现

① 《马克思恩格斯选集》第1卷，人民出版社，2012，第206页。

在看来，结合考古文物资料就此进行更深层次的考论与说明，还需要进行更细致、更持久的工作。

王剑利：

古代羌人的活动不仅具有开发交通的意义，羌人还在这一过程中壮大了别的民族，历史上很多民族从羌人中得到血液。发生在走廊、通道上的历史，是由人的流动和交往完成的。您前文谈到"宜西北万里"，我注意到，您也用这句话来概括当时社会的移民方向的主流。基于对居延汉简、敦煌汉简等珍贵史料的精细研究，您对汉代河西的社会构成、社会生活、社会控制等提出了诸多独到见解。我们创作这篇笔谈时，您刚结束在河西走廊数十天的行走，正从河西南下川西北。读您的文字，总让人想要沿着这些通道，去想象和描绘千年前的边地生活和文化景象！在历史讨论中，我们通常会关注到郡县制对于塑造"大一统"所具有的深远意涵，您对汉代河西"亡人"与"客"的思考，却从另一角度呈现了边地人的跨界流动如何成为塑造闳放历史和空间感的一个特殊基底。这些远离中原的边缘人的流动，与"编户齐民"的理想控制形式相游离，却对跨越边界的文化交流发挥重要作用。作为过渡地带的人，他们同样让我们去想象"奋疾""驰骛""奔扬"的西汉人是何等样貌。

王子今：

"亡人"是汉代对从内地逃往匈奴居住的民人的通行称谓。居延汉简的相关资料告诉我们，"亡人越塞"的现象相当普遍。对于"越塞"的"亡人"予以"逐捕搜索"，曾经是汉代长城体系戍守部队的防务内容之一。汉文帝致匈奴单于的外交文书中也肯定对方"亡人不足以益众广地"的认识。汉代"亡人"的民族意识并不十分鲜明，在民族关系中不持极端的态度，而取宽和倾向。他们的生产和生活对于农耕文明与游牧文明的交融，发生了积极的作用。例如，他们将汉地较为先进的物质文化和生产方式传播到了匈奴地区。漠北匈奴文化遗存中可以更多地看到汉"亡人"的文化创造。同时，汉王朝也往往"得匈奴降者"。可以作为与汉"亡人"反方向人口流动的历史例证的，还有"胡巫""胡贾""胡骑"在中原的活跃表现，"胡奴"也服务于内地的社会经济。而较大规模的游牧民族内迁的史实，则是匈奴的内附。这些现象都表现出北边交通体系作为民族交往的走廊的重要文化作用。东汉以后，军役往来、灾民流徙、异族南下、边人内迁等特殊的交通活动，都进一步加速了文化融合的历史进程。

王剑利：

"亡人"身份边缘，在历史中的存在并不引人注目，但他们在跨越边界的过程中对文化和人群交融的重要意义，又值得深入探讨。人口的迁徙流动是河西走廊千年发展的一个重要主题。

您和河西专题中各位学者对河西的历史、社会、文化不同面相的研究，也启发着我持续地走近河西走廊。在河西专题的开篇笔谈中，我尝试从冲突和沟通这两个机制，来理解河西走廊成为过渡地带的历史进程。河西走廊处于中国北方农牧交错带的要地，历史上数次成为饱受战争破坏之区；同时，它又是联结不同文化地理区域的"十字路口"。河西的文化多元共生与民族交融，是由冲突和沟通两大驱动力共同塑造的；同时，冲突和沟通的张力又将这种多元性辐射到走廊地带的周边区域，成就了走廊地带的连接性。在策划专题的过程中，我进一步尝试从共享和互嵌两方面来理解走廊地带自身的独特性。

河西走廊地貌多样，域内高山、河谷、绿洲、荒漠、草原等自然生境并存，不同人群在不同历史时期出入河西，形成了既交错共存又各具特色的生产生活方式。这里的人们共享着生态环境和历史文化记忆，河西走廊上呈现出了地理生态、生计方式、民族、语言、文化、社会组织等各个层面的互嵌结构。

在河西专题的系列文章中，李并成教授和张景平博士展示出，国家力量和地方社会的人们共同塑造着河西走廊历史上的人地关系，各族人民共同发展水利、开发绿洲；李建宗、孙明远、王卫东等学者展示了走廊上的各民族如何通过商贸往来结成命运共同体，日常生活的智慧蕴含其间，农区和牧区的人们通过"认干亲"来建构关系网络，以实现经济交换与生计互补，骆驼客穿梭于丝绸之路的不同人群和文化之间，用他们的人生历程书写走廊的历史记忆；蔺海鲲教授呈现了敦煌哲学蕴含的文明共生逻辑；

安惠娟、王文仁、钟进文等学者展示了不同民族群体共通的审美情趣，他们共享着《格萨尔》、"贤孝"、花儿等文化艺术，在语言的相互嵌入之中，实现了文化的调适与再创造。

如果说，河西走廊上历史而今发展出的民族交融、文化共生，是走廊地带能够在多个层面实现"多元互构"或"卯榫"功能的关键特质，那么可以说，冲突和沟通是实现交融、共生的外部驱动力，共享和互嵌是实现交融、共生的内部动力和关键途径。对河西走廊而言，不论是作为经略西北疆域、实现"大一统"的"国家走廊"，还是作为中华民族共同体赖以形成与发展的"民族走廊"，抑或是作为对外开放的丝路要道和"文化走廊"，这些功能的实现，都与这一机制密切相关。

河西走廊专题进展到现在，主要是对河西的各个面相进行了粗线条勾勒和综观呈现。在我们将目光转向辽西走廊并继续探索中国的区域联动机制的同时，我们还会尝试设计一些小专题，从更细微、生动、精细的角度"深描"河西的历史文化、社会形态和精神气质。时间与空间、微观与宏观的结合，也许会让我们对于"何谓中国"拥有更深入的认识，对于中华民族共同体意识的阐发，拥有更丰富、立体的视角。

【作者李大龙系中国社会科学院中国边疆研究所编审、《中国边疆史地》主编、中国社会科学院研究生院博士生导师，主要从事疆域理论和汉唐史研究；王子今系中国人民大学国学院、出土文献与中国古代文明研究协同创新中心教授，中国秦汉史研究会顾问，主要从事秦汉史研究；李鸿宾系中央民族大学历史文化学院教授，主要从事隋唐五代史、中古民族关系史研究；王剑利系人类学博士，《中国民族报》理论周刊责任编辑，人类学博士。】

共学互鉴，推动形成思想共识[*]

——"从走廊发现中国·河西走廊篇"专题研讨会综述

王剑利　蔺海鲲

2018 年 5 月 5 日，由中国民族报社理论周刊编辑部和陕西师范大学 – 河西学院"丝绸之路经济带河西走廊智库"联合主办的"从走廊发现中国·河西走廊篇"专题研讨会在甘肃省嘉峪关市举行，来自北京、云南、陕西、甘肃、青海等地高校和相关机构的 30 多位专家学者参加了专题研讨。

"丝绸之路经济带河西走廊智库"秘书长蔺海鲲教授主持了开幕式。"丝绸之路经济带河西走廊智库"执行秘书长、陕西师范大学中亚研究中心副主任黄达远教授总结了智库成立 3 年以来的工作成果和发展计划。《中国民族报》理论周刊编辑王剑利博士介绍了"从走廊发现中国"大型专题（下文简称"走廊专题"）的整体策划方案。

自 2018 年 3 月 2 日起，中国民族报社和陕西师范大学 – 河西学院"丝绸之路经济带河西走廊智库"联合主办的理论专题"从走廊发现中国·河

＊ 原文刊登于 2018 年 5 月 11 日《中国民族报》理论周刊 8 版。

西走廊篇"（下文简称"河西专题"）在《中国民族报》开始刊发。此次会议是河西专题第二次工作会议，也是走廊专题第一次研讨会。与会学者围绕"河西走廊与中华民族共同体意识建设""边缘与中心的交错：从'走廊地带'理解中国""跨学科研究视野下的'走廊研究'：以河西走廊为例"等主题展开深入研讨。

图1　2018年5月5日，"从走廊发现中国·河西走廊篇"专题研讨会代表合影
陕西师范大学－河西学院"丝绸之路经济带河西走廊智库"供图

一　着眼"史观"，从走廊研究铸牢
中华民族共同体意识

根据王剑利的介绍，提出"从走廊发现中国"的专题构想，缘起于各个学科对"何谓中国"的讨论，尤其关注对史观的讨论。走廊专题思路基于《中国民族报》理论周刊于2017年12月至2018年2月开设的"中华民族共同体视域下的疆域治理"专题。该专题从宏观角度，展现了统一多民族国家中国的历史疆域是如何形成的。不仅注重总结历朝历代经略不同边疆地区的智慧和贡献，还注重强调这一历史进程也是各族人民捍卫边疆、共创中华的历史。经此专题，理论周刊与云南大学西南边疆少数民族研究中心教授方铁，陕西师范大学中亚研究中心教授黄达远，贵州大学历史与民族文化学院教授杨志强，中国社会科学院中国边疆研究所编审、

《中国边疆史地研究》杂志主编李大龙，中国社会科学院中国边疆研究所研究员孙宏年，外交学院世界政治研究中心主任施展等数位来自不同学科领域的学者进行更加深入的探讨，提出了"从走廊发现中国"大型理论专题的构想。

走廊专题的核心主题是立足于中国自身的历史与现实来讲述中国，形成具有主体性的中国话语，铸牢中华民族共同体意识。在中国的各区域之间有若干个走廊地带相互衔接，相互嵌入，这些走廊地带是"多元"得以具体连接的历史－地理－文化基础。同时，这些走廊地带在历史演绎的过程中，又逐渐成为区域单元和中国整体不可分割的组成部分。从走廊地带，能够发现多元之间互构、共生并演化为一体的历史进程和动力机制，能够展现各民族是如何通过交往、交流、交融来共创中华的。走廊地带成为我们理解"多元一体"中国的重要切入点。

在现场讨论中，来自不同领域的学者从塑造新史观和建构中国话语的角度高度肯定了走廊专题所具有的创新性、重要价值和深远意义，并围绕史观展开深入研讨。

方铁认为，中国是中华各民族共同缔造的。中原王朝与边疆的少数民族政权，都参加了中国历史疆域缔造的过程。在漫长的历史时期，在现今中国的地域范围内，存在中原王朝、边疆政权共存的局面。随着历史的演进，中原王朝、边疆政权相互间的影响、交融愈加广泛而深刻，最终构成中国整体。研究民族史与边疆史，既要研究中原王朝的突出贡献，也要阐述辽、金、夏、南诏、吐蕃等少数民族政权的作用，以及中原王朝与少数民族政权相互交流、趋于融合的过程，呈现中华民族的内聚力因此不断增强、统一国家逐渐形成的过程。他指出，当前走廊专题的一个重要价值在于让广大读者看到，中国的历史进程是多元多样、非常复杂的。河西专题中所展示出的人和自然环境的关系以及相关的社会变化，所展示出的历史发展涉及各种复杂因素的关联，对学界打开思路也具有启发性。

李大龙提出，近期学界讨论的"如何认识中国""何谓中国"以及《中国民族报》专题"从走廊发现中国"都是党的十九大报告提出的"铸牢中华民族共同体意识"的重要内容，是属于史观的大问题。据此，应重新定位河西走廊的作用。他认为，在从"多元"到"一体"的路径中，从中国疆域自然凝聚的最终结果而言，河西的定位更像是个"榫"，它将南部的青藏高原、北部的草原、东部的中原、西部的西域"卯"在了一起。辽西走廊、苗疆走廊等也都起到这种卯榫的作用。因此，"从走廊发现中国"专题可以为学界、国民"如何认识中国"提供一个全新的思路，同时也可为"铸牢中华民族共同体意识"提供坚实的思想基础。

施展所提出的"多元互构的体系史"，正是走廊专题的重要思想来源。他认为，中国历史就是在"多元互构"的过程中演化发展的。而处在诸"元"之间，将"多元"衔接起来的走廊地带，便是中国历史当中极为重要的构成要素。正是走廊地带，才能从具体的历史机理上说明"多元"如何融合为"一体"。对于走廊地带的历史意义的解读，将有助于国人更加深刻而清晰地认知中国的多元一体性，更加具体、直观地理解中华民族共有精神家园的历史载体及其历史演化的动力机制。

黄达远认为，必须建构中华民族整体史观，现代的中华民族整体史的书写离不开"广土众民"这一疆域特点。他在发言中尤其强调20世纪80年代初，长期从事西北地区研究的谷苞先生对于建立中华民族整体史观的贡献。谷苞先生通过研究发现，游牧人群与农耕人群之间虽有战争和冲突，但是从长时段来看，游牧民和农耕民在生活上的相互依赖才是年年月月都发生的事情。中国历史上真正的大一统是对游牧与农耕两大区域的统一。汉、唐在这方面取得了富有意义的成就，而元朝全部实现了农业区和游牧区的大统一，我国最后一个封建王朝——清朝最终完成和巩固了这个大统一。

兰州大学西北少数民族研究中心副主任王建新教授在主持和评议时表示，在"一带一路"建设全方位展开的今天，"从走廊看中国"是个非常必要的话题，"作为过渡地带的河西走廊"的提法意义深远。第一，历史上各民族互动交融，多民族多元文化共生融合的史实和现状为我们加强中华民族共同体意识提供了绝佳的范例，河西走廊生态人文发展的历史过程需要大书特书。第二，河西走廊的研究为学界、广大知识分子和社会公众树立客观、合理、科学的历史认识，为建构中国自身的理论话语提供了不可或缺的数据和资料。在话语建构方面，它能展现各民族如何互动交融，历史上自然地形成一个统一的中华民族主权国家；而在生态文明格局方面，它又能说明生活在不同生态环境中的各民族群体如何互通有无，你中有我、我中有你，形成中华文明整体。

中央民族大学文学与新闻传播学院院长钟进文教授认为，目前的走廊专题可以说是用"史观"去铸牢中华民族共同体意识。他认为深入研究河西走廊首先要建设我们自己的这种共同体意识的话语体系。尤其在与西方学者的对话中，或者在具体研究成果的交流中，建构自己的话语体系非常重要。

河西学院教授高荣从地理环境、民族构成和农牧业经济三个方面阐述历史上的河西走廊对于形成中华民族多元一体格局的重要作用。河西走廊在自然地理上正处在青藏高原、黄土高原和内蒙古高原的过渡地带，历史上就是多民族聚居地区；得益于祁连山冰雪融水的灌溉，河西成为宜农宜牧之区，在经济上表现为农牧并举。汉武帝从内地向河西大量移民，从而彻底改变了河西人口的民族构成；加之郡县制的推行和大规模的屯垦经营，不仅使河西的政治经济结构和社会文化习俗发生了深刻变化，也使河西的区位优势进一步凸显，成为中原王朝沟通西域的枢纽地带。因而谷苞先生认为，河西四郡新农业区的开辟，是丝绸之路畅通繁荣的关键。所有这些，又反过来促进了河西社会的全面进步和经济文化的迅速发展。特殊的地理环境、民族构成和农牧业经济，使河西成为多种文化交融交汇之所，不仅广泛吸收域外各种文化因素，形成了独树一帜的五凉文化，同时又将已经改造发展了的文化传播到内地和西域。

在这一节的讨论中，李大龙认为"多元一体"尽管是针对中华民族这一"家人"而言，但"多元一体"也可以视为观察多民族国家疆域、区域政权疆域、中华文明、地区文化等众多现象的范例，具有方法论的意义。方铁阐述了有关山地文明的思考。王建新认为，将文明与生态的角度补充到中国史观的思考中，有助于推动中国话语的形成。王剑利结合几位专家的观点，进一步对整体的走廊专题策划提出了设想，认为围绕走廊地带展开的叙述和理论探索，可以从民族、疆域、区域单元、文化、文明等多个层面来阐释、论证和丰富"多元一体"。

二　从河西走廊理解中华民族多元一体格局

（一）多重视角看河西走廊

河西走廊是我国较早开发的一条走廊，也是我国唯一同时衔接起中原、北部草原、西域绿洲与青藏高原这四大区域的走廊地带，是我们观察中国多元互构、理解中华民族多元一体和共有精神家园的重要切入点。通过河西专题，可以从历史到现实、从民族到文化，从多个维度研究河西走廊的意义、价值和发展空间。呈现出中华民族共同体的生成机理，总结中华民族多元一体格局形成的区域经验，推动河西走廊区域研究，引发全社会对河西走廊以及河西走廊研究的关注。

黄达远以"过渡地带"来阐述河西走廊。例如，嘉峪关常被西北的人们看作"口内"与"口外"、内地与边疆的分界线。但敦煌是中华文明的源头之一，又位于人们视为"口外"之地的"边疆"。作为分界线的嘉峪关与作为丝路文明中心的敦煌，二者文化边界并不一致，这恰恰体现出历史上的河西走廊是一个"过渡地带"。用单线的历史眼光无法解释河西走廊，只有超越行政区划，将河西走廊看作世界文化的汇流区域，农耕、绿洲农业与游牧的交汇区和共生区，才能理解其中心性。河西走廊既是边缘，也是中心，承认它的多重特征，这就是"过渡地带"的指向。

甘肃省人民政府参事、西北师范大学教授李并成结合走廊地带的特征，总结了河西走廊的历史贡献和区域特征：河西走廊是我国走向世界的第一条通道，也是我国率先对外开放的地区；河西走廊是我国历史上线路最长、历史最悠久、规模最宏大、文化沉淀最丰厚的一条民族走廊，也为各个民族间的交往、交流、交融，为中华民族共同体的形成和发展做出了历史性的贡献；河西走廊历史上是屏蔽关陇，经营西域的基地；河西走廊还是中西方文化交流交融的创新高地。他尤其通过敦煌学的诸多研究发现论证了河西走廊作为"文化创新高地"的重要意义。

兰州大学教授武沐提出，应当从"戎狄文化带"的视角来理解河西走廊。古代历史上，在农耕地区与游牧地区之间的过渡地带上，一直有着亦农亦牧的地带，此即"戎狄文化带"。汉朝与匈奴之间的征战，实际上就是对此地带的争夺，其结果是河西四郡的建立。河西四郡的立足有两个主要基础，一是军事，一是商业。在军事意义上，中央王朝在强大时，可以有效经营河西走廊，一旦中央王朝衰败，则河西走廊的归属很可能发生变化；在商业意义上，河西走廊支撑着丝绸之路，这条路上最初流通的货物主要来自中原，但是道路的开通与贸易的运营，则是由沿途的其他各族群完成的，这背后反映着多族群互动的历史效应。河西走廊是一手拉着中原，一手拉着西域的地缘枢纽，同时是既能理解内地又能理解边疆的过渡地带。武沐还进一步提出他近年关于少数民族政权的大一统观念的思考。历史上北方民族与中原农耕民族之间的大量战争，最终促进了国家的统一，中华民族的凝聚力就是在这样一个过程中发展起来的。

青海民族大学民族学与社会学学院李建宗博士指出，应以多重视角审视河西走廊，比如历时/共时、历史/现实、农耕/游牧等视角。河西走廊是一条多民族走廊，尤其在其游牧社会中，民族成分比较复杂。河西走廊不同于藏彝走廊、南岭走廊等民族走廊的诸多特色还需要更深入的研究。同时，从历时的角度认识河西走廊，必须考虑"长时段"，因为在不同历史时段河西走廊的民族分布格局与文化版图存在较大差异。在"长时段"的历史中，既要考虑区域内部的民族、文化的延续性，也要考虑非延续性。历史上的河西走廊是一个远离中原地带的边缘区域，是一个多文化圈的边缘区域和交集地带，这一地带也是一个铸就多民族共同体意识的地带，为中国多民族命运共同体的形构提供了一些经验。

陕西师范大学中亚研究中心李如东博士谈到他对用"过渡地带"解释河西走廊的看法。他认为使用"过渡地带"这个概念时，语境不同，对此概念的使用也应该有所调整和界定。在史观的层面，将河西走廊作为过渡地带，确实有助于我们重新理解"整体中国"；而要理解河西走廊今天的地理、文化与民族交往，用文明互动或区域关系的视角更为准确。

王剑利认为，尽管河西走廊的地域界定相对明晰，但学者们的探讨已经打开了开放性的视野。后续的走廊地带可能非常不同于既往我们熟悉的关于"走廊""通道"的界定，需要开启一个大胆探索、稳妥论证的过程。同时，要形成具有主体性和整体观的走廊视角、边疆视角，还需进一步探讨走廊地带之间的关联性，并在更大格局的互动、联动机制的探讨中，尝试揭示多元之间互构、共生并演化为一体的动力机制。

（二）提出"河西方案"，形成"河西学派"

走廊专题注重古今关联，既着重阐述历史，又体现现实关怀。河西走廊专题期待提出河西方案，推动形成河西学派。这一愿景并不能在专题期间一蹴而就，但仍可寄望于媒体和学界持续深入的互动来实现。研讨会中，学者们围绕河西方案和河西学派展开了初步研讨。

河西学院校长张汉燚教授在开幕致辞中谈到，此次专题会议汇聚各方智慧，凝练河西方案，将为河西走廊的崛起、为丝绸之路的复兴做出独特的贡献。河西走廊及其延伸的河西地区是河西学院的生命田园，也是河西学院推动河西学的逻辑和本质起点。他主张要以家国情怀来看待河西走廊与中华民族共同体建设之间的关联。

黄达远提出，河西方案必须基于三个认识。第一，河西走廊具有"东迎华岳、西达伊吾、南望祁连、北通沙漠"的地理枢纽性，在维护和保障国家边疆安全上具有特殊的战略地位。因此，其在疆域治理中的"权重"应当区别于其他地区。第二，河西走廊具有的全局性意义，只有放置在世界史或是在区域关联性中才能够呈现。理解河西走廊的意义，在某种程度上须超越行政区划的边界。第三，河西走廊是西部发展的关键区域——全局的"棋眼"。黄达远引用了费孝通先生在 2000 年考察甘肃时的讲话，将河西地区比喻为西部的"发动机"，并进一步提出，要把河西地区建设成现代化的经济中心，辐射、带动西北各省区的发展。河西走廊这个"棋眼"走好了，就会辐射到青海、新疆、内蒙古和西藏。河西走廊作为"一带一路"的"黄金段"，可谓遇到了千载难逢的战略机遇期。当前的着力点就是大力加强河西走廊的区域研究，吸纳不同学科，做好基础研究和经验研究，为"一带一路"建设服务。

李并成提出，习近平总书记在 2018 年 4 月下旬考察长江经济带时提出一个理念，"共抓大保护，不搞大开发"，这一理念对于河西地区同样适用。河西方案当中必须要包含对生态问题的讨论。河西走廊历史文化资源丰厚，有敦煌文博会等文化活动的载体，河西作为一个相对独立的地理单元，还应该发展起全域旅游，在"一带一路"建设上做出特色。

与李并成的阐述相关联，肃南裕固族自治县县委常委、宣传部部长安秀梅的发言以肃南县的历史文化自然资源和旅游产业的发展现状与前景为例，介绍了河西走廊地带所特有的地理、生态、文化的多样性及其蕴含的发展潜力。

施展进一步提出，河西走廊的文化旅游存在一种特殊的重要性：它有助于打破中原中心论的认知，形成新的国家意识。做好河西走廊的文化旅游，需要建立在对河西走廊的历史意义的解读之上；文化旅游又恰恰能够在有益的研究成果、新的史观形成之后成为推动社会化传播的一个极佳路径。

河西专题提出的创建"河西学派"的倡议引发与会学者的讨论。王建新认为，"从走廊发现中国"专题提出推动形成河西学派，这个说法很重要。他认为，河西学和河西学派不仅仅是一个区域研究团体的自我表述，更牵涉整个中国的历史建构问题。其出发点是从国家的史观、生态文明史观等不同维度去铸牢中华民族共同体意识。而且就"一带一路"发展而言，其意义更为深远、重大。这涉及研究河西走廊的多个学科、大范围的学术力量、思想传播力量共同建筑一个学术领域，甚至是把学术领域有益的思想共识更快地扩展到政治社会经济文化形态当中。

三　跨学科的走廊研究，刺激学术生长点

"跨界"是走廊地带的最显著特征之一，"从走廊发现中国"专题的策划非常注重跨界思维，河西专题已经初步形成了跨学科、跨地域、多维度、多层次、整体性的特点。此次研讨会更体现出跨学科、跨地域的思想碰撞与交流。

学者们从河西走廊专题文章的思路开启互动，展开了研究河西走廊的新角度、新方法，已经呈现出河西学术新的生长点。而引发对于河西走廊和河西走廊研究的关注，推动河西走廊研究，正是走廊专题的初衷之一。

河西学院教授杜军林通过历史事实的呈现，梳理河西走廊上裕固族大头目的社会治理逻辑及历史演变，展现出习惯法和国家法的调适过程。

　　李如东认为，自汉王朝将河西走廊纳入中央王朝之后，河西走廊自身历史的转变与中原王朝的历史转型基本处于一种同构关系之中。此外，通过梳理 20 世纪 40 年代中国知识分子对河西走廊的相关研究，他发现较之于民族问题，当时河西走廊的自然与历史地理、地质地貌、矿产资源、社会问题等被讨论得更多。他认为这种研究取向与当时出于抗战救国目的，将西北作为大后方进行开发和建设的时代关切密切相关，意味着现代民族国家的视角和现代话语已被引入到当时人们对西北边疆的认知活动和知识建构活动中。因此，他主张只有厘清不同时代的话语背景及其差异，才能在当前"从走廊发现中国"的探索中，更好地把握河西走廊的学术定位及其意义。

　　蔺海鲲认为，河西走廊作为在中华文明多元格局中极具典型意义和影响力的文明过渡地带，其独特的地理空间结构和多民族、多元文化共生共荣态势蕴含着东西方文明的交流、世界文化的繁荣及人类精神突破的内在底蕴，并在新时代提供了重新发现和解释世界历史及民族交往逻辑的机理。过渡地带的多元文化互嵌模式是中华民族多元一体格局形成进程中的重要动力，使曾经存在于此的各国、各民族的文化呈现出和谐共生、多元共荣的样态，在密切的社会交往中突破了国家、民族和地域限制，为构建人类命运共同体和人类共有精神家园提供了无限潜力。

　　钟进文认为，边疆与中心在地理、文化、政治等多个层面的交错叠加，就形成了一个杂糅的地带，而把握其文化特征更需要深入、系统的跨学科研究。他以历史上河西走廊的民族互动与走廊语言文化研究以及"花儿"的传唱演变研究为例，认为这些微观研究恰恰能够佐证走廊地带的宏观意义。河西走廊的相关研究若要在铸牢中华民族共同体意识和推动形成河西学派两方面做出更实质的贡献，则更需要大量具有学科专长的学者以系统化的学术来支撑跨学科共识。

　　陕西师范大学人文社科高等研究院副院长赵学清阐述了他开展西北地区语言文化研究的新思路，他特意提及这一思路的形成受到了河西专题中王文仁教授所展示的凉州贤孝研究的启发。

　　王剑利认为，通过走廊专题来建立话语和思想共识，亟须深入的学术研究作为支撑。在河西走廊专题的进展过程中，参与学者在密切互动中已经产生了一些关于河西走廊的初步共识。期待这些新的学术生长点能够推动学界形成新思路、新成果，并继续与思想传播平台进一步展开深入合作。

王剑利在介绍走廊专题的策划思路时，着重阐述了"互动性知识"生产和知识传播的重要性。走廊专题致力于开启思考边疆问题、民族问题的新思路、新视野，互动性贯穿专题策划实施的全程。理论周刊编辑部和走廊地带 2 至 3 位学者组成专题统筹组，共同设计主题、谋篇布局、组建作者团队。在策划期间，全体作者共同讨论和完善主题思路。在文章编辑过程中，专题内和走廊专题间的学者进行交叉评审。如此，既充分展现和尊重学者的学术创见，又确保专题文章围绕着策划主题展开。同时，还有相关领域的资深学者全程参与整体策划和学术指导，推动各走廊间的比较研究与学术互动。如此，各地域的走廊专题，以及整体的走廊专题，均可能产生"互动性知识"，形成思想共识。

有益的新思想要转化为社会话语，影响社会进程，需要一个社会化传播的过程。在各地高校开展"双一流"建设过程中，涉及民族、边疆的相关学科，其地方特色、学科特色着力较多，但缺乏面对公众、面对全社会的知识和思想传播，尤其缺乏面对非民族地区、东部地区的通识性教育。走廊专题致力于突破学术壁垒，不仅从学术研究的问题域中找出适合大众传播的思想角度，还下工夫把学术文章编辑得更具可读性和传播性。

走廊专题分别从理论层面和社会层面展现出对于铸牢中华民族共同体意识和建设中华民族共有精神家园的重要价值。同时，正如《中国民族报》理论周刊主编常晓虹在闭幕致辞中所言，这一专题的生成是理论周刊作为媒体和各领域学者共学互鉴的结果。期待在后续的走廊系列中，好的策划推广思路和新的学术生长点推动思想共识不断更新、深化，让我们从走廊地带更好地理解中华民族多元一体格局。

附录二

探索从走廊地带理解中国的理论路径[*]

——第八届中国人类学民族学中青年学者
高级研修班综述

王剑利

　　走廊地带是从历史、地理、文化、民族交往交流交融等多个角度理解中国，铸牢中华民族共同体意识的重要切入点。2018 年 7 月 23 日至 30 日，"第八届中国人类学民族学中青年学者高级研修班"在历史文化名城甘肃省张掖市举行。该研修班由中国人类学民族学研究会主办，陕西师范大学 – 河西学院"丝绸之路经济带河西走廊"智库、河西学院马克思主义学院承办。来自国家民委、各地高校和科研机构的 40 余位专家与中青年学者共同探讨"从走廊看中国：铸牢中华民族共同体意识的区域经验"。

　　"在河西走廊，一眼千里，一步千年。"甘肃省民委巡视员王砚在开班式致辞中，这样阐述河西走廊之于铸牢中华民族共同体意识、构建人类命运共同体的特殊重要性。河西学院校长张汉燚教授从河西学院的历史担当谈到河西走廊研究的价值："河西学院是兰州至乌鲁木齐近 2000 公里内唯

---

　　* 原文刊登于 2018 年 8 月 10 日《中国民族报》理论周刊 7 版。

一的普通本科院校，担当着为西部培养人才的重任。""半年来，河西学院通过与中国民族报社合作开展大型理论专题"从走廊发现中国·河西走廊篇"，从多角度深化了对河西走廊的研究，引发社会各界对河西走廊的关注。"他表示，国家民委和中国人类学民族学研究会将研修班设在河西学院，汇聚对各走廊地带的前沿研究，将以更广阔的视野铸牢中华民族共同体意识。国家民委民族理论政策研究室副主任、中国人类学民族学研究会秘书长张谋在开班式致辞中指出，民族学、人类学等学科经过长期的理论积累，已经拓展了"从走廊看中国"的理论视野。

一　走廊地带鲜活展现各民族交往交流交融、文化和谐共生

在走廊地带的历史发展中，各民族长期互动交融，形成了多民族和谐共居、多元文化共生共荣的格局，这成为中国多民族国家发展的一个缩影。在研修班授课中，张谋系统解读了习近平总书记关于民族工作的新理念、新思想、新战略，阐明走廊地带对于铸牢中华民族共同体意识、促进各民族交往交流交融、开展民族工作具有的理论和现实意义。中央民族大学民族学与社会学学院教授白振声梳理了历代中央政权经略新疆的历史。他指出，在西北地区各民族交往交流交融的壮阔历程中，不仅有大量少数民族融入汉族，也有大量汉族融入少数民族。河西学院马克思主义学院副院长蔺海鲲教授以生动鲜活的河西文化，阐述敦煌佛教哲学在东西方文明交汇历史中发生的重大变革与转型，阐明了人类文明互鉴共生、共荣共存的内在机理及其对于构建人类共有精神家园的重要价值。

此届研修班的30余名学员来自20余家高校及科研单位。走廊地带的区域经验和特征引发了学员们就文化认同、民族关系、民族地区发展等议题展开热烈讨论。在课堂研讨中，学员们从学理和个体经验出发，厘清了对本民族的认同和对中华民族的认同的关系。结合专家授课，来自不同地域、不同学科领域的学员们领略了西北的历史文化和社会风貌，深切感受到河西走廊上的历史悠久厚重、文化多元共生、民族和谐交融。一位来自西南边陲的学员表达了她最深刻的学习体会："中华大地上的每一个民族都

是伟大的，谁也离不开谁"；"我们要在各自的研究中，尤其要在历史讲述中，呈现中国历史是各民族共同创造的"。

二　从走廊地带理解中国和中华民族多元一体格局

费孝通先生提出"民族走廊"这一学术概念旨在为其构建的"中华民族多元一体"理论提供研究路径。多年来，来自不同学科、关注不同走廊地带的学者以及学术共同体从多种理论维度或视角拓展和深化了这一取向。此届研修班以"从走廊看中国"为主题，学者的研讨展示出从走廊研究整体性理解中国的多元路径。

浙江师范大学环东海与边疆研究院院长于逢春教授基于他提出的"中国疆域五大文明板块"理论框架，阐释了"辽东农猎 - 农牧交错带"、辽西走廊在中国疆域底定、民族融合历史中的地位。他认为，历史上，在"辽东农猎 - 农牧交错带"上兴起的诸政权在统合广义辽东的同时，长时期与泛中原、蒙古高原、青藏高原和海上诸政权碰撞、互动乃至融合，为后来的清朝掩有天下奠定了坚实基础。于逢春认为，使"五大文明板块"最终融为一体的黏合剂是发祥于泛中原的"大一统"思想、天下观、华夷同源谱系和汉字。

陕西师范大学西北跨境民族与边疆安全研究中心副主任、首席专家黄达远教授基于对河西走廊的研究，阐述了中国历史演进的绿洲道路。他认为，从"路、带、廊、桥"的研究视野，能够突破基于西方经验的线性史观，能够超越单一地域、单一族群、单一宗教、单一语言的历史。而在一种具有时空连续性的区域整体史视角下，能够从多个层面解读出历史廊道的时空交互特征。他进一步主张从河西走廊的区域经验出发，以一种"区域关系史"的新视角来理解中华民族多元一体格局。

四川省民族研究所所长袁晓文研究员回顾了藏彝走廊的战略意义、研究历程和研究主题，总结了藏彝走廊的西南研究经验，着重阐述了如何通过"历史 - 民族"区域来研究中华民族多元一体格局的形成。他指出，中华民族所在的"历史 - 民族"区域主要有两种类型，即费孝通先生提出的六大板块和三大走廊，板块之间是由走廊联结的。其中，板块地区在历史上容易形成统一的政权实体，而走廊地区则为许多族群提供了迁徙的通道与生存空间，许多古老的历史与文化因素得以存留。正是"板块""走廊"之间的交流互动，形成了今天中华民族多元一体的格局。藏彝走廊主要是藏缅语民族发生、发展、演变、分化的重要舞台，是一条重要的历史文化沉积带，繁多的民族种类、复杂的族群支系以及多样性的民族文化是该区域的重要特征和学术意义所在。藏彝走廊研究开费孝通先生所提出的按"历史形成的民族地区"研究之先河。以走廊学说的探讨结合扎实的民族志田野调查工作不仅能丰富并深化我国民族学、人类学、民族语言的研究和学科建设，而且能对"中华民族多元一体格局"的形成提供一个生动的认识。

贵州大学国家民委民族理论政策研究基地执行主任兼首席专家杨志强教授在历史上的西南地缘政治经济格局中考察苗疆走廊的功能定位，并从国家走廊、汉移民通道、活态文化走廊、国际通道等方面拓展苗疆走廊的研究路径。他着重指出，历史上苗疆走廊是一条横贯云贵高原、勾连东西南北的"国家走廊"，明朝为保障这条通道的安全甚至专门设置了贵州行省。明、清时期，王朝国家依托苗疆走廊深入到西南边疆地区，"国家化"和"内地化"趋势强烈地影响了这一区域的城镇圈、市场圈和各民族多样性文化的形成与发展。苗疆走廊的开通，不仅突破了云贵高原的地理障碍，使得中国西南与华南地区的政治、经济一体化成为可能，还深刻影响了云贵高原上各民族的发展与演化，使云贵高原的各民族在经济和文化上既具有在国家力量和汉文化普遍影响下的整体性关联，又衍生出"和而不同"的、多姿多彩的民族、民间和地域性的文化多样性特征。因此，不同于其他以地理形势为特征的"民族走廊"，苗疆走廊的显著特征更在于它是由交通线连带起来的、具有较强整体性并呈带状结构的社会、政治、经济的"线性文化空间"。

中山大学移民与族群研究中心主任周大鸣教授通过南岭走廊与其他走廊的关联比较，认为民族走廊是华夏文明"中心"向"边缘"联系的地带，"边界性"是民族走廊的本质性特征，而从华夏边缘理解中国恰恰是民族走廊研究的历史意义。就历史意义的层面而言，他将走廊与边缘看成事物的一体两面，分别将西北走廊、藏彝走廊、南岭走廊与中国的北部边界、西部边界以及南部边界统合起来，在较大视野下进行整体性思考。而这一研究路径的目标是"为了寻找整合的中国"。在他的解释结构中，中国北方的整合模式是一种华夏边界的往复"扩缩"，并体现为河西走廊上农业民族与草原游牧民族的对抗和交往，华夏的边缘很难越过"贮存地"而向草原内陆扩展；在西部，青藏高原的险峻地形也足以阻挡华夏边缘的进一步扩张；而在中国南方，作为华夏南部边界的南岭所阻隔的岭南与中原两片地域并不像北部边界与西部边界那样差别巨大，南岭以南的岭南地区，发展出了一种与中原相类似的生计模式，所以，岭南地区的族群在历史上更多地采取了假借华夏祖先而与华夏成为一体的整合模式。周大鸣进而从新时代中国的一体性建构来阐释走廊研究的现实意义。

三　对走廊研究方法和路径的延伸讨论

在研讨中，专家和学员达成共识，开展走廊研究要立足于中国历史的主体性，形成中国话语。《中国民族报》理论周刊编辑王剑利博士介绍了大型理论专题"从走廊发现中国"的策划思路。中国民族报社在与边疆学、历史学、政治学、民族学等学科专家共同策划走廊专题的过程中，注重延伸"多元一体"的方法论意义，围绕走廊地带展开了理论探索和框架建构，尝试从民族、疆域、区域单元、文明板块、文化等多个维度来阐释、论证和丰富中国的"多元一体"。她同时表示，走廊专题着眼于对"史观"的思考，力求建立能够有效表达中国的"多元一体"特性的史观。因此，不仅要从走廊研究讲述整体性的中国，还要注重体系性，注重研究走廊地带之间的历史关联，展现中国各区域通过多元互构演化为统一多民族国家中国的历史进程、动力机制和整合机制。要实现这一理论诉求，学界需要拓展走廊的内涵和研究主题，并联合研究各走廊地带的学术共同体的力量，在跨学科、跨地域、跨研究视域的对话与合作中刺激学术生长点，谋求互动性共识。

白振声在讨论中指出，河西走廊具有多维度的功能和意义，《中国民族报》的河西走廊专题已经打开了广阔的研究视野。一般而言，民族学、人类学的传统研究路径长于微观视角，而当前，铸牢中华民族共同体意识的理论和现实需要要求学界从宏观上着力，推动走廊研究关注整体性，并实现跨学科合作。

袁晓文认为，走廊学说具有重要的学术意义和现实意义。但目前学界对于走廊的研究尚处于起步阶段。费孝通先生提出了中国存在几条民族走廊，但对于走廊的概念、构架、作用、原理及其与中华文明的关系等，学界仍需进一步开展讨论与研究。袁晓文以藏彝走廊为例，梳理出藏彝走廊研究需拓展的一些重要领域，包括藏彝走廊的范围、民族语言、考古学、民族史、民族文化、生态与民族的关系等。费孝通先生曾在支持藏彝走廊综合调查的发言中指出，要从全国这个棋盘格局"看各个民族的过去和现在的情况，进行微观的调查"。这一表述可以理解为宏观着眼、微观着手并关注历史与现实，这也与当前的藏彝走廊研究从华西学派继承来的学术理念相契合。当前，藏彝走廊研究的重点之一是立足于田野调查的实证研究。袁晓文展示了大量有关藏彝走廊的田野研究成果。

周大鸣指出，我国的民族走廊是一种体系，包括了多条自然条件、族群活动、地理走向、规模大小不同的民族走廊，有的走廊内还存在多条并行和交叉的次级廊道，这些民族走廊共同形成了我国的民族走廊系统。因此，现在有多种走廊的说法。

在对各走廊地带的研究中，学界已经从多个维度丰富了走廊的研究方法和路径。例如，黄达远和杨志强分别从不同的历史视角来讨论河西走廊和苗疆走廊作为"国家走廊"的功能定位，并围绕历史上国家经略边疆的历史进程阐释其意义。黄达远还基于对"路、带、廊、桥"相关研究的思考，主张学界要建立中国视角的世界史。在与云南省社会科学院民族学所朱佶丽博士等学者的讨论中，黄达远认为，面临国际史学界对中国历史和欧亚大陆历史的知识建构及其话语权，中国学界迫切需要建立主体性的中国史叙述和世界史叙述。

在研修班上，学员们从理论和实践层面对于从走廊地带理解"中华民族多元一体格局"展开讨论，认为铸牢中华民族共同体意识指引了新时代的民族研究方向，学界应注重研究走廊地带的民族志，提供扎实有力的经验材料和理论创新。

附录三

"长城－天山走廊"上的国家记忆[*]

——中华民族共同体意识形成的区域性道路

黄达远

一 "长城－天山"内外是中华民族
共同体的生存空间

1950年的秋天，我和一些青年同志到新疆南部的维吾尔族农村进行社会调查，一天我在疏勒县的一个茶馆里吃茶，碰到了几个维吾尔族青年正在用维吾尔语讲《三国演义》中的故事，好奇心使我同他们攀谈了起来，得知他们祖上的男方都是在疏勒城外八个屯子屯田的汉族士兵，祖上的女方都是当地维吾尔族妇女。他们约我到他们的家里做客，我在他们的家里看到，他们的家庭生活和南疆的其他维吾尔族农民的家庭生活完全一样。如果还有一点不同的话，就是我在他们的

---

* 原文刊登于 2017 年 12 月 29 日《中国民族报》理论周刊 8 版，为"中华民族共同体视域下的疆域治理"理论专题第二篇。

家里看到了用汉文写的神主牌位，这只能算是汉族祖先崇拜的一点遗物。1877 年清军和新疆各族人民赶走阿古柏这都外国侵略势力后，驻疏勒的清朝军队在城外屯田，距我在疏勒县调查时仅七十来年，可见这些屯田的汉族士兵融合于维吾尔族的速度是很快的。

这是 20 世纪 50 年代，民族学家谷苞深入塔里木盆地南缘绿洲进行田野调查，于 1989 年写成的《在我国历史上有众多的汉人融合于少数民族》一文中所记述的一件事。

以中原为本位的官方历史很少记载"民族通婚"这样的小事件，只有在记述边疆的民间野史中可以找到只言片语。在谷苞的笔下，清朝驻疏勒的湘军与当地的维吾尔人通婚，仅仅 70 多年，其后人就已经同化于维吾尔族，成了维吾尔人，这是自然而然的事。如今，距离谷苞的调查，又过去了 60 余年，这些湘军后代估计已经"遗忘"了自己的先祖曾是汉人。对这一群体和当地社区而言，这段历史被选择性地"遗忘"了。正如历史学家罗新指出，中国历史上各个时期，都有相当数量的非华夏人群加入华夏社会，这些人群都要通过不同途径实现其文化转型，最终转换其历史叙述，使得他们的社会面貌与其他华夏人群没有差别。这个过程中，集团和个体都积极进行了遗忘。同理，来自华夏的散居人群加入非华夏社会，最终也会实现文化转型和历史叙述，逐渐成为非华夏社会的成员。中国古代文化对这种"华夷转换"也有宽容的心态，"入中国（华夏）则中国（华夏）之，入狄夷则狄夷之"。诚如陈寅恪所言："在北朝时代文化较血统尤为重要。凡汉化之人即曰为汉人，胡化之人即曰为胡人，其血统如何，在所不论。"

"华夷"之间并非都能成功转换，有时会形成共生形态——一种"过渡形态"的人群。20 世纪 20 年代末，美国学者拉铁摩尔在东天山调查时发现，在天山中段的巴里坤与奇台之间有一个山居人群，是汉人与蒙古人通婚的后代。他们既熟谙汉语，又精通蒙古语，风俗既随蒙古族，也随汉族，既能像蒙古人一样管理他们的牲畜，也能像汉人一般丧葬、婚嫁。在毡包内他们像蒙古人一样穿着，当来到城镇又打扮得像汉人。他们在冬季的低地草场拥有大量房屋，夏季又随蒙古人一起进山搭建夏季毡包。他们有最普遍的宗教宽容，夏季在山中热情地款待游历的蒙古喇嘛，到冬季又去参拜汉人的寺庙。

这些兼收汉文化和蒙古文化，具有"过渡"特征的人群让拉铁摩尔"大开脑洞"，长城作为"过渡地带"成为他所作《中国的亚洲内陆边疆》一书的核心思想。拉铁摩尔挑战了当时风行的以民族国家为中心的历史叙述，他也是对"欧洲中心观"和"中原中心观"的双重拒绝。正如鲁西奇教授所反思的，迄今有关中国历史发展的总体阐释，大抵都假定中国各个地区的历史发展走过基本相同的道路、遵循大致一致的历史发展模式。以社会形态演进为核心线索的叙述与阐释体系，强调人类历史均经历了由原始社会、奴隶社会、封建社会到资本主义社会、共产主义社会（以社会主义社会为其初级阶段）的演化，认为历史发展的总体线索自亦如此，中国各个地区亦概莫能外。此外，还有一种"汉化"的阐释模式，"它假定一种单一的文明媒介，从汉人为基础的帝国中心，直接传导到不同种类的边陲人群当中。扩张、移民和文化传播的叙述，被看作为一种不可逆转的单向同化方向，从而将中国文化不断吸收各种异质文化并逐步形成自己特点的过程简单化了"。这种以单中心为标准将社会视为同质化过程的历史取向在根源上来自早期进化论，不仅掩盖了中国社会与欧洲社会存在的历史文化特性的差异，而且掩盖了中国内部的区域性发展道路。

另一方面，一些学者已经突破了进化论的束缚，将中国历史的中心恢复到以长城为中心的历史过程，如李凤山认为，古代的民族格局总是反映着经济地理的生态结构。西周以降，中原地区的经济、文化处于领先地位，建立了以当时农耕民族为主体的秦汉多民族统一的强大封建帝国；以蒙古草原为中心，则形成了以当时草原游牧民族为主体的多民族奴隶制政权。万里长城恰好坐落在这两大经济、文化腹心的南北交汇处。

从"区域"形态看历史的发展，除了游牧和农耕两大形态外，谷苞还很重视绿洲形态，对河西走廊绿洲从游牧区转为农耕区给予高度评价。汉朝对于河西走廊的开发，特别是酒泉、武威、敦煌、张掖四郡的设置，不仅具有中国史的意义，也具有世界史的意义。由于河西地区由游牧区变为农耕区，分隔开了匈奴与羌人的联系，同时，汉朝与天山以南的农业诸国，以及天山以北、巴尔喀什湖一带游牧的乌孙结成了抗击匈奴的联盟，后来天山以南的诸农业国归服汉朝，纳入汉朝的版图，这就加强了汉朝的实力，进一步削弱了匈奴的势力。正是河西走廊将游牧势力一分为二，使得蒙古高原和青藏高原最后成为两个异质性的互动游牧体系，两大游牧体系分别和中原、西域发展出不同的关系，使得中国西北历史变得丰富而多元，奠定了中国历史的大格局。这一视域中，谷苞将绿洲归入农耕社会的体系。

将绿洲视野纳入中国历史分析框架的是拉铁摩尔。20世纪20年代末，拉铁摩尔混迹在商队中完成了从华北长城商贸城市张家口到天山中段的重要商埠古城（1759年，清政府在迪化以北400余里的奇台堡设防驻守，该地为唐蒲类城遗址，人们以"古城"之名呼之）上千公里商路的考察。从沿线草原、沙漠、绿洲平原到高山地带，他观察到了不同地理环境中人们的生产方式、生活方式、社会组织形态、经济形式等在商路上的互动，继而也提供了新的眼光来分析这一区域的历史。他认为天山是新疆的地理重心。它不仅造就了新疆的地理态势，它融化的雪水也成为绿洲的生命线。

日本学者松田寿男利用历史地理的概念和文本分析的方法来研究"天山历史地理学"，提出天山属于"干燥亚细亚"区域，因此，"绿洲"这个"沙漠岛"是一个具有特殊性的历史空间单位。绿洲是可以耕作的土地，但是这里的农耕受到自然条件的强烈制约：第一，享受不到雨水的恩惠；第二，依赖于地下水和河水，因此水量有限；第三，因水量有限，耕地不能无限度地扩大。受这些因素制约，绿洲具有与中国内地、印度或日本的农耕社会完全不同的性质。绿洲总体上属于资源匮乏区，人口、耕地和水资源之间的关系会越来越紧张。要维系绿洲的运转，就必须参与到商业活动中，获得新的商业资源。绿洲又是一个活跃因素，即它不仅给农业社会增加了贸易的因素，还使之展现出中转市场的性质，并起到了商队驿站的作用。因此，他提出，绿洲就是沙漠中的"岛屿"，连通岛屿的商队就是"航船"，从河西走廊到天山，因为商队的联络使得各个绿洲被连成了"绿洲桥"。松田寿男的表述既生动又富有想象力。

谷苞、李凤山、拉铁摩尔、松田寿男等中外学者都提供了一种整体性的空间视角——把"长城－天山"作为一个整体的分析单位。李凤山以天山区域发现了烽燧遗址为依据，将天山纳入到"长城带"中。松田寿男则指出，一方面，"天山半岛"正因为长长地突出在辽阔的沙海中，其突出部分与东方的蒙古高原和中原之间横亘着寸草不生、极其干燥的大沙漠，因此，要从东方靠近这个半岛，就必须经过非常艰苦的旅程才行。另一方面，天山与万里长城的功能类似，都发挥了隔离游牧和农耕两种生活者的作用，但同时，它又成为使二者进行接触、和解的媒介。万里长城和天山山脉，尽管一个是人工的造物，另一个是自然山岭的复杂联结，但可以把天山山脉看作万里长城的延长线。因此，松田寿男认为联结万里长城与天山山脉的这一条线才是划分古代亚洲的游牧圈和农耕圈的边界线；同时，它作为联结双方的交往线，又具有无与伦比的重大意义。如果说，松田寿男从空间提出了"长城－天山"划分游牧圈和农耕圈的意义，而拉铁摩尔则进一步从时间上提出了"长城－天山"联通历史的意义。他指出，约在7世纪，长城－天山沿线的游牧道路被唐王朝的力量控制，"游牧文化为定居文明所制，实可称为一大转机"，从那时起"中国长城以内的道路，始与沿天山两侧绿洲间的道路，即从游牧者开辟的商路有相当的联络"。"长城－天山"构成了一个完整的过渡地带，其标志是连接"长城－天山"道路的形成。

谷苞则提出，"中华民族共同性"必须置于游牧与农耕两大区域是中华民族的基本生存地理空间这一视域中来理解，换言之，"长城－天山"划分的农业区和游牧区共同构成了中华民族共同体的生存空间。他因此强调，要正确看待古代匈奴游牧社会的历史地位："在汉朝设置西域都护以后，我国的中原农业区与天山以南的农业区连成了一片，这时我国农业区与北方游牧区的界线，从长城以北到天山以北长达数千公里。农业区与游牧区都各有自己所特有的产品，是对方所没有或缺少的，因而也是对方在生产、生活上所迫切需要的。由于游牧区不能生产游牧民族所需要的全部生产、生活物资，游牧民族对于农业区生产的粮食和各种手工产品的需求是更为迫切的。受基本的经济法则的支配，农业区与游牧区以有易无的交易便发生了，而且这种交易的规模和品种，愈来愈大，愈来愈多了。"他强调游牧与农耕并重，超越了把河西走廊视为"华夷边界"的思路，以"长城－天山"重新界定中华民族共同体生存的空间——以亚洲或"内陆亚洲"为整体性视角，这与中国史以东亚为历史空间的传统叙述区别开来。谷苞的观点也成为费孝通所编著的《中华民族多元一体格局》的重要组成部分。

二 "长城－天山走廊"的形成与民族
间的交流、互动

清代是我国多民族统一国家形成的关键时期，也是新疆的多民族交往格局形成的重要时期。费孝通提出，"我们需要一个宏观的、全面的、整体的观念，看中国民族大家庭里的各个成分在历史上是怎样运动的。"

在清代，新疆的重要性凸显，首先源于地缘政治格局的变动。地缘政治格局本质上是由实力和"地理力"（即地理屏障）组成的地缘政治力量。18 世纪中叶，清朝统一天山南北，疆域扩大到巴尔喀什湖以东以南。虽然 3 个哈萨克玉兹成为清王朝与南下哈萨克草原的沙俄帝国之间的屏障，但是沙俄帝国南下对清王朝在中亚的地缘政治构成严峻挑战。清朝中叶，由清王朝控制的伊犁河谷在地缘上与哈萨克草原、南俄草原连为一体，深刻改变了欧亚大陆的地缘格局。由于蒙古族土尔扈特部从伏尔加河流域回归天山，沙俄帝国加强了对南俄草原与哈萨克草原大通道的控制，与清王朝在中亚形成对峙状态。因此，处理不断扩张的沙俄帝国以及内亚问题成为整个清朝北方战略的核心。

在这一过程中，河西走廊的重要性降低，地缘政治的重心被转移和前置到了天山北麓。如乾隆二十七年（1762）《清高宗实录》所载："前因准夷未平，凉州、庄浪等处为西陲冲要，故将西安驻防之满洲、蒙古、汉军兵丁派出数千名，分地驻防。今大功告成，巴里坤以西，皆成内地，凉、庄既非边徼，……现在伊犁建造城堡，设立将军驻防屯田，与其三年一次派兵更番戍守，何如即以凉、庄兵丁挈眷迁移，较为省便。"

此间，伊犁的建设是重中之重。民国时期，地理学家蒋君章在《西北经营论》（1936 年）中对伊犁的重要性曾有形象的描述："新疆命脉一系于伊犁，伊犁为新疆头颅，北路塔城，南路疏勒，则左右其肩臂也。乌鲁木齐为其腰脐。其足骨则东伸抵于甘肃、青海。"清政府以伊犁为中心，确立了"以北制南"的空间策略。

清王朝北方的安全防御体系沿东西方向展开，大致形成四大体系。

一是天山北麓"三镇"体系，其功能类似于河西走廊"四郡"，以伊犁、乌鲁木齐、巴里坤三大军事重镇为中心，发展为声息联络的城镇体系。实际上，三大重镇分别体现出天山北麓战略区域的三重属性。其一，战略前沿区是天山西部伊犁河谷中的"伊犁九城"，以满城惠远为中心，周边环绕其他满城、汉城、回城等，共九城；设总统伊犁等处将军，统率八旗驻防；主要应对沙俄帝国的南下、东进战略，同时羁縻哈萨克、布鲁特等中亚汗国，承担巡边、地缘外交和国防功能。其二，战略支援区在天山中段，以乌鲁木齐的满城巩宁与汉城迪化为主，尤以巩宁为中心；设乌鲁木齐都统，八旗驻防和绿营并重；北望蒙古，南通喀什，亦为重要的屯垦区。其三，战略接应区是天山东部的巴里坤，在汉城镇西和满城会宁设巴里坤总兵，统率八旗及绿营驻防，以会宁为中心。"三镇"之间声气相通，是清王朝北方防御体系的核心。"三镇"的中心均设在满城——惠远、巩宁、会宁。仅观其城名，"天朝"心态和时空布局彰显无遗。

二是在伊犁以北的塔尔巴哈台山附近设置塔尔巴哈台参赞大臣，与科布多参赞大臣、乌里雅苏台将军、库伦办事大臣、黑龙江将军的驻地东西相望，形势联络，互为犄角，共同组成了巩固北部边疆的屏障。

三是在天山南路建立以喀什噶尔参赞大臣为中心的"回疆"体制，喀什噶尔参赞大臣一度为"总理回疆事务参赞大臣"，亦曾移驻乌什和叶尔羌。喀什噶尔、英吉沙尔、叶尔羌、和阗、阿克苏、乌什、库车、哈喇沙尔八城均有满、汉官兵驻扎。

四是在东天山与河西走廊交汇的哈密与吐鲁番地区，由哈密回王与吐鲁番回王管辖回部，另设哈密办事大臣、吐鲁番领队大臣。东天山实为内地与西域的门户，由此，从吐鲁番、哈密至河西走廊的敦煌、嘉峪关、酒泉、张掖、武威一线联结成了一个安全体系。

在四大安全体系中，以天山北麓"三镇"为最要，其中又以伊犁为第一。伊犁号称"新疆第一重镇"，伊犁将军的名号冠有"总统"二字，其重要性高于其他八旗驻防将军。

伊犁将军执掌的外交和军事事务范围达及200多万平方公里的整个西域，其巡边、喀什噶尔换防、军事训练任务繁重；以各驻防地的军事民事为主要职责，同时要负责开办旗学、处理外交、制造军械等；经济事务主要涉及屯垦、马政、制钱、贸易等。行政成本远远高于内地。

伊犁是新疆的军政中心，清政府首先打通乌鲁木齐至伊犁的道路，沿途设置21座军台，长770多公里，史称"乌鲁木齐西路"，俗称"红庙大路"。此后又连通了乌鲁木齐至北京的道路，至此，从北京经过山西、陕西、甘肃嘉峪关、新疆哈密、吐鲁番、乌鲁木齐到伊犁的官道终于完成，共有台站218座，总长4645公里。这条官道的完成，不仅构建了北京至伊犁的军政信息系统，而且也建成了将沿线体系纳入到中央管理的有效通道，是清朝强化行政管理的重要方式。

北京至伊犁的官道保障了行旅和客商的安全，因此，它也成为一条重要商道，形成了官商共用的格局。

从河西走廊到天山西部的伊犁草原，清朝的战略区向西北跃进千里，经济区必须匹配跟进。正如河西走廊一样，尽管清朝政府在经济上给予西域巨大的支持，但是这种"外嵌式"的、由军政力量主导的城镇发展动力，使得城乡统筹功能并不完备。天山南北分散的绿洲难以形成连片的经济核心区，除了粮食以外，绿洲经济无法形成自给自足的体系，棉花、茶叶、布匹、绸缎以及各种民生用品都不能形成循环体系，要满足驻军、家属及屯民的需要，大宗商品必须通过从内地远距离运输进行调配。新疆本地的财政能力无法负担如此浩大的开支。而粮食与日用物资一直是支持战略区的根本保障，需供应范围也随之向长城以西的天山南北转移。由于天山以北与华北情况相似，不是一个"雨养精耕"地区。天山北麓气候寒凉，积温不足，巴里坤一带的农作物种植以小麦、青稞、粟谷为主，普遍采用粗耕的方式，通过屯田，能够满足驻军和居民的粮食需要。但是，由于绿洲的分散性和地理气候的原因，除了粮食有剩余以外，其他物资均不能生产，导致天山北路经济区功能并不完整。这种不平衡的问题只能依靠内地补充"能量"，而这一能量的补充必须要开辟新的通道抑或改造或扩大旧的通道。

从1760年开始，清政府每年从内地调拨"协饷"200万至300万两白银，充作新疆军政费用。25个省级行政区，除了边疆诸省外，其余各省以及粤海关、闽海关、江汉关、江海关等海关，都要分担新疆所需的财政支出。有学者统计，1760年至1911年，清政府拨给新疆的协饷和专饷，总计近3亿8000万两白银，约占清朝中叶财政收入的十五分之一，相当于清朝乾隆中期8到10年的财政收入总额。

　　清朝政府立足于天山南北发展经济，采取了铸造货币、开垦荒田、开矿、经营官铺、对等周边民族、国家开展贸易等措施。从伊犁河谷到巴里坤盆地的千里沿线出现了络绎不绝的屯垦区和大小不一的城镇，大片的游牧区转化为人工绿洲，成为重要的粮食产区和粮食市场，纪晓岚曾慨叹"天下粮价之贱，无逾乌鲁木齐"。同时，清王朝开发新疆的努力将农耕区的界限从河西走廊向西北推进了上千里，并将之与河西走廊到关中平原一线的农耕区相衔接，这一游牧区与农耕区关系的新变化，深刻改变了中国历史与世界历史的进程。

　　哈萨克、蒙古等部的游牧经济圈对农耕经济圈的粮食、茶叶、布匹、瓷器等有着强烈的需求，北疆绿洲农耕区的粮食、南疆绿洲农耕区出产的布匹可以满足他们的需求。另一方面，以军饷、协饷等形式发放的白银大量流入天山南北的城镇，造成白银与铜币的汇率远低于内地，让商人有利可图。同时，南北疆各级城市人口剧增，也形成了一定规模的消费市场，刺激了对内地茶叶、瓷器、日用品等的需求。内地民商正是看准了此间蕴藏的巨大商机，因而不辞险远，开辟出从归化（今呼和浩特）至古城的大小草地的长途驼运路线，形成了多层次、多流向的市场流通体系。民商在这个市场体系的形成过程中，起到了重要的纽带作用，"北套客"和"西路客"基本垄断了这些市场。据纪晓岚的记录，"大贾皆自归化城来，土人谓之北套客，其路乃客賂蒙古人所开，自归化至迪化仅两月程，但须携锅帐耳"。而西路客则是指从陕甘方向进入新疆的客商。

　　清军西征的巨大军需催生了市场需求，总有内地商贩随军。据官修《新疆图志》记载："馈粮千里，转谷百万，师行所至，则有随营商人奔走其后，军中牛酒之犒，筐篚之颁，声色百伎之娱乐，一切取供于商。无行赉居送之烦，国不耗而饷足，民不劳而军赡。"古城、归化、张家口、包头等地涌现出了一批驼运店，专门承揽往西北地区的货运。一些大型驼运店的骆驼多达千峰。仅古城就有安德堂、天顺魁（后迁包头）、天德全等大小驼运店近40家。

　　大宗粮食类商品成为古城与蒙古游牧区交易的主要商品，从古城通往蒙古科布多城的粮道被称为"蒙古食路"，可见其关系之重。道光初年，清人描述了古城中转市场的流通范围："（古城）地方极大，极热闹，北路通蒙古台站，由张家口出京者，从此直北去、蒙古食路全仗此间。口内人、商贾聚集，与蒙古人交易，利极厚。口外茶商自归化城出来到此销售，即将米面各物贩回北路。以济乌里雅苏台等处，关系最重。茶叶又运至南路回疆八城，获利尤重。"当时的民谚云："想挣白银子，走趟古城子。"可见古城商业之繁盛。

从华北长城腹地的张家口到天山中段的商埠古城，形成了若干条贸易大通道，汇聚成一个东西方向的"长城－天山走廊"。这基于以下几个条件。

其一，沿着清俄边界，从天山南北，经蒙古北部一直到东北建立起了四大防御体系，为跨区域、远距离的商贸往来提供了长时段的安全保障。唯有"大一统"方能如此。

其二，"走廊"两端都有中心市场，形成商贸交换的动力机制和枢纽。华北长城的中心市场是张家口，天山的中心市场是古城。据乾隆末年秦武域著《闻见瓣香录》所载："张家口为上谷要地，即古长城为关，关上旧有市台，为南北交易之所，凡内地之牛马驼羊多取给于此。贾多山右人，率出口，以茶布兑换而归。又有直往恰克图地方交易者，所货物多紫貂、猞猁、银针、海貂、海骝、银鼠、灰鼠诸皮以及哈喇明镜、阿敦绸等物。"从市场规模看，张家口更胜一筹，因为还开展对沙俄的贸易；二者相关联之处主要在于对蒙古的贸易。科布多城的蒙古人到古城购买粮食，贩卖皮货，内地商号向科布多城运去粮食、酒和手工业品，换回畜产品；内地商号从张家口到古城贩卖茶叶和各种日用品，再将皮货等贩回张家口。

其三，"走廊"能够成为一条常态化的商路，是因为形成了便捷高效的通道，有效降低了运输成本。其主干道是始自张家口、经蒙古草地到达新疆古城的"大草地"路线；还有从张家口经额济纳旗到古城的"小草地"路线；此外，还有南北向从古城到科布多城的"蒙古食路"；在伊犁，还开通了对哈萨克的贸易。

其四，"走廊"的形成还源于所运商品的"民生化"。商路贸易从奢侈品转向了民生商品。除丝绸外，茶叶、瓷器、书籍、药材，甚至海货、水果都贩运到了天山南北，虽然价格昂贵，不过较之唐、元等历史时期，这已经是革命性的变化了。

"长城－天山走廊"不仅方便了驻军、家属和屯民，给他们供应了生活用品，而且还活跃了沿线的商业市场。在纪晓岚的记载中，可以看到新的市场流通体系给迪化居民的生活带来了巨大改善，"一切海鲜皆由京贩至归化城，北套客转贩而至"，"柑橘皆有，但价昂尔"，"土人惟重内地之果。榛栗、楂梨，有力者使致之"；吐鲁番的出产也参与到市场流通当中，"吐鲁番卖果者多"，"土产之瓜，不减哈密"，"味特干脆，但不久尔"。这些景况在元代时是难以想象的。

同时，"长城－天山走廊"也保留了奢侈品贸易。据学者估计，江南丝绸在新疆的交易量占交易总量的比重，在乾隆时超过90%，嘉庆和道光前期超过85%，道光后期到清朝结束亦超过90%。可以说，内地与新疆的丝绸贸易，主要是江南与新疆的丝绸贸易。在乾隆时期，每年用于哈萨克贸易的丝绸就达6000匹。

更重要的是，由于屯垦驻防的需要、商业市场的流通，在"长城－天山"两侧形成了"民族大走廊"。在清代，各民族人口不仅出现了从东往西的"走西口"大迁徙，还出现了从南往北的迁徙，以及从内地前往天山北麓、从内地前往蒙古的迁徙趋势。他们不仅推动和参与了跨区域的商道开拓，还有很多人最终定居在这些西北和北方的新兴城镇。

清朝为充实伊犁的力量，除八旗驻防和绿营兵外，还从东北调来锡伯、索伦等族官兵，从天山南路调来绿洲维吾尔人，从内地招揽汉、回民户，从西北调来察哈尔蒙古人等，实现了各民族共同参与伊犁的开发建设。

伊犁的常住人口以多民族为主。按照嘉庆末年《新疆识略》的人口统计，伊犁地区总人口是151940人，其中满营人口为35940人，约占23%；察哈尔、厄鲁特、锡伯、索伦营人口为61000人，约占40%；从南疆征调来的"回户"（维吾尔人）人口为34300人，约占24%；绿营和民户（汉人）人口为20700人，约占14%。总体而言，来自东北的人口占65%以上。同时，以南疆维吾尔人组成的"回户"和汉人组成的绿营官兵主要承担屯田开发，为驻军提供大宗粮食和重要的后勤保障。

三 "长城-天山走廊"与中华民族共同体
意识生成的区域性路径

18世纪到19世纪初,天山南北的地景变化,特别是幅员辽阔的天山北麓从游牧区转向农业区,深刻反映了中国史与世界史的新变化。这一地景改造第一次实现了天山北麓与天山南麓的均质化,将南农北牧的空间格局转化为南北均以农业为主的空间结构。从区域自身的演变看,至少在秦汉以来的两千年间,天山南北地景发生如此深刻的变化,是一次革命性的变动。

清王朝为建立北方的安全秩序,巩固国家的疆域,以惊人的财力来维持"塞防"的巨大财政支出。正如雍正所说,"朕不惜国帑数千万亿,极边远塞驻扎兵丁,特欲保全喀尔喀、内扎萨克之故也"。这也与康熙、雍正、乾隆时期的财政能力有关,如乾隆中期财政还有盈余6000万~8000万两,财政能够负担"塞防"的经济能力,并持续一百余年,其持久力远超汉唐时期。

由于"塞防"的保障,曾经影响中国历史上千年的游牧区与农耕区之间的冲突被彻底解决了,"和平红利"给广阔疆域上的各民族都带来了巨大的福祉。根据学者骆毅对清朝人口的估算,1775年,内地的人口数据为264561355人;1851年,太平天国起义爆发之年,清代官方人口数字的最高值为432164047人。经过大致维持和平的70余年,清朝竟然增加了1亿6000余万人口。从1759年到1864年,天山区域内部的人口增长也是惊人的,天山南路从25万人增长到110万人;天山北路从10万人增长到43万人,总人口达到150余万。"塞防"提供的"和平红利"究竟在多大程度转化为国家"人口红利",已然无法量化,但显然,其贡献是不能低估的。正如左宗棠高度评价清朝北方安全秩序带来的"和平红利":"我朝定鼎燕都,蒙部环卫北方,百数十年无烽燧之警,不特前代所谓九边皆成腹地,即由科布多、乌里雅苏台以达张家口,亦皆分屯列戍,斥堠遥通,而后畿甸宴然。盖祖宗朝削平准部,兼定回部,开新疆、立军府之所贻也。"

河西走廊本来作为中原-"农业中国"的安全屏障,主要防御来自蒙古高原的游牧力量，同时也被视为"华夷边界"；另一方面，如民族学学者李建宗所言，它更重要的是发挥了沟通农牧边界的桥梁作用。而天山不仅是蒙古、西藏等"游牧中国"的安全屏障，同时也是河西走廊和中原"农业中国"的安全屏障；极为重要的是，天山与河西走廊又构成了一体——"张国之臂掖"！国家的这一"臂掖"，从河西走廊一直延伸到天山的伊犁河谷，这一绵延不绝的农业区和新兴城镇，既构成了蒙古—天山—哈萨克草原的嵌入线，同时又是沟通三者的连接线，形成了农牧之间的巨大过渡地带，也是"长城－天山走廊"形成的最重要动力。

正是沿着"长城－天山走廊"，清王朝将整合的疆域范围从蒙古高原经天山南北延展到了欧亚腹地。由此，清王朝的视野从东亚延展到更远方，这使得其疆域意识也开始从"华夷之防"向"中外之防"转变。

在"长城－天山走廊"的整体性视野下，更能清晰地呈现左宗棠所述："塞防"的关键是新疆，"是故重新疆者所以保蒙古，保蒙古者所以卫京师。西北臂指相连，形势完整，自无隙可乘"。左氏的名言，肯定了满、蒙、汉等多个民族对奠定统一的国家疆域共同做出的卓越贡献，是对百年来清王朝"大一统"所带来的"和平红利"的充分肯定，不仅体现出一种地缘政治意识，更重要的是，体现出了"中华民族共同体"的国家意识。

18 世纪中叶至 19 世纪中叶，"长城－天山走廊"的形成，成为中华各民族交往史上的一次壮举：共同开辟这一通道、建设新疆的过程，推动和形成了清代各民族的主要交往格局，其成果最终体现为新疆的民族格局与疆域的奠定；而中华民族共同体意识正是在中国疆域的形成和发展过程中萌发和沉淀的。正如周恩来对清王朝的功过进行评价：清虽然有过，所以灭亡了，但也做了几件好事，"第一件，把中国许多兄弟民族联在一起，把中国的版图确定下来了，九百多万平方公里。第二件，清朝为了要长期统治，减低了田赋，使农民能够休养生息，增加了人口，发展到四万万人，给现在的六亿五千万人口打下了基础。第三件，清朝同时采用满文和汉文，使两种文化逐渐融合接近，促进了中国文化的发展"。[①]

谷苞通过考察河西走廊至天山一线的"日常生活"，发现"长城－天

---

① 《周恩来选集》下卷，人民出版社，1984，第 320 页。

山"是游牧圈与农耕圈的连接线，提出中华民族共同体意识要放在游牧与农耕两人义化圈的交往进程中去观察，显示出他将民族学、人类学的田野调查与历史研究相结合的深刻洞见，跳出了民族主义史学的单线进化观，从而开辟了从区域性道路来思考"中华民族共同性"如何形成的新路径。

"长城－天山"作为中国南北的地理与人文分界线，原本也是游牧与农耕的分界线，但是在 18 世纪中叶到 19 世纪中叶的百年间，清王朝作为"大一统"秩序的发动者和构建者，疆域涵盖了游牧与农耕两大体系，帝国在维系其政治治理的同时也提供了安全秩序。

由于绿洲体系的分散性和特殊性，不能形成完整的"核心区"。清王朝不得不从内地调动庞大的人力、财力、物力资源以支撑"塞防"建设，开发的成果之一是在游牧、农耕与绿洲的交汇带形成了巨大的物资交换体系，并自发形成市场网络，还吸引了国际商业力量——俄罗斯商人与中亚商人的加入。从东北到西北、从中原到边塞、从江南到北国，来自游牧、绿洲、农耕区域的人群随着国家军政与市场力量的扩散运动发生着变迁、流动、分散和凝聚，出现了以自东向西为主的人口迁徙过程，构成了宏伟而富有生气的历史画卷。这一宏大的历史进程必然成为中国自身某种近代国家意义的发展道路与模式的关键组成部分。换言之，"长城－天山走廊"是"中华民族共同性"生长的重要空间。

19 世纪中叶，从海上到来的欧洲殖民主义力量打破了以大陆为中心的秩序，以海洋世界为中心的秩序逐步占据上风。蒸汽机时代的轮船、铁路、公路也逐步取代了驼队和驼路。虽然西北的地景变化远不如东南的剧烈，但毫无疑问，"长城－天山走廊"留下的最重要的历史遗产是伊犁、乌鲁木齐和巴里坤一线形成的众多城镇、多民族聚居区和散居区。这一深刻的地景转变，是理解传统中国与现代中国转换与连接的一把关键性"钥匙"，也是十分重要的"窗口"。

20 世纪 30 年代后，随着地缘政治变化与现代交通运输的发展，"长城－天山走廊"日渐式微。那时，拉铁摩尔跟随驼队而行，风餐露宿中，发现了"过渡地带"的重要性。20 世纪 50 年代初，谷苞则在塔里木盆地的绿洲记录了正融入维吾尔族的汉人后裔的"日常生活"，留住了"长城－天山走廊"族群互动的珍贵历史记忆。

进入 21 世纪,"丝绸之路经济带"作为新时代的"现代文明走廊",将"边疆"转化为"走廊"、转化为"核心区",必将成为"中华民族共同体"建设的一个新契机;同时,"一带一路"建设将"绿洲"作为"现代文明走廊"的"站点","绿洲"必将焕发出勃勃生机。因此,被湮没的"长城-天山走廊"的历史记忆和"日常生活"的经验值得发掘与借鉴。

【作者为陕西师范大学中亚研究中心教授,河西学院特聘教授,从事民族学与历史学研究;本文系教育部社科司"阐释十九大精神专项任务"之"新时代民族宗教工作与铸牢中华民族共同体意识研究"的阶段性成果。】

从"多元互构"的体系史看中国历史疆域的形成[*]

施　展　王剑利

一　在中华民族共同体视域下"重述中国"

王剑利：当前社会上的历史热已经持续了十余年。这十余年间，人们对历史的关注和思考也越来越深入。出现历史热的根本原因，在于随着中国的高速发展，带来了内、外各种秩序的深刻变化，过去我们用以理解中国、理解世界的参照系已难以适应现实的需要，人们因此也陷入种种身份焦虑；为了再建参照系，化解身份焦虑，人们便不得不重归对于历史的思考，尝试整体性地理解我们是如何走到今天的。因此，国人对历史的关注，今天已经走到一个更深的层面，就是开始思考，究竟"何为中国"。

---

* 原文刊登于 2018 年 2 月 2 日《中国民族报》理论周刊 7 版，系"中华民族共同体视域下的疆域治理"专题第七篇。

施展：谈中国历史，讲"何为中国"，边疆就是一个必须直面的话题。长期以来，我们的历史叙事都是中原中心论的，边疆在这种叙事中面目模糊，身份被动；近年来，我们可以看到另一角度的一些研究，比如美国"新清史"学派，他们强调了边疆自身的主体性，但是其理论上显现出割裂中国整体性的趋向。这两种视角，都无法反映中原与边疆在历史上真实而又深刻的互动、互构的关系。真正的中国历史，是在一种"多元互构"过程中展开的。这一互构过程，使得"多元"历史性地演化为"一体"；同样，"一体"也必定内在地包含着"多元"，它决定着今天我们所看到的中国的基本样貌。这样一种深层历史逻辑的阐发，是我们能够恰当理解"何为中国"的基础。所以，对边疆问题的讨论，远不仅是关乎边疆，而是我们现今讨论任何中国问题时必须预先理解的前提性问题，但这也恰恰是其他学术领域最容易出现的盲区。在这个意义上，边疆学必须成为今天的显学，是今天的"中国学"的核心支柱之一。

王剑利：确实如此，这也是《中国民族报》理论周刊要做"中华民族共同体视域下的疆域治理"这样一个系列专题的原因。我们从 2017 年 12 月开始推出这一专题，邀请了方铁、黄达远、杨志强、孟繁勇、吴楚克、孙宏年六位学者从治边制度、走廊地带形成等方面呈现了东北地区、蒙古地区、西南边疆、苗疆走廊、西藏地区、天山－长城走廊等地的治理进程。对中国的历史疆域形成和巩固的讲述，目的并非向读者呈现各个边疆的经略往事，而是要让读者看到一个"多元一体"的中国如何演化成长的历史，看到中华民族共同体深层的自主性和生命活力所在。

我们也注意到，几乎在这个专题推出的同时，您出版了《枢纽：3000 年的中国》这本书。书中对于中华民族多元一体结构的历史性形成，进行了严肃认真的探讨，深入分析了中国历史"多元互构"的动力机制，与本专题的问题关注高度相关。这本书以及您在网上的《中国史纲 50 讲》音频课，都在社会上产生了巨大反响，也从一个侧面反映了历史话题在当下的热度。

施展：感谢您对这本书的关注。我在书中对中国历史的研究与思考，有两个出发点，一是要打破中原中心论的史观，将中国历史还原为一个"多元互构"的体系史，去除对中国真实的历史过程的遮蔽；二是要在底层的运转逻辑层面上，找到多元区域彼此之间互构的深层机理和动力机制，在更实质性的意义上解释中国的"多元一体"性。

今天的中国所覆盖的疆域，是由包括中原、北部草原、西域绿洲、青藏高原等不同类型的区域构成的。它们基于地理－气候－生态差异而形成，每个区域因此都面临着特殊的约束条件。比如，草原上的生态无法支持中原的大规模农耕经济，东南沿海区域也不可能形成游牧经济，所以，诸区域在政治－社会－文化等领域会形成大不一样的秩序逻辑。很重要的是，这些区域的秩序逻辑又在历史演化过程中，不断互构，互为条件，互为解释，互为意义背景。这种互构性达到了如此一种深度，以至于脱离其中一方，完全无法解释其他方的历史。我在书中对这种互构性的逻辑进行了比较细致的分析，发现了一系列非常有趣的历史逻辑。比如，在中原统一为秦汉王朝之前，草原上就不会统一；中原的统一促使草原统一为庞大的部落联盟，反过来草原又会通过其巨大的军事压力而改变中原内部各种群体之间的博弈关系，进而促成中原内部的一系列秩序安排上的变迁。中原与草原的历史因此就是互为解释的，脱离其中一方，对另一方的历史解释就是极为残缺的。在这样一个视角下，中国历史就不再是简单的中原历史的延伸，而是前述各区域持续地共生、互构的体系史。

有人质疑我的这种研究是不是一种地理决定论，我的回答是，在思考政治和社会秩序问题的时候，地理要素不是充分条件，但确实是必要条件。任何秩序都是在给定的资源约束条件下形成的，这决定了秩序的可能性边界，就像在撒哈拉沙漠上会有不止一种沙漠部落的组织形态，但无法建立起大帝国。在古代的技术条件下，最大的资源约束来源于地理和气候。实际上，无论东方还是西方，直到近代早期，人们在讨论政治、历史问题的时候，都会讨论到地理；反倒是在现当代的讨论中，我们却往往忘了这一点，更倾向于从抽象的理念和观念出发，而忽视了这些理念和观念若要落实为现实的制度安排，必须要以特定的资源约束条件为前提。

二　为什么选择清朝?

王剑利:您对中国历史"多元互构"的解释很有新意,但是我也注意到,您在书中所讨论的秩序逻辑,最终落实在清朝的秩序上。同样,在我们这个专题的文章中,学者们用有限的篇幅叙述了中国的疆域治理历程和数百年来经略边疆的政策及其影响,大家的视野似乎也都聚集到了清代。为什么学界会对清朝如此重视,并以清代前期的疆域为结果来讨论中国历史疆域的形成呢?

施展:也曾有其他朋友提出过类似质疑,问我这样一种写法是不是一种实用主义,仅仅是因为我们继承了清朝的领土,就从清朝写起。但实际上,我们如果从"多元互构"的体系史的角度来看中国的话,会发现另外一个长期为人所忽视的历史逻辑,从这个逻辑出发,我们可以称清朝为中国古代历史的完成形态。

在古代的技术条件下,东亚大陆体系是一个相对独立发展的体系。这个体系有的时候表现为外部均衡关系,有的时候表现为内部均衡关系。外部均衡关系就是历史上各区域之间的外部对抗关系,呈现为农耕民族和游牧民族之间长期的冲突对峙,比如汉匈对峙、宋辽对峙、宋金对峙等。外部均衡经常是通过战争来调整区域之间的秩序关系。当然,此时的区域之间也还是互构的,中原与草原的历史逻辑仍然是互为解释的,无法脱离其中一方来理解另一方。内部均衡关系,就是各区域被整合在一起而形成了庞大王朝,如元、清等王朝;由于区域的形成是基于无法被消除的地理 - 气候 - 生态差异,所以统一的王朝内部仍然是多元结构,王朝通过对治理技术的改进,来调整区域之间的秩序关系。

从制度经济学的角度来看,这两种均衡关系的组织成本是不一样的,对整个体系来说,最终会向整体组织成本更低的方向演化。外部均衡下,对峙的各方都要维持规模庞大的常备军,体系的组织成本居高不下;内部均衡下,"大一统"王朝的军队规模就小得多,组织成本大幅下降,那么,体系最终就会向内部均衡的方向演化。所以,为什么学者们不约而同地要以清王朝为重点来讲述中国历史疆域的形成呢？答案便是，清王朝就是这种内部均衡的最高呈现。更准确地说，这种内部均衡的样态，并不一定是个叫作"大清"的王朝，现实的历史所留给我们的恰好是"大清"而已。

我们还可以在东西方比较的视角下来看这个问题。对于西方世界来说，其在历史上，政治秩序的核心问题是统治正当性的问题；而对于东亚大陆的体系来说，其政治秩序的核心问题，是农耕与游牧这两大对峙区域，如何找到一种秩序安排以实现持久和平的问题。仔细看中国历史会发现，清代是古代中国经过不断试错，最终找到的对持久和平而言最好的秩序安排。由此又带来一个结果，持久和平带来了人口的大规模增长，清代人口连续突破了两亿、三亿、四亿的大关；而更早的朝代中，人口突破一个亿就不可避免地会走向流民四起、天下大乱。以往对清代人口爆炸的解释，经常是归因于美洲作物的引入；最新的人口学研究表明，美洲作物在清代的种植规模根本不足以支撑如此规模的人口膨胀。所以，最可能的解释还是内部均衡所带来的和平红利。

在这两种视角下，我们都可以发现，清代所形成的中国国家形态，是中国历史演化逻辑的自然趋向。于是我们可以说，从清代出发的研究，并不是一种断代史式的研究，而是对作为体系的中国史的一种整体性研究。

还要强调的是，上文所说的历史演化逻辑，都是以古代的技术条件为前提的。在近代技术条件之下，东亚体系外部的力量开始成规模地到来，清王朝被迫进行一种整体性的应对。由此开始，这个多元体系自主演化的"体系性"的一面开始淡化，而整体性、国家性的一面开始凸显，中国也就走上了从古代王朝向现代国家转型的历程。但"体系性"的淡化只是相对于中国与外部世界互动关系的凸显而言，从其内部的角度来看，"体系性"仍然存在，只是经常会被对外显现的整体性遮蔽而已；但这种遮蔽会带来我们理解边疆问题的一系列盲区，这是我们在当下必须反思的。

王剑利：您的这个"体系史"的解释逻辑可能会启发出非常多的延伸讨论。我还想进一步追问，从体系史的角度来说，您为什么说清王朝就是内部均衡的最高呈现了呢？

施展：政治体的规模不能无限度扩展。因为，伴随着群体规模的扩大，其组织协调的成本会上升，组织规模扩大带来的边际收益递减。在边际收益递减为零处，大致便是政治体的最适规模。具体的边际收益状况，需要通过复杂的财政史分析才能得出定量的结论，但是通过对历史过程的观察和分析，也大致可以得出定性的结论。

清王朝将中国体系的外部均衡转化为内部均衡，降低了组织成本，也带来了规模收益。但是随着清王朝继续扩展，组织成本上升，边际收益递减。组织成本有两个重要的约束条件，分别是地理和文化传统。地理决定了物质意义上的组织成本，文化传统则决定了精神意义上的组织成本。清王朝的扩展，基本上达到了当时技术条件下的最适规模。今天中国所继承的领土，基本上是清王朝的领土，这也是清朝时达到最适规模的一个直观呈现。

边际收益还有个约束条件，就是与其他政治体的互动博弈关系，它会产生很大的外部成本，从而调整边际收益的均衡点。

三　国家治理与边疆秩序："大一统"与"因俗而治"

王剑利：这个解释着重于地理等物质约束条件。您刚刚还谈到了作为精神约束条件的文化传统，这与我们的专题有更大的关联性。在专题的系列文章中，我发现学者们对中央王朝经略不同边疆地区的叙述，基本涉及两个中层逻辑，借鉴杨念群等学者的观点，我将之归纳为"经略边疆的正当性"以及"经略边疆的技术"，前者以"大一统"和"华夷之辨"的意涵置换为核心，后者集中表现为"因俗而治"的制度策略。在您构建的体系史框架中，如何整合这两点呢？

施展：在我的解释框架中，这两点可以归并为一个问题：清王朝如何进一步降低组织成本，以确保统治效率？这里面就有两个向度需要分析。

一个向度是，王朝的自我理解，也就是您说的"正当性"问题，这决定着其政府可以运用的政策工具。中国历代王朝的自我理解基于儒家所主张的"大一统"与"华夷之辨"。这些主张的内涵，是不断进行着调整的。在宋、明等时期，"华夷之辨"经常会被具象化为种族差异；在少数民族入主的时期，"华夷之辨"则被转化为文明水准的差异，否则少数民族本身的统治正当性就难以确认了。而"华夷之辨"在最初也确实是对文明程度之差异的辨别，《春秋》里面说"夷狄入中国，则中国之；中国入夷狄，则夷狄之"，这里的华夷就与种族无关，只与文明与否相关。不同的自我理解所转化出的战略目标就会有着根本差异，所能动用的政策工具，也会有巨大差异。有些清王朝可能运用的政策工具，在明王朝的自我理解之下就很难被接受。

　　另一个向度是，"大一统"王朝必须因俗而治。中原、北部草原、西域绿洲、青藏高原等地域都有完全适应着当地的地理－气候－生态条件而形成的秩序逻辑，需要采取不同的治理策略。中央政府因此需要对地方社会结构有很好的理解与把握，懂得如何以既存的社会与传统作为制度入口，将地方既存的社会结构嵌入到中央政府的治理结构当中，顺势而为。更进一步而言，这样一种因俗而治的政策工具，也正是因为王朝的自我理解发生变化，而得以更加顺畅无碍地被运用起来。

　　王剑利：这样的宏观解释框架还需要回归到具体的历史进程中寻找支撑，才更为坚实。我们的专题文章是对一系列重要历史进程的研究，其中也展现出这种深层的自我理解和治理逻辑。

　　在学者的研究中，元明清时期是中国的历史疆域演变和巩固的关键阶段，是否有什么动力在引导着这一贯穿了600多年的历史进程呢？

　　理解这一进程，边疆治理的正当性就是一个重要的关注点，"大一统"和"华夷之辨"成为核心议题。历史上以农耕民族为主导的中原王朝延续的思想脉络中，"大一统"观念蕴含着"天下归一"的恢宏理想，却难以臣服"四夷"，难以将之实现为一种政治实践。由此，农耕民族和游牧民族长期的冲突对峙就被置于"华夷之辨"的对立框架中来看待。

　　清王朝将多民族统合宇内、视为一体，对多元文化传统兼收并蓄，并以这一理念经略边疆地区，实现和巩固了一个多民族国家的疆域。这样的理念和格局已经远远超越了之前的历代王朝，也远不是"汲取和继承汉人经验"，或者满族统治集团接受"汉化"可以解释的。

从我们的专题文章中可以看到，在清朝前期经略东北的过程中，对"华夷之辨"的理解，以种族差异回归为文明水准的差异，使得作为满族"龙兴之地"的东北地区被纳入中国的内部体系之中；这样的一种回归，也让清王朝能够突破传统中原王朝的"华夷之防""华夷有别"的限制，可以放弃修建长城，以蒙古地区为藩屏，以长城内外为一家。同样，在西南土司地区"改土归流"、在"生苗地界""开辟苗疆"等措施，加速了西南边疆与内地的"一体化"进程。

其中，清王朝在"生苗地界""开辟苗疆"并非一个仅由军事征服、流官治理的行政渗透和移民文化的推进组成的"汉化"或"征服"的故事。杨志强教授首次提出了"双重华夷体系"概念，认为"历史中国"是一个具有延续性和内在稳定结构的观念体系，其"王化"的政治边界和"教化"的文化边界共同构成了中国的整体性和丰富内涵。他试图以此来解释明清时期云贵高原少数民族地区在推行"国家化"过程中出现的诸多难以用既有理论解释的现象。在我看来，这其中可能涉及两个关键问题。一是作为统治者的满族集团和进入"苗疆"的官僚集团所共同理解的"中国"是什么？这需要我们去理解"大一统"和"华夷之辨"的真正内核。二是在没有土司土官、无社会层级的"生苗地界"，缺乏国家进入地方的关建中介，"国家化"进程又如何将对"中国"的理解播化到边疆地区？儒学的教化无疑是一个关键过程。通过科举考试获得身份的官员们进入"苗疆"进行治理，推行教化，当教化完成，则奏请删除"苗疆"之字样。在这个过程中，在"苗疆"或者更广阔的西南地区，西南山地少数民族与来自中央的国家权力不断互动，山地农耕文化与中原农耕文化不断互动。其互动的结果，我认为不是能用"汉化"或者"以夏变夷"来简单涵盖的。

施展：这些研究都非常有意义，使我的宏观解释框架获得重要的分析基础。关于"大一统"，我只想补充一点。中国是各大文明中唯一保持了政治"大一统"的国家，但实际上基督教、伊斯兰教也追求"大一统"，但那些文明地区都没能维持其"大一统"。是否能够维持"大一统"，关键在于军事和财政逻辑。就是说，中央政府是否能够低成本地从社会上汲取财政资源，从而掌控直属中央政府的庞大军力。如果能够低成本大规模汲取，超过某个门槛之后，中央政府就可以对任何区域性的反抗力量形成绝对压倒性优势，那么"大一统"才有实现的可能。

中国的中原地区有着世界上最大的连续成片的农耕地区，人口与财富总量的汇聚规模，在古代世界堪称独一无二。欧洲就不一样了，跟中国相比，缺乏大规模连片的地理空间，人口密度也小得多。历史上，中国这边，中央政府征税成本低，税基的规模也大，地形结构又有利于大规模作战而不利于割据。欧洲那边，中央政府征税成本高，税基的规模也不大，地形结构又有利于割据。于是，中国这边维持"大一统"的难度相对很小，欧洲维持"大一统"的难度则很大。中国这边，自从秦朝以后，即便进入割据状态，也还能回到"大一统"；宋代之后，再也没有过长期的割据时期，一个"大一统"王朝崩溃了，取代它的不是大分裂，而是另一个"大一统"王朝。欧洲那边，在罗马帝国分裂之后，就再也没能统一起来，个别强人短暂地做到了，也根本压制不住区域性的反抗力量，很快"大一统"就会瓦解掉。

由此就会导致我在前面所说的，在历史上，欧洲政治的核心问题是统治正当性问题，中国政治的核心问题是农牧两大区域寻求持久和平的问题。在中国这边，历史逻辑最终会收敛在多元互构体系的内部均衡状态上。那么，边疆问题就一定构成"大一统"王朝必须直面的问题，这一方面会导致"大一统"与"华夷之辨"等主张的内涵变化，另一方面也使得"因俗而治"成为政治秩序当中的必需。倘若没有因俗而治，则"大一统"王朝统治成本居高不下，势必难以维系。

王剑利：我们专题文章所呈现的疆域治理的进程和制度，确实在一定程度上契合了您阐发的"体系史"逻辑：尤其在清代，清王朝的统治者从"大一统"获得了经营多民族边疆地区的正当性，以"中国之疆土开拓广远"来消解"夷夏之防"，并在军事征伐之后，进一步将"大一统"理念实践为"政令统一"与"因其教不易其俗，齐其民不易其政"并举的治理方略，结合行政渗透来完成边疆的经略，逐渐将羁縻地区转化为有效治理的国土。这一过程正是这个超大规模的国家如何降低"统治成本"，以实现

"多元互构体系的内部均衡状态"的重要体现和结果。

　　正如孙宏年教授指出的,从秦汉至 20 世纪中期,历代中央政府对于边疆不同区域的治理既有统一的政令,又都有因俗、因地、因时、因势制宜的措施。而这种治理技术在清朝最为成功。方铁教授的研究进一步表明,土司制度是中原王朝深入经略边疆地区的源头。在元明清时期,中原王朝经略边疆的重大变革尤其以土司制度为肇始,开创了中央王朝分别治理或应对边疆与邻邦的时期。他强调实行土司制度有特定的条件,即施治地区的少数民族及其首领与土地、山林等资源紧密结合,三者的依附关系世代相传形成了特殊的社会结构。在吴楚克教授的研究中,清朝初期的统治者基于成吉思汗创立的蒙古"万户制"与蒙古的习惯制度"会盟制",并结合清代的八旗制度形成了"盟旗制",基于"盟旗制"的满蒙联盟,使中央王朝在蒙古地区的辽阔地域中实现了政令通达,巩固了边防,并在顺治时期形成了后来内扎萨克蒙古六盟的雏形,意义深远。在孟繁勇副研究员的研究中,清朝在东北设立了三将军辖区,对东北实行了较之前历代王朝都更为有效的管辖,并且还实行了"一地多制"的管理体制,适应了东北各民族、各地区的实际情况,对实现东北地区的长治久安发挥了巨大作用,清朝前期在东北的体制创新是清代国家"大一统"和"因俗而治"政策成功结合的典范。

四　中华民族共有精神家园的生成脉络

　　王剑利:在当前的网络上,轻视或否定历史上的少数民族政权似乎成为一股风潮。而学界却对元、清两个少数民族建政的王朝给予了高度的重视,很多历史学者、边疆学者注重研究少数民族建立的王朝带给中国的重要历史遗产。我们的专题文章也特别呈现出元、清两朝具有独特的治边思路与方略。在您的分析构架中,如何解释少数民族建立的王朝在经略边疆进程中的贡献,及其对于中国历史作为"体系"演化的贡献?

　　施展:先来说一下网络上那些否定少数民族政权的言论,其实大多基于狭隘的中原中心视角或者大汉族主义视角,这恰恰是我的理论框架想要超越的。中原中心论会认为，只要不是汉人建立的政权，便不是中国的政权。这种说法里有一个很基本的前提需要被仔细辨析，那就是，在古代，我们究竟是如何定义汉人的？它并不是根据血统来定义的，因为历史上大规模的移民、迁徙和民族交融的过程，从血统上根本说不清何为汉人。汉人是根据文化来定义的，具体说来就是由儒家定义的。而儒家要转化成日常的伦理实践，它的载体跟基督教、伊斯兰教这些一神教是不一样的。对于一神教来说，载体是个体心灵的皈依。但儒家的载体则首先不是个体心灵的皈依，而是一种特定的人际关系结构。比如"三从四德""三纲五常"等，必须在一种特定的人际关系中才能展开。

这种人际关系结构，要求有比较稳定的家庭组织形式，而稳定的家庭组织形式一般要在定居型社会中才能实现。定居就要农耕，而农耕有一个最硬性的约束条件——年降水量。如果一个地方的年降水量少于400毫米的话，那里的人们靠农耕作为主要生产方式是活不下去的。400毫米等降水量线，其分布的北界大致就是长城，说得准确些，中原王朝是在农耕地区向北扩展的极限处修建了长城。在古代社会，农耕所面临的这种硬约束，使得人们到了长城以北地区还想活得下去的话，就必须游牧化。而一旦游牧化，就意味着必须放弃中原式的人际关系结构、家庭结构等，不能再按照儒家的方式来生活了。从文化上来看，这就不是汉人了。

草原和中原具有完全不同的社会结构、伦理结构、政治结构，并且由于生态的约束，这种差异是无法消除的。纯粹中原的人无法理解草原，纯粹草原的人也无法理解中原，于是都无法统治对方。那么，古代中国要想达成体系的内部均衡状态，也就是让长城南北都纳入统一而又多元的王朝之下，就既无法靠纯粹的中原人，也无法靠纯粹的草原人来作为帝国的担纲者。担纲者必须是能够同时理解中原与草原的人，这样的人只能来自过渡地带。

中原与草原之间能够担纲"大一统"王朝的过渡地带有两个，一个是长城沿线，北朝的主导者都是在这一带崛起的；再一个是东北，辽代以后入主中原的少数民族基本都是来自东北。东北的北边连通着呼伦贝尔大草原，南边是经常接受中原王朝统治的辽东宜农地区，在东北能够站住脚的统治者，必须兼通两方。这样，其入主中原之后，便可以建立起一种二元结构的统治。在这种二元结构中，统治者兼具两个身份，通过可汗的身份以部落联盟的方式统治草原地区，主导整个王朝的军事秩序；通过皇帝的身份以中央政府建立的官僚体系统治中原地区，主导整个王朝的财政秩序。中原之富与草原之雄结合在一起，并因对最高统治者的共同效忠而联结在一起。但蒙古人是个例外，他们来自大草原，成吉思汗时代和元王朝最终能够一统天下，是因为借助了契丹人、色目人等来自过渡地带人群的政治智慧。

这个历史逻辑分析清楚了，差不多就能得出结论，古代中国要想解决自己在政治上的核心问题，即长城南北两种秩序的永久和平问题，几乎不可避免地要依靠来过渡地带的少数民族。现代中国的技术条件变了，古代中国所面临的一些约束不再存在，秩序逻辑也会发生某些变化；但现代中国的疆域基础，却完全是由达成内部均衡的古代中国所留存下来的，我们无法脱离这个历史前提来讨论问题。如果否定少数民族王朝，基本上就是在否定中国的历史逻辑，也就是在否定当下中国疆域的正当性，这是非常糟糕的事情。

王剑利：这样的解释很有力量。在"多元互构、体系演化并寻求内部均衡"这样的视角下，我们对于边疆问题和中国问题的理解，都会出现格局上的巨大变化。

综观本专题的文章，已经能发现这样的路径：唯有实现"大一统"，清代中央王朝才能将对边疆的遥相羁縻真正转化为有效治理。同时，清王朝已经涉入中国与世界的互动关系当中，"大一统"的统合也因此具有了世界视野，其边疆治略和技术也就关联到中国的内外联动机制当中。这种深刻的"多元互构性"尤其体现在基于不同区域间的互动过程而形成的"走廊"地带之上。

一方面，中央王朝为疆域稳固付出了极大的努力与成本。黄达远教授对"长城－天山"走廊的区域研究路径，向我们展示出西北边疆经略的宏伟进程。清代中叶，在北部中国，为了消弭历史时期游牧民族与农耕民族的冲突，防止沙俄南下，清王朝统合了中原、草原和绿洲的力量，构筑起自天山南北、经蒙古北部一直到东北地区规模巨大的塞防体系，从各地调遣官兵家眷来充实塞防。根据文中提到的数据，1760 年至 1911 年，清政府拨给新疆的协饷和专饷，总计近 3 亿 8000 万两白银，约占清朝中叶财政收入的十五分之一，相当于清朝乾隆中期 8 到 10 年的财政收入总额。清王朝开发新疆的努力，使"国之臂腋"从河西走廊一直延伸到天山的伊犁河谷，让天山千里沿线的游牧区转化为以绿洲形态为主的重要产粮区，将农耕区的界限从河西走廊向西北推进了上千里。这样不仅使农耕区和游牧区都置于"大一统"之下，而且带来了巨大的"和平红利"和"人口红利"。杨志强教授的研究展示了"开辟苗疆"的进程。在贵州，从元代和明代，中央王朝就投入了巨大的资源开辟和保护一条连接中原和西南边疆的"一线路"通道（也称"入滇东路"），甚至因这条道路而专置贵州一省。"苗疆"真正实现"国家化"发生在清代，并与"苗疆缺"这一官吏制度有直接的关联。在这一进程中，"苗疆"的范围不断萎缩而最终相对固定下来，实现了"内地化"；"苗疆"也由边疆转化为连接中原和西南边疆甚至东南亚、南亚地区的重要过渡地带。

另一方面，边疆地区和各族人民对中国的历史疆域与中华民族共同体的形成做出了重要贡献。例如，孙宏年教授考察了中央王朝在西南边疆"体国经野"、设官置守的过程。在吐蕃、南诏和大理时期，少数民族边疆政权对外拓展疆土；元明清时期，地方政权积极经营边地。元明清三个王朝正是在吐蕃、大理辖区的基础上设置行省等军政机构，延续和发展着中国西南地区的疆土。尤为重要的是，元明清三朝时的行省区划逐步调整，但西南边疆的政区设置仍然相互关联，其变迁过程深刻体现为区域间的联动性和整体性，黄达远教授展示了西北边疆的"北套客"和"西路客"等各族民商，从长城腹地的商业市场张家口到天山腹地的粮食市场古城开辟了一条商贸大通道，从多个方向撬动了内地、北部草原和西域绿洲之间的商贸往来，实现了一次革命性的历史变化。

施展：你们这一专题的系列文章所展示的历史进程意义深远。尤其是置于一个"体系史"中来观照，汉、蒙古、满、回、藏、苗、彝、壮等各个民族，以及中原、北部草原、西域绿洲、青藏高原等各个区域，共同实现"多元互构"、共同演化的过程本身，就呈现为真正意义上的宏阔的中国历史。而随着技术跃迁，中国体系内部的"多元互构"共同演化进入到了一个更大的空间格局中。东西方世界在近代以来的相互遭遇，使得它们在全球意义上进入到互相构造和共同演化的进程，东西方各自的历史由此进展为超越于单一区域之上的世界历史。

　　王剑利：我们的专题试图呈现中国历史疆域的形成、演变和巩固的过程，其中有一个重要的意图，就是展示出北部草原、天山南北、青藏高原、西南山地等边疆地区及其少数民族独特的社会与历史文化传统，启发读者思考边疆地区和少数民族对于中华文明、中华民族共有精神家园、中华民族共同体意识形成的贡献。

　　方铁教授和杨志强教授研究治理西南社会的历史，引发我们进一步的思考：中央王朝通过流官制度和移民实现了儒学向西南社会的播化，在这一过程中，基于中原农耕社会的儒家文化与基于西南山地农耕社会的生态文化及其西南民族传统文化不断进行互动和调适，是否生成了新的文化图式？并以此形成一种西南社会独特的"精神气质"？

　　进一步而言，可以说，在西南边疆，也发生了文明互构的进程，我们可以通过本专题对西南地区的土司土官制度的研究，以及对"苗疆""国家化"进程的研究窥其端倪。因此，进一步的问题是，在整个西南边疆，山地文明是否是一个具有自主性和独特性的文明？在"多元互构"框架中，能否成为具有相对自主性和清晰结构的一元？这一元又如何参与到"多元互构"的体系演化中？这也许是在整体性的历史疆域和中华文明研究中，中国的西南边疆被相对遮蔽或忽视的部分。

　　其实这些思考关联到另一个问题：中国在经由"多元互构"得以形成的历史进程中，是否存在具有延续性的精神内核？其生命力又源于什么？

　　施展：您提出的这一系列问题，打开了一个非常大也非常重要的开放性问题域，恐怕不是这一篇对谈能讨论充分的，需要未来进行持续探讨。我在这里仅从一个角度提出一些思考。

　　仔细考察中国实现"大一统"的历代王朝，会发现一个常常被人忽视却非常本真性的特征，即它实际上是通过政治手段而对若干个社会空间的整合。社会空间基于人群在日常交往中所形成的自生秩序而成。在古代，交往的便捷性通常是由地理的便利性所决定，所以，前文所提到的若干区域，也伴随着若干社会空间。在"大一统"王朝内部，只有在中原地区，政治空间与社会空间才是重合的；在非中原地区，政治空间和社会空间并不一定重合。因为古代王朝有一个政治统治有效半径的问题，统治半径由军事和财政逻辑决定，而不由社会空间决定。中原的社会空间全部在这个半径覆盖范围内，但是非中原地区的社会空间，经常是只有一部分在半径覆盖范围内。华南地区的汉人社会就以极深刻的方式呈现出这一点。它是基于海洋贸易过程而形成的南洋社会空间的最北端，被王朝政治空间所整合，但这一社会空间仍有很大一部分在王朝政治空间之外。直到20世纪非殖民化运动之前，对两广、福建的民众来说，经常会觉得"下南洋"并非离开故国，只不过是在同一社会空间中的内部移动，原因便在这里。我们过去常常以为中原表达着"中国"的本质属性，但从政治空间与社会空间重合与否这一角度来看，就会发现，中原实际上是特殊的。仔细考察世界历史上其他文明区的伟大帝国，同样可以发现政治空间与社会空间的不重合性，这差不多是一种常态。

由此我们可以进一步意识到，由于这种不重合性，对"大一统"王朝的治理来说，政治秩序和社会秩序，便需要各得其正。也就是说，两种秩序需要划定各自的边界，否则很容易相互伤害。

有了这样一种观察，我们便可以进一步说，中原、北部草原、西域绿洲、青藏高原等区域的诸多人群，他们基于自然空间的差异性，都有着自己独特的社会空间，并且从中可以形成自己特定的历史记忆。同时，达到内部均衡的"大一统"王朝，以其政治空间对这些人群进行了普遍统摄，他们也都有着超越于特定记忆之上的共享历史记忆。共享的历史记忆有潜力从精神层面上吸收所有特殊群体的身份诉求，在一种普遍秩序中予其以安顿；而特殊的历史记忆，则构成了中华民族赖以获得生命力和活力的基础之一。

我们所要追求的中华民族的共有精神家园，正是在这样一种历史逻辑、政治逻辑与社会文化逻辑的交互演化过程当中逐渐发展出来。这些逻辑内在地要求我们，要珍视自身的特殊历史记忆，同样也要理解并尊重与自己不同的特殊历史记忆，在此之上才能形成整个中华民族共有的历史记忆。各种差异性相互协和、相互支撑，从而打造出我们的共有精神家园，形成中华民族深层次的精神凝聚力。"各美其美，美人之美，美美与共，天下大同"，这十六字箴言的深意，想来也在此中。

【作者施展系外交学院世界政治研究中心主任，主要研究历史学、政治学、社会学；王剑利系《中国民族报》理论周刊责任编辑，人类学博士。】

后 记

"从走廊发现中国"从《中国民族报》的一个专题栏目到形成《从河西走廊看中国》一书，从开始策划选题到文章见报，再到汇集成书，经历了近一年的时间。在这期间，中国民族报社理论周刊编辑部与学界展开深入互动。我们共同意识到，要解答"何谓中国""中华民族多元一体格局是如何形成的"等这些重大问题，必须从一个宏大视野出发，在多元互构的历程中，展现各民族共创中华的历史。

"从走廊发现中国"专题致力于探索铸牢中华民族共同体意识的新视野，开启新思路，这不是一个学科、一种学术思想、一个学术团队能够完成的任务。这要求专题得到多学科的学术思想作为支撑，跨界思维和互动性要贯穿于专题的始终。

在河西走廊专题的进展过程中，专题学者在密切互动中已经产生了一些关于河西走廊的初步共识。期待这些新的学术生长点能够推动学界形成新思路、新成果，并继续与思想传播平台进一步展开深入合作。

在专题策划和文章编辑过程中，编辑部得到了大量跨学科专家学者的支持。

我们要特别感谢已经逝去的谷苞先生，他的亲属慷慨地为我们提供了谷苞先生生前所著文章及版权，使专题得以更加完整。

在此，我们特别向为本专题撰稿的学者致谢（以姓氏笔画为序）：

王子今、王卫东、王文仁、王建新、王剑利、安惠娟、孙明远、李大龙、李并成、李建宗、李鸿宾、沙武田、张景平、武沐、罗鹏、钟进文、施展、高荣、黄达远、蔺海鲲。

特别向对本专题提供帮助的各位学者致谢（以姓氏笔画为序）：

于逢春、王平、王卫东、王希恩、王希隆、王建新、方铁、巴战龙、白振声、刘湘晨、庄孔韶、闫天灵、色音、孙伯君、杨志强、杨林坤、孙宏年、杜军林、李大龙、李并成、李如东、李建宗、李德成、吴松弟、宋雷鸣、张谋、张世保、张亚辉、张有春、张景平、赵学清、周大鸣、哈建军、钟进文、施展、袁晓文、徐黎丽、高志英、曹斌、葛剑雄、韩茂莉、谢继忠、雷亮中。

本书编辑部

图书在版编目（CIP）数据

从河西走廊看中国：中华民族共同体意识形成的区
域经验/黄达远，王彦龙，蔺海鲲主编. -- 北京：社
会科学文献出版社，2018.10（2023.12 重印）
ISBN 978 - 7 - 5201 - 3684 - 6

Ⅰ.①从… Ⅱ.①黄… ②王… ③蔺… Ⅲ.①中华民
族 - 民族意识 - 研究 Ⅳ.①C955.2

中国版本图书馆 CIP 数据核字（2018）第 236655 号

从河西走廊看中国

—— 中华民族共同体意识形成的区域经验

主　　编／黄达远　王彦龙　蔺海鲲

出 版 人／冀祥德
项目统筹／杨　阳
责任编辑／杨　阳
责任印制／王京美

出　　版／社会科学文献出版社·群学出版分社（010）59367002
　　　　　地址：北京市北三环中路甲 29 号院华龙大厦　邮编：100029
　　　　　网址：www. ssap. com. cn
发　　行／社会科学文献出版社（010）59367028
印　　装／唐山玺诚印务有限公司

规　　格／开　本：787mm × 1092mm　1/16
　　　　　印　张：14.75　字　数：232 千字
版　　次／2018 年 10 月第 1 版　2023 年 12 月第 3 次印刷
书　　号／ISBN 978 - 7 - 5201 - 3684 - 6
定　　价／69.00 元

读者服务电话：4008918866